U0919089

财产权与民主的限度

〔美〕查尔斯·K. 罗利 编
刘晓峰 译
严忠志　朱泱泱 校订

商务印书馆
2007年·北京

Edited by Charles K. Rowley

PROPERTY RIGHTS AND THE LIMITS OF DEMOCRACY

Published by Edward Elgar Publishing Limited, reprinted in 2002

本书中文简体字本经英国爱德华·埃尔加出版公司授权出版。

本书英文版编者前言

读者正准备深入阅读的这本书，是洛克研究所出版的《古典自由主义政治经济学，约翰·洛克辑》第二卷。这部书收集了四篇论文，它们曾经都分别以单行本发表在洛克研究所出版的《沙夫茨伯里论文集丛》里，并配以重要的导言。这部书的诞生起源于我主持下的一个研讨会，主题是《"生命、自由与财产"及民主的限度》。这一研讨会得到了自由基金公司的慷慨赞助，于1991年12月在南卡罗来纳州的夏洛斯通举办。如果没有林德和哈里·布拉德利基金会对我的研究工作的长期资助，这本书是不可能完成的。我要特别向该基金会的主席迈克尔·乔伊斯致以由衷的感谢，因为他对我个人给予了很多鼓励。洛克研究所感谢桑马克基金会、瓦尔特和维拉·莫里斯基金会、克劳德·拉姆贝基金会、爱德华·埃尔加出版社、约翰·格罗姆，以及一位不知名的赞助者，感谢他们对本研究所的宝贵资助。此外，我也向人文科学研究所和阿特拉斯经济研究基金会对我们长期不断的鼓励致以真诚的谢意。

目　　录

民主的限度

1. 导言

1989年，柏林墙的倒塌预示了独裁统治的苏维埃帝国的瓦解，以及东欧数百万人民的解放。这些人曾经在人类现代史上被一个，或说是两个，最邪恶的独裁势力(另一个是第三帝国)所奴役。柏林墙倒塌后，大帝国的解体触发了苏联的国家分裂，结果是苏联分裂成了许多个独立的国家，有的比原先的帝国更加专制，大多数独立出来的国家则比较民主。

广而言之，苏联解体这一引人注目而又出人意料的历史事件是其经济失败的结果。当然，苏维埃倒台的一部分原因在于(苏共)党内精英的默许，否则，这样一场变革可以很容易地被镇压下去。苏联完全有这样的力量。早在50年前，苏联共产党就曾利用自己的军队，毫不手软地杀害了数以千万计的自己人。在1950年代和1960年代的后斯大林时代，苏联共产党残酷镇压了匈牙利和捷克斯洛伐克的“叛乱”；在1970年代后期，它又粗鲁地强暴了阿富汗。事实上，苏共只需要动用与上述事件中运用的军队相比很少的一部分军队就可以抚平乱局，但这一次它没有这么做。

苏联解体后，这个世界进入了后社会主义时期。在这个新的世界秩序里，出现了一种摆脱独裁专制实现民主的明确趋势。这种趋

势不仅遍及东欧，而且在拉美和南非的大多数地区也已存在。那些仍然紧握权力不放的独裁者——主要分布在非市场经济的国家，在
2 中东、远东和黑非洲地区——躲在自己的领地里，从他们的个人财富中拿出越来越多的部分付给警察和军队中能确保他们不被政变推翻的人。然而，我们不要以为所有的专制国家都是社会主义的，或在本质上都是反市场的；也不要认为，经济失败带来的负面效应将对所有独裁者产生威胁，很快就能够把他们清除掉。情况倒是恰恰相反，世界经济增长速度最快的“亚洲四小龙”——中国的台湾、香港，新加坡和韩国，都是专制的地区和国家；他们依靠广泛的自由市场和保护私有产权，保证了经济的快速发展。在上述每一个例子里，开明的独裁者提供了一种更适合经济发展的环境，这种环境是任何实行民主、宪政或其他政体的国家无论如何也达不到的。本书对其存在的理由着力进行了分析。分析的结果的确令人震惊：新加坡是实行专制体制的国家，人均国民收入超过 6000 美元；印度是实行民主制度的国家，人均收入只有可怜的 243 美元。或者换言之，联合国的机构和其他国际机构向印度政府投入了数十亿美元的半官方援助，只得到了这样一个结果。

只要我们讨论民主，讨论的起点都应该是专制。因为，在现实世界里，任何民主制度都出自某种专制独裁的前身。对民主问题的洞察，实际上来源于我们思考这样一个演进的逻辑，即从压迫的专制到开明的专制，从开明专制再到民主制度，从民主制度又回到压迫的专制制度。

我先讲讲从“压迫的专制”到“开明的专制”的演进逻辑。我用杰弗里·布伦纳写的一个寓言故事来说明，实际上它很接近我要讲的转变逻辑。寓言题为《奴隶主的故事》(Brennan，1990)。故事是这样

的：从前，有一个残酷、自私又特别贪婪的国王。他对臣民的阿谀奉承和谄媚并不满足，心里只想着一件事，就是怎样成为全世界最富有的国王。为了达到这一目的，他残酷地压榨他的侍臣，那些侍臣又施暴于他的人民，迫使人们长时间艰辛地劳作。然而，在这种充满压迫 3
和剥削的环境里，尽管自然资源丰富，但人们是在不情愿的情况下工作，国王并没能积聚起很多财富。

与此同时，这位国王派人到全国各地的偏远省份，要找一位上了年纪的智者。此人必须智慧超群，能为国王解决心病，能为国王描绘出找到无尽宝藏之路。终于，这位智者被找到了。智者提出一个条件，要求把财富增加部分的千分之一作为回报（国王怕遭天谴，不敢对老人家用刑，逼他说出建议，只好以交易来换取他的主意），在得到允诺之后，智者献出了他的建议。他说："尊敬的国王，你必须还人民以做人的权利；你必须把矿山、森林和土地出售给你的子民或是分封给他们。至于卖给谁或分封给谁，这并不重要。你还要允许这些资源的所有者能够自由地交换这些资源。你必须建立法律来保护这些权利，哪怕这些权利有违你自己的权力，也要进行保护。你必须允许你的臣民做买卖，进行物物交换或自由地进行贸易，王室绝不干预这样的活动。这样，你的王国里的财富将会增长，多得比你想要的还要多。"

"你这个愚蠢的骗子，"国王怒斥这位智者："如果我的国家强大了，而我个人的财富减少了，这个结果与我何干？我才不关心老百姓，我只关心我自己。"

"尊敬的国王，"智者用低沉而沙哑的声音说："我还没有说完呢。你要向人民课税，但我恳求你不要把税率订得太高，不能超过人民所得的五分之一。这样，你就能释放出老百姓的创造力和企业家精神，形成工作中的职业道德。这些因素能够使你富有，而且富得无法计量。”

这时，尽管国王还有很深的疑虑，他还是同意照智者的主意去做。结果，情况就真的如智者所预言的那样发生了。这位国王成为了世界上最富有的人；他的臣民也富裕起来而且拥戴国王，尽管这位国王并不在乎他们的拥戴。

这则寓言的中心思想在于这样一些假设：这位国王对其国家的控制是稳固的；这位国王的垄断地位不是靠从人民那里购得对他的
4 支持来维持的，而是靠制度创新带来的财政租金(fiscal rents)。在这样的情况下，压迫的独裁君主面临一个委托—代理问题。开明的独裁君主可能会因为成功地设计了财政体制而变得好一些，因为成功的财政体制不会对其臣民课以过重的税负。开明的独裁君主还提供最小国家所需的基本结构，并因此而致富。这样，开明的独裁君主就能既保证人民的经济自由，同时又剥夺人民在民主制度下可能享有的公民权或政治权利。

然而，如果我们假设，这位独裁君主并不能保证对其臣民的统治，由他的开明带来的财富增长鼓励了他的臣民寻求民主来取代他；而其臣民的财富的不断增长，还引发了人们对公民权和政治权利的要求，同时，也减少了对其君主权的自然服从。在这种情况下，这位独裁君主要么必须回到先前的压迫状态，要么必须走向某种根据一致意见形成的政府。雅赛(1985)描述了在回到强制压迫的选择成本太高时，从专制过渡到某种形式的民主的可以预见到的路径。

由于某些在当时看起来站得住脚的理由，尽管人们可能会事后后悔，开明的独裁君主通常会逐渐找到机会，去引诱他曾经压迫和依赖的人们中的一些人，而不是越来越多地征求他们的一致意见。这一过程将走向宽泛民主的步骤——引入公民权和政治权利——与减少人们经济自由的步骤结合了起来，因为最小国家在过渡到对立国家的过程中，为求得社会中大多数人的支持，总要允诺给他们重奖。重奖的内容是从另一些人手里夺来的财富。被剥夺者很可能是少数人，但其数量仍相当庞大。

雅赛认为，这一过程最初得到了功利主义思想的支持；而后，功利主义思想被社会公正的思想所取代，因为在民主政治过程的竞争压力下，资本主义国家不可避免地让位于再分配国家。一个成熟的
再分配国家，通过使财富较少的人来为财富较多的人立法的方式，逐 5
渐发展出了它自己的理论，一套与这种做法相适应的意识形态。

在很大程度上是由这个国家自身的行为产生的社会环境和政治环境——用公共选择的术语说，就是寻租社会的创生过程——最终将使再分配的总额和净额产生越来越大的差异。国家不再是公民净财富的接收者，而是一个“从事再分配的苦力，干着令人厌倦的工作；或是一个囚犯，他自己辛苦征求到的一致意见，却产生了意想不到后果”(de Jasay，1985，第 12 页)。国家的成员，无论是现在为官的，还是有可能做官的，把所有的国家资源都用于竞争官位，却没有为人们的自行其是留下机会，也阻塞了人们积累个人财富之路。在这一阶段，雅赛设想了一个缓慢的但是可以预见得到的由民主到压迫性专制的倒退过程，因为国家试图通过对资本和劳动力的所有权重新获得自由支配权，而且认为，种植园式国家的特征和美国南部早期的专制特征是一致的。那么，这个新的社会结构的稳定性将反过来取决于，有多少奴隶对专制制度产生了依赖性；还有多少奴隶心怀不满，一有机会就要革命。

如果我们认为，从开明专制到民主的转变在逻辑上是清晰的，是

可以理解的，那么，我们怎样解释为什么压迫的专制统治里的统治精英们会同意直接从专制转变为民主，而不用其他的办法呢？至少，他们可以把国家卖给外国势力。这是一个很重要的问题，因为专制体制在人类历史中占据了绝大多数的时间，但是现在，它们都表现出一种明显的倾向，即从专制转变为民主。

在用公共选择的理论分析专制时（Tullock，1987），我们能看到的一种解释是，统治者不是在寻求权力来实施政策，而是为了保住权力而选择政策，通过取悦于保护他们的精英人士，避免发生政变。从这种独裁者的利益集团理论来看，独裁者的核心目标是防范可能发生的政变并采取相应措施，并最终解决接班人问题。

6 在没有得到神圣的合法权力时，几乎所有的统治者都不可避免地利用危险的寻租和保租的平衡来巩固自己的地位；这种平衡在许多方面与雅赛设想的国家资本主义模式很相似，尽管其经济的制度基础使然，通常要少一些资本主义，而多一些官僚主义。假设一个专制国家的经济状况不佳，甚至比一个国家资本主义的国家的经济情况还要糟糕，可以预见，那个当权的寡头政治集团是不能够从这样的制度中提取出巨大的个人财富的。

在这样一个环境下，可想而知，压迫的专制将削弱与军队和政治权力有关的经济基础，由此，它将面临日益增长的内部紧张，同时还要受到来自相对有效率的民主国家的日益上升的外部威胁。最终，内部的紧张将以政变或革命的形式爆发，用一种较能为人们接受的政府（如最近东欧国家的经验）取代了原先的独裁者。也有一种可能是，专制制度在战场上战败了，只好在胜利者的枪口下屈从于某种形式的民主宪政（1945 年后的日本和第三帝国的情况）。

还有一种情形，就是某个疲惫的、厌倦了的寡头集团干脆决定，放弃对他们周边的这片经济荒漠的统治，从而为民主的引入网开一面(整个解体了的苏联目前就是这种局面)。在这几种情况下，新形成的民主政府要站住脚跟，都要依靠其对抗其他政治派别的斗争技巧，以及满足主要利益集团经济要求的能力。

正如伯恩霍尔兹(Bernholz，1992)指出的，上述分析表明，从一种政治经济形态向另一种政治经济形态转变的过程，是一个周期很长的运动过程。民主的自由市场经济迟早会堕落成过度的福利型国家或过度的干预型国家。随后出现的危机会允许不同的意识形态掌权，在经济领域实行中央计划，可能还有集体财产共有。中央计划经济要求一个占据核心地位的政治权威，最好是独裁制度。然而，这样建立起来的经济体制，在国际间的国家竞争中，经过一段时间，会逐 7
渐腐朽变质。最后，专制制度垮台，自由的市场经济和广泛的财产权得到强制推行，或从专制制度解体的混乱中萌生出来。从而新一轮的循环便开始了。伯恩霍尔兹(Bernholz，1992)问到，我们是不是正在回归到某种由柏拉图提出，由亚里士多德批判过的政治周期问题中呢?

2. 大多数人的暴政

托克维尔(1848)对美国式民主的研究密切考察了一个问题，这也是起草美国宪法的国父们关切的问题，而且这个问题直到20世纪后期仍然顽固地纠缠着政治学，这个问题就是大多数人的暴政。总的说来，托克维尔对民主的未来持乐观态度，尽管他对联邦的远期前景并不看好，认为南方的奴隶制度是一个大问题。但是他从来就没有放松过对民主的某种恐惧，即民主带来的大多数人的暴政终将使自由化为灰烬。实际上，在他看来，民主面临的关键问题在于，人们是否能够在不断强化平等的过程中维护自由。

托克维尔亲眼目睹了，法国追求平等的激情表现为仇富的嫉恨心理和一种令人无法忍受的状态，把形形色色消除差异的东西都同平等挂上了钩。然而，他也同样意识到，人类的创造性依赖于自由与创新，而自由与创新对平等和无差异造成了威胁（Ostrom，1987，第170页）。他还意识到，人类社会的统治依赖于治人者与治于人者之间根本上的不平等。在任何一个统治（相对专制而言）或治理（相对民主制度而言）的体制之中，已经暗含了统治者和被统治者。因此，托克维尔担心，追求平等的激情常常执于一端，把重点放在追求消除差异的状态，这样就很可能会不断表现出对集权的迫切需求，迫切要求法律保护人人无差异得以实施。然而，其结果却是扩大了不平等，
8 一部分人担当起治人者的职能，另一部分人则成为法律的服从者，其结果是新的统治者和新的被统治者可能产生出一种新型的专制制度，其压迫程度比之先人将有过之而无不及。

在《论美国的民主》一书里，托克维尔的主要目的是评价美国的经验是否能保证共和体制下的政府，在取得几乎完全支持的条件下（从奴隶主的故事中抽象出的条件），继续保证人民享有自由；人们是否可能具有足够的能力控制政治制度，使处理公共事务的官员在法律的限制之下行事，同时又能保有维护个人自由、培养自由精神的自主权。

从英国来到美洲大陆的移民形成的美国社会给了托克维尔极大的信心，最主要的原因是，在新英格兰定居的这部分美国人表现出了与众不同的自身风格。托克维尔注意到，这些清教徒在看待上帝与人类定约的故事时，认为这不仅仅是宗教教义，而且“能够在民

主理论和共和理论的很多方面找到对应的思想”(de Tocqueville,1848,第36页)。实际上,恰恰是这一思想曾经引起英国专制政府对清教徒的长期迫害:

> 清教徒在祖国受到政府的迫害,感到自己所在社会的日常生活有损于自己教义的严格性,所以去寻找一片极其荒芜的土地,荒芜到未受文明的沾染,荒芜到被这个世界遗忘。这样,他们至少能在这块土地上以自己的方式去生活,自由地向上帝祈祷(de Tocqueville,1848,第36页)。

快速增长的新英格兰人口也建立起了自己的管理模式,这一管理模式成为民主的自治政府体制的基础,托克维尔称之为“人民主权”。这一制度“从乡镇里走出,后来在整个州里实行,每个阶级都积极参与到这一制度里来。人们在人民主权原则的名义下战斗并取得胜利。人民主权原则成为众法之法”(de Tocqueville,1848,第59页)。这一制度的成功为革命所证实,革命使上层阶级毫无怨言或抵抗地臣服,因为这一制度已无可避免。当这个国家快速地取得人民 9
的普遍支持时,社会就为自身的目的行动起来:

> “人民以推选立法人员的办法参与立法工作,以挑选行政人员的办法参与执法工作。可以说是人民自己治理自己,而留给政府的那部分权力也微乎其微,并且薄弱得很,何况政府还要受人民的监督,服从建立政府的人民的权威。人民之对美国政界的统治,犹如上帝之统治宇宙。人民是一切事物的原因和结果,凡事皆出自人民,并用于人民”(de Tocqueville,1848,第60页)。

众法之法是政府必须遵从的行为原则，是联邦制实行的宪法手段(Ostrom，1987，第 171 页)。在这一过程里，“镇的形成先于县，县的形成先于州，州的形成先于国家”（de Tocqueville，1848，第 44 页）。作为最后形成的一级政府，“美国联邦政府，事实上不过是对多项共和国原则的总结，那些原则在联邦政府存在之前已通行于社会并不依赖它而存在”(de Tocqueville，1848，第 63 页)。

在托克维尔看来，美国政府体制的强大之处在于它的分散化管理。在美国，不存在一个单一的管理权威，这和法国不同。美国政府每天有许多日常的标准化了的事务，如学校管理、道路管理以及其他一些公共服务，都在当地社区的组织下完成。当地社区只是在各州州法的一般性条文指导下完成管理。绝大多数做管理工作的管理人员都是从社区的公民里选举出来的，常常是在镇议会上直接选举产生。所有官员都要对法律负责。

联邦制通过州和联邦政府本身把自治政府的优势和社区福利增长联系起来。在当地社区的层次上，自我管理带来的实践机会在科学和政治学方面教育了当地居民，而且为美国政府制度能够实际运
10 作起来提供了必不可少的实践经验。我们可以从美国的陪审团制度和为解决大家共同关心的问题自愿形成的民间协会看到公民积极参与管理的踊跃面貌。

托克维尔对美国的州多有批评，他把在州政府的层次上大多数人拥有无限权力看作是一件非常危险的事情。他看到，与联邦宪法相比，州宪法在反抗大多数人的权利方面几乎是无能为力的。他还警告说，由普选形成的立法机构、执行官员和法官，很可能受到大多数人形成的联盟的摆布。大多数人形成的联盟无视少数人的利益或个人选择。有一种真正具有危害性的观点即各种民主都认定了大多

数人是不可能犯错的，这将继而形成一种道德上的推定，即大多数人的利益理所当然应该压倒少数人的利益。这种认识很容易被某些极端形式的暴政利用，把大多数人的暴政形容为社会正义。美国南部的奴隶制就是一例。

托克维尔看到，州宪法在提供监督和平衡方面远不如联邦宪法有力，因此，他认为州政府特别容易受到大多数人的侵扰。在托克维尔访问美国时，大多数人的暴政的危害还是较小的（Ostrom，1987，第 175 页），而“没有明确意识到要阻碍这种暴政的认识”则危害较大（de Tocqueville，1969，第 266 页）。在此后的一个半世纪中，在联邦宪法和州宪法都受到大面积侵蚀的情况下（Wagner，1987，1988；Wagner and Gwartney，1988），大多数人的暴政现在必须被看作是无处不在的现实，而不仅仅是一种头脑里想象出来的威胁了。由于这种大多数人的暴政达到了比破坏财产权更甚的地步，所以本书才对此问题给予了特别的关注。

托克维尔敏锐地意识到，普遍享有的公民权产生了对再分配的需求，这与个人能够保有私有财产南辕北辙：

> “我们想象一下在秩序程度很低时赋予立法权的情形：有两个主要的原因表明了社区的支出将呈现增长的趋势，而不是下
> 降的趋势。当绝大多数设立法律的人都是一无所有的穷人时， 11
> 就没法向他们收税，因为税收要以财产为基础。穷人不缴税，社区里的所有开支都不用花他们自己的钱，却对他们有利。那些只拥有很少财产的人，很容易为自己找到调整税收的办法。于是，虽然富人也参与政府的立法等活动，但他们不能像穷人一样享有税收带来的好处，事实上，税收成了富人的负担，成了穷人

的乐园”(de Tocqueville,1848,第 150 页)。

托克维尔不愿意为了保护财产权不受政治过程的侵犯而提出限制公民权的主张(Peacock,1992),正如英国当时那么做的。相反,他注意到财产权分散的诸多好处,它可以成为限制剥夺他人欲望的一种机制。这种欲望是没有多少财产的大多数人永远都不会隐瞒的。

> “然而,当人们都获得了一份财产时,民主的奢华也就按比例变得不那么可怕了。一方面,富人的税收支出不足以满足所需;另一方面,要向底层阶级征税而不反映他们的利益是更为困难的。这样看来,普选权在英国比在法国要危险,因为在英国,可以被征税的财产掌握在更少的人手里。此外,普选权在美国比在法国要安全,因为大多数美国人都拥有自己的财产”(de Tocqueville,1848,第 152 页)。

3. 财产权利

1703 年,约翰·洛克给他的一个亲戚写了一封信,信里预言了后人将对他的著作如何评价,他在信里对自己的著作寄予厚望。他认为后人会这么说:“关于对财产的解释,最好的书莫过于《政府论》。”就是针对这本书,我现在要从社会契约理论的观点出发,讨论财产权和公民政府之间的关系。

我首先要强调的是,在人类历史上可能从来就没有出现过任何
12 先例,对某一个特定形式的公民政府出现众口一词的同意。人们把社会契约看作一个寓言,是为集中关注公民政府的本质设计出来的,

而不是一个真实的过程，通过这个过程，人们把自己从同样是寓言式的自然状态解放出来。尽管在洛克之外，也有人提出社会契约，如霍布斯和罗尔斯就提出过内涵不同的社会契约，但在本章里，我不准备讨论霍布斯和罗尔斯的社会契约理论，他们的理论将在这部文集的最后一篇《自由与国家》中描述。洛克的语言从一个很清楚明白的起点——自然状态讲起。

> “为了正确地了解政治权力，并追溯它的起源，我们必须考虑人类原来自然地处在什么状态。那是一种完整无缺的自由状态。人们在自然法的范围内，按照他们认为合适的办法，决定他们的行动和处理他们的财产和人身，而无须得到任何人的许可或听命于任何人的意志”(Locke，1690，第 269 页)。

自然状态是一种自由状态，是消极的自由状态而不是积极的自由状态(Berlin，1969)。那不是一种受人限制的状态，而是要服从于自然的状态，即要求任何人都不能伤害其他人的生命、健康、自由和财产。每一个处于自然状态的人都有强化这一法则的行动权。

> “为了约束所有的人不侵犯他人的权利、不互相伤害，使大家都遵守旨在维护和平和保卫全人类的自然法，自然法便在那种状态下交给每一个人去执行，使每人都有权惩罚违反自然法的人，以制止违反自然法为度”(Locke，1690，第 271 页)。

洛克完全认识到了所谓“一定是好极了”的自然状态面临的困境，因为每个人都是自身事务的法官。然而，这一定比人们必须服从另一个邪恶势力的意志要强得多。至少，在自然状态里，如果一个人对自己或他人的事务做出了错误的决定，他对其他人是有责任的。自然状态的特征是人们依据理性，理智地生活在一起，没有一个共同的、超越于他们地位之上、有权对他们做出决定的人。这是一个“和
13 平的、充满善意、相互帮助和保护的状态”。

相比之下，战争状态总是威胁着处于自然状态的人们。这是一个“充满敌意、邪恶、暴力和相互破坏的状态”，其特征是在其他人的和平之上使用武力，或者宣布建立武装。说到底，这里没有一个共同的统治者，使人们能够向他诉说以求解脱。为了避免战争状态是人们从自然状态里脱离出来进入公民社会的主要原因。然而，我们不应该认为，自然状态就是无政府状态。自然状态虽然很脆弱，容易陷入战争状态，但是自然状态承认财产权，自然法允许个人使用必要的武力行使自己的权利，只要他们有这种能力。

在洛克看来，每一个人自己就是属于他自己的财产，同时，他的劳动产出也是属于自己的财产。另外，个人形成财产权的过程是从一大堆大家共有的自然资源里创造出来的，人们把个人劳动和这些共有资源结合起来，把他们聚集成一个整体，从而形成了个人对财产的权利。至少，著名的洛克限制条件是这样说的：

> “所以，只要他使任何东西脱离了自然赋予它的状态，他就已经掺进自己的劳动，在这上面加入了他自己所有的某些东西，因而使它成为他的财产。既然是由他来使这件东西脱离自然所安排给它的一般状态，那么就由他的劳动在这上面加上了一些东西，从而排斥了其他人的共同权利。因为，劳动是劳动者的无可争议的所有物，对于这一有所增益的东西，除他以外就没有人

> 能够享有权利，至少在还留有足够的同样好的东西给其他人所共有的情况下，事情就是如此”（Locke，1690，第 288 页）。

洛克对自然权利给予了一种宗教解释，而现在，越来越多的不信宗教的知识分子就很难接受他的那一套解释。在本文集最后一篇《自由与国家》中，我提出了另一种解释自然权利的理论，根据的是拉斯马森和丹·尤伊尔（Rasmussen and Den Uyl，1991）的一些思想。我的解释是，根据人类繁荣时期都以严格的财产权规定为特征，从而证明了洛克所说的不假。由于这一解释不需要洛克提出的上述限制
条件，在这一章里我就不再详细讨论那种由支持社会主义的学者提 14
出的陋见了，他们断言洛克不是一个个人权利的捍卫者，而是一个共产主义的支持者。这是不对的。我要说，把洛克的《政府论》当作社会主义的文本来理解实在是幼稚的看法。

财产权很清晰地存在于自然状态里，实际上，它是从自然法中得出来的，尽管在公民社会还没有形成时，各人必须自己保护自己的财产不被外来的侵犯者夺去（不同观点可见 Buchanan，1975）。从这个角度来理解，洛克的自然状态和霍布斯的自然状态大相径庭。

> “人们既生来就享有完全自由的权利，并和世界上其他任何人或许多人相等，不受控制地享受自然法的一切权利和利益，他就自然享有一种权力，不但可以保有他的所有物——即他的生命、自由和财产——不受其他人的损害和侵犯，而且可以就他认为其他人罪有应得的违法行为加以裁判和处罚，甚至在他认为罪行严重而有此需要时，处以死刑”（Locke，1690，第 323－324 页）。

4. 社会契约

人们在同意离开自然状态，进入政治社会时，就意味着人们要牺牲自行决策、自行惩罚违背自然法的人。这并不是真的牺牲。有财产的人不会支持放弃自身权利进入政治社会的做法，除非这个政治社会能够完全承担起保护财产权、惩罚违背财产权的人的责任。实际上，的确如此，因为处于自然状态的人们一直受到战争的威胁，他们希望能够避免战争状态，所以他们很可能选择签订社会契约即建立公民社会：

> “但是，政治社会本身如果不具有保护所有物的权力，不具备处罚这个社会中一切人的犯罪行为的能力，就不成其为政治社会，也不能继续存在；真正的和唯一的政治社会是，在这个社会中，每一成员都放弃了自然权力，把所有可以向政治社会里的
> 15 法律寻求保护的事宜均交由社会去处理，而不再利用自然法去处理”(Locke，1690，第 324 页)。

然而，无可避免的是，并不是每一个人都愿意选择放弃他们与生俱来的自由，接受公民社会的约束。即使这些人身边的大多数人愿意进入公民社会，他们也不能被强迫接受这种愿望。那些拒不接受社会契约的人“就像他们过去一样，被留在了自然状态的自由中”(Locke，1690，第 331 页)，因为没有个人的同意，任何人都不能被逼迫着离开自然状态，服从于公民社会的政治权利。

洛克完全意识到了三个世纪之后由布坎南和塔洛克(1962)提出

的问题，即让公民社会里每天都要处理的大小事务基于社会成员的一致同意而决策几乎是不可能的事情。和布坎南、塔洛克一样，洛克也认识到，社会契约可能并不能保证所有社会成员一致同意某一决策或社会规则，而是少于全体统一，形成绝大多数人的同意。但可能性最大的情形是，合法的政府以大多数人的支持为基础行事。然而，立法权的延伸也必须被严格限定，以保护那些进入公民社会的人的财产权利不受侵犯：

> “未经本人同意，最高权力不能掠去任何人的财产的任何部分。因为，既然保护财产是政府的目的，也是人们加入社会的目的，这就必然假定而且要求人民应该享有财产权，否则就必须假定他们因加入社会而丧失了作为他们加入社会的目的；这种十分悖理的事是无论何人也不愿做的”(Locke，1690，第 360 页)。

当然，洛克认识到，没有税收，政府就无法运作，而税收必须由立 16
法机关向个人课税形成。因此，他坚持认为，每一个享受到公民社会提供的保护的人，都应该支付相应的比例维持公民社会的运转。他注意到，由于立法机关是由不稳定的议院组成的，这些议院的成员在其所属的议院解散时，都会回归私有状态，因此，立法机关随意没收财产的危险几乎是不存在的。洛克在写作时，还没有出现过民主代议制的政府成员能以政治为终身职业的情况；他对财产较少的多数进而把持立法机构，并把这一机构作为侵犯他人财产的工具完全没有概念。对于代议制政府可能会扩展到最简约国家的角色之外，为追求冠冕堂皇的目标而攫取人民的财产，洛克是想也没有想到过的。

可能是由于洛克没有想到由大多数人同意形成的潜在的暴政，也可能是因为他相信，在公民社会里，财产权是永远也不会受到威胁的，他没有能够预期到，对于那些同意进入公民社会的人来讲，退出权利的充分重要性(Buchanan，1991)。

> “凡是以明确的同意和明白的声明表示他同意属于任何国家的人，他就永远地和必然地不得不成为、并且始终不可变更地成为它的臣民，永远不能再回到自然状态的自由中去，除非他所属的政府遭受任何灾难而开始解体，或某些公共法规将他剔除，使他不能再继续成为国家的一个成员”(Locke，1690，第349页)。

5. 不断受到侵蚀的宪法

社会契约理论关注的是这样一种概念，即在宪政层次上，政治学涉及的是使人们在交易中获利，而不是在交易中产生冲突；而政治过程是一个正博弈而非零和博弈。当代的宪政政治经济学研究是由《同意的计算》(Buchanan and Tullock，1962)引发的，也是建立在这种从交易中获利的洞见之上的。然而，大多数当代把政治市场行为看作一团糟的反乌托邦思想，都来自一个广泛认同，即这种计算的失败；都来自一个令人绝望的认同，即就连美国宪法也未能把立国者们的思想传递下去(Tullock，1974；Buchanan and Wagner，1977)。这
17 里，我要根据美国的经验对这种失败感的放大效应作一简单的描述。

美国宪法建立了联邦政府的结构，限定了联邦政府和州政府的权力、修宪的程序，并且通过《权利法案》规定了个人的部分权利(Niskanen,1988)。这部宪法的特别贡献在于,它坚称个人权利高于政府权力,尤其重视对私有财产的保护。然而,尽管宪法在各种各样的政治压力下存在了两个多世纪,但是它并未能使自己不受到严重的侵蚀。自 1930 年代中期以来,最显著也是最多的侵蚀是在缺乏正式修订的情况下发生的,而对经济权利的损害则到了无出其右的程度。

对宪法最厉害的攻击来自司法部门。司法部门在很多重要的方面都不能维护宪法中的说法。例如,检验国家对私有财产征用权的“公用(public use)”一词,被司法部门解释为对“公共目标(public purpose)”的检验,从而失去了其意义。后者允许在私下各方之间对大量土地进行再分配。有关征用权执行中“正当的补偿”的条款被阉割了,用许多规定取代了补偿,这些规定常常使私有者的财产价值大大降低(但没有消除)。这些对宪法的调整都是最高法院日益政治化的直接后果(Rowley,1992)。

“任何一个州……都不得……通过侵犯契约各方权益的法律”,这一准则被各级法院进行了错误的解释,从而使立法机构把大量契约侵权的情况制订为法律。无独有偶,法院近来借着对侵权行为的错误解释,积极地干预契约活动。这恐怕是所有由法院挑动起来的财产权侵权活动中最严重的情况,具有比侵权本身深远得多的后果。“规范各州之间贸易”的权力也被法院错误地解释了,使得联邦一级的规章管制在个别的一些州里对任何商业形式都能够大行其道,从而为大规模的具有寻租能力的财产再分配敞开了大门,否则,这类行 18
为本该是违法的。

此外,法院还错误地解释了“铸币”权,使联邦政府成为纸币发行的垄断者,为在没有立法机构同意的情况下,利用通货膨胀向美国人征收造币税提供了便利。宪法第一章第八节列举了需要谨慎运用的开支权力，这也被1936年最高法院的一项判决解释错了，该判决判定："国会为公共目的拨付公共钱款的权力，不受宪法规定的立法机构直接授款权的限制。"宪法关于"所有税，包括进口税和消费税都要在全国统一"的要求，被法院束之高阁，而法院的错误裁决却使宪法本身拒不接受的各种税务规定大量存在。

上述指出的每一个例子，在宪法里都表述得清晰、具体，毫不含糊。所有的联邦法官都要求为维护美国宪法而立誓。自1937年以来，大多数法官都已经为追求有损于美国公民经济自由的政治目标而做出了违反宪法的事情。他们这么做时，已经在重新定义美国宪法，以一种第五修正案所要求的正式修宪达不到的方式修改了宪法。他们这么做时，打破了立国者们给立法机关规定的诸多限制，使多数人的政治很容易堕入暴政的深渊，这正是托克维尔在100年前所担心的。他们这么做时，就破坏了精心设计的权力分立形成的平衡，也就为在美国实行福利国家的社会主义开启了泄洪闸。

立国者们在1776年宣告《独立宣言》时说，政府"权力的正当性来源于受政府统治和管理的人民的满意和支持"。与此同一年，亚当·斯密在《国富论》里描述了生活在自由社会里的居民何以能够比生活在受到种种约束的重商主义社会里的居民更富足(Wagner and Gwartney，1988)。后来披露的美国在有限政府和资本主义实践方面的经历雄辩地说明了这种安排的优越性，它为人们带来的是难以
19 想象的经济繁荣和(除了一个不可原谅的污点，南方的奴隶制度)广泛的个人自由。这些都是在1930年代中期以前形成的事实。

1937年以后，由于美国最高法院在处理"西海岸饭店诉帕里什案"(West Coast Hotel Co. v Parrish)中做出的臭名昭著的判决，那

曾经创造出这种令人羡慕的奇迹的宪法对政府权力的种种限制已经遭到破坏。这是由法官的渎职和立法人员的贪婪结成的邪恶联盟造成的。尽管立国者们竭尽全力，托克维尔以及其他一些著名的古典自由主义学者予以苛评，但大多数人形成的暴政已经能够进行自身强化，因为联邦政府的立法机构已经摆脱了不得超越美国人个人权利的束缚，而又受到强有力的利用特殊利益再分配进行寻租活动的大人物的支持和(或)驱使。这一可悲的背叛的后果就是，与世界其他富足的民主国家相比，美国很可能已经接近雅赛(1985)所说的国家资本主义的梦魇，尽管白纸黑字的美国宪法曾刻意设计了避免这一结果的条文。

6. 走向温和的乌托邦

1989年的东欧剧变并未带来“历史的终结”，那是一帮乐观的西方时事评论家因沉迷于马克思—列宁主义坍塌后最初的陶醉感中所声称的(Fukuyama，1992)。然而，东欧剧变的确终结了一个幻想，一个对以集体主义和社会主义的观念为基础的社会—经济—政治现实的幻想(Buchanan，1991)。现在，我们可以不在集体主义和社会主义的阴影下分析个人间社会互动的复杂性了，而这一阴影在20世纪的好时光中一直笼罩在这类主题的讨论上。这一未曾预料到的重大事件对于那些关注保护财产权利不受大多数人的暴政侵犯的人来说，既是一个前所未有的机遇，也是一个严重的威胁。

一方面，苏联帝国的分崩离析为社会主义不能创造财富，也不能忍受个人自由提供了明白无误的证据。如果思想能够产生结果这一命题可以接受的话，那么，社会主义思想的失败就会在先进的西方民

20 主国家中，为阻止甚至逆转集体主义的趋势提供广泛的机会。

另一方面，在拥戴市场的学者中也存在着错误的自负。这种自负建立在毫无根据的观点之上，认为经济形态之争已经结束，并取得了决定性的胜利。这种错误的自负可能会降低人们的警惕，而对于保护自由免受重商主义的控制而言，这种警惕仍然是必要的。这种错误的自负实际上也可能在西方民主国家加快向国家资本主义转变的趋势。1992 年末，这一威胁一点也没有弱化，因为西方国家的选民们反复拒斥撒切尔首相和里根总统拥戴市场的哲学思想，而接受了社会民主的重商主义*诱惑。

正如布坎南(1991)已经看到的，社会主义的死亡已经并可能永远使“政治大规模干预经济的做法”(politics in the large)失去了信誉。这里，“政治大规模干预经济的做法”就是指中央计划和控制的经济，个人身处其中，发现自己被整合到了社会主义群体里成为了一个零部件。然而，社会主义的死亡似乎并没有使“政治小规模干预经济的做法”(politics in the small)，也就是一点一点地干预市场过程的做法失去吸引力。大多数选民还没有接受如下的观点：如果把政治干预运用到所有的市场过程时起不了作用，那么，把政治干预运用到一个具体的市场过程时也同样起不了作用。

公共选择学派为政治小规模干预经济的做法不断受到欢迎提供了一个令人信服的解释，因为在先进的民主国家里，人们对效率和个人自由赋予的政治上的重要性明显很低(Buchanan，1986；Row-

---

* 重商主义是自由的市场经济的反面，它主张利用政府的力量干预经济行为。——译者

ley,1988)。本文集中塔洛克和瓦格纳的文章,最后都详细讨论了政府干预的趋势。政客们提供机会,让政府干预经济,目的是拉拢选民的支持,手段是集中利益,分散具体政策措施的成本。市场的种种限制成本,包括总成本和难以测定的成本,大大地超过了利益,这不仅是因为寻租产生的浪费,而且只要一项特定的政策产生的再分配利 21
益对每个强势利益集团都有利,政治家就会促成重商主义的政策,把国家领向经济没落。

尽管如此,本文集仍一心致力于一种比较乐观的观点,希望能够对抗虚无主义的反乌托邦思想,这种思想带有公共选择理论的大部分特点,而且看来已经对政治经济学的古典自由主义观点产生了侵蚀。在本书此后的四个部分里,四位弗吉尼亚学派的政治经济学家避开了由世界范围的社会主义倒台带来的傲慢自大和意识形态上的报复,寻找能重新点燃宪政共和国的思想之焰。他们清醒地认识到了公共选择理论的制约,承认人人享有公民权是不可逆转的现实。这几位学者用平实的语言表述了自己的思想,从证明制度改革的合理性出发进行阐述,这一思想将对所有现在的和未来的财产所有者产生很强的吸引力。他们避免了社会工程学方法表现出的致命的自负,他们评价了一系列可行的改革方式,向人们提出了摆脱政治小规模干预经济的反乌托邦的现实前景。

1944 年,哈耶克在他的著作《通向奴役的道路》中提出了一个经典的警告。他认为,社会计划对自由的威胁与生俱来。许多知识分子对他的著作冷嘲热讽,并且最终把他赶出了经济学界,因为当时的经济学界几乎无一例外地醉心于社会工程学方法。大约 45 年之后,政治经济学史上前所未有的最关键的取得了成功的实验证明哈耶克是正确的。在本书中,我们呈献了一份标出回归自由的有效路径的地图，后社会主义秩序中所有自由之友现在都可以使用它。目前还没有成功的实验可以检验我们思想的有效性。对于那些与我们有着相同的与经济自由的伟大价值相连的道德哲学的人们，本书中提出的思想肯定会很有吸引力。对于那些尚未认同这样一种道德哲学的诸君，本文集有意去说服，但绝不强制他们接受自由。

（侯玲　校订）

参考书目

Berlin，I.（1969），*Four Lessons on Liberty*，London：Oxford University Press.

Bernholz，P.（1992），*On the Political Economy of the Transformation of Political and Economic Regimes*，Fairfax，Va：Center for Study of Public Choice.

Brennan，H. G.（1990），*The Tale of the Slave-Owner：Reflections on the Political Economy of Communist Reform*，Fairfax，Va：Center for Study of Public Choice.

Buchanan，A.（1991），*Secession*，Boulder：Westview Press.

Buchanan，J. M.（1975），*The Limits of Liberty：Between Anarchy and Leviathan*，*Chicago*：University of Chicago Press.

Buchanan，J. M.（1986）.'Quest for a Tempered Utopia'，*The Wall Street Journal*，14 November 1986.

Buchanan，J. M.（1991），*Analysis，Ideology and the Events of 1989*，Zurich：Bank Hofmann，AG.

Buchanan，J. M. and Tullock，G.（1962），*The Calculus of Consent：Logical Foundations of Constitutional Democracy*，Ann Arbor：University of Michigan Press.

Buchanan，J. M. and Wagner，R. E.（1977），*Democracy in Deficit：The Politi-*

cal Legacy of Lord Keynes, New York: Academic Press.

De Jasay, A. (1985), *The State*, Oxford: Basil Blackwell.

De Tocqueville, A. (1848/1965/1969), *Democracy in America*, Oxford: Oxford University Press, 1965; New York, Harper and Row, 1969.

Fukuyama, F. C. (1992), *The End of History and the Last Man*, New York: The Free Press.

Gwartney, J. D. and Wagner, R. E. (eds)(1988), *Public Choice and Constitutional Economics*, Greenwich, CT: JAI Press Inc.

Hayek, F. A. (1944), *The Road to Serfdom*, Chicago: University of Chicago Press.

Hayek, F. A. (1988), *The Fatal Conceit: The Errors of Socialism*, Chicago: University of Chicago Press.

Hobbes, T. (1651), *Leviathan*, London: J. M. Dent.

Locke, J. (1690), *Two Treatises of Government*, New York: Cambridge University Press, 1991.

Niskanen, W. A. (1988), 'Foreword', in J. D. Gwartney and R. E. Wagner (eds), *Public Choice and Constitutional Economics*, Greenwich, Connecticut: JAI Press, pp. xi–xiii.

Ostrom, V. (1987), *The Political Theory of a Compound Republic: Designing the American Experiment*, 2nd ed., Lincoln: University of Nebraska Press.

Peacock, A. T. (1992), *Public Choice Analysis in Historical Perspective*, Cambridge: Cambridge University Press.

Rasmussen, D. B. and Den Uyl, D. J. (1991), *Liberty and Nature: An Aristotelian Defense of Liberal Order*, La Salle, Illinois: Open Court.

Rowley, C. K. (1988), 'Rent-Seeking in Constitutional Perspective', in C. K. Rowley, R. D. Tollison and G. Tullock (eds), *The Political Economy of Rent-Seeking*, Boston: Kluwer Academic Publishers, pp. 447-464.

Rowley, C. K. (1992), 'The Supreme Court and Takings Judgements: Constitutional Political Economy Versus Public Choice', in N. Mercuro (ed.), *Taking Property and Just Compensation: Law and Economics Perspectives of the Takings Issue*, Boston: Kluwer Academic Publishers, pp. 79-124.

Tullock, G. (1974), *The Social Dilemma: the Economics of War and Revolu-*

tion, Blacksburg, Va: Center for Study of Public Choice.

Tullock, G. (1987), *Autocracy*, Boston: Kluwer Academic Publishers.

Wagner, R. E. (1988), 'Agency, Economic Calculation and Constitutional Construction', in C. K. Rowley, R. D. Tollison and G. Tullock (eds), *The Political Economy of Rent-Seeking*, Boston: Kluwer Academic Publishers, pp. 423-446.

Wagner, R. E. and Gwartney, J. D. (1988), 'Public Choice and Constitutional Order', in J. D. Gwartney and R. E. Wagner(eds), *Public Choice and Constitutional Economics*, Greenwich, CT: JAI Press Inc., 29-56.

一、 财产是自由的保证 1

詹姆斯·M.布坎南

说　明

我知道，本文研究的主题数个世纪以来一直为社会哲学家和法哲学家们广泛讨论。我在宽泛意义上了解其中部分资料，却绝对不是大多数资料。我并不打算把我的研究与前人提出的论点联系起来，而且我认为自己没有义务去收集就某些问题的具体处理表示赞同或反对的文献。

读者不应对本文期望过高：它是一种尝试，旨在从我在早期著作里提出的关于宪法秩序的概括性观点的角度，研究自由与财产之间的关系。我认为，这样一种尝试描述了本书的编者分配给我的工作。

1. 导言

从历史、语言以及法律的角度看，“公用地”就是共有财产。几个（或许多）人（或家庭）共同享有具有潜在价值的资源的使用权。私有化过程涉及利用对边界的具体界定，在不同单独使用者之间对这一资源进行分割。使用的激励因素被加以修正，有价值的产品得以增加。这一简单论点与亚里士多德一样古老，至今仍是我们理解基础经济学的一个重要元素。

我在本文中提出的观点是，这个简单的论点——为了方便起见，我们把它标为亚里士多德式的——与现存的对私有财产的另一种辩护明显不同；但是，那种辩护却远远没有被经济学家或政治法哲学家充分理解。第二种观点没有把资源使用中的效率或生产率放在最重要的标准地位上。自由——而非效率——取得了头等重要性，尽管在多数应用中这两个目标是互为补充的。

一个人总会试图把别人对自己的福利的影响——无论这种影响是直接的还是间接的——降到最低限度。摆脱别人的行为所强加的影响是一种渴求的终极目标。在面临多种选择时，个人总是希望“自由地选择”，而不愿自己的选择组合受到来自他人——无论这些人是个体或是群体——的行为的制约。我们在此可以设想一种谱系，它的一端是最大限度的相互依赖，另一端是最大限度的相互独立。

作为分享公用地的参与者，个人之间的相互依赖达到了最大限度。已经获得的共同生产的“物品”的份额的价值取决于参与分享的
2 群体的所有成员的行为，该价值所受的个人行为的影响仅仅与该群体的大小成比例关系。除了任何由激励导致的有可能生成更高产品价值的动机之外，对私人分割公用地时的具体做法以及具体的行为规范会降低个人对他人行为的依赖。个人福利与对他人行为的依赖性呈反向的关系。如果我们这样来界定自由，个人的自由就会增大。

最大限度的独立性只有在个体的存在完全独立于社会纽带时才能达到，其特征是不存在个体间的互动——即使是自愿进行的交易或简单的交换也不存在。比方说，最大限度的独立性的典型代表是能够提供所需全部消费品的自给自足的家庭边地农场。因此，共同分享的共同财产与自给自足的家庭经济就是上面提到的假设谱系的

对立的两极。

私有或几个人共同占有的财产所具有的效力，值得在生产率和自由这两个维度上进行广泛的分析和讨论。引入自由这一维度的研究开启了涉及比较制度分析的新的探索领域；这些新领域往往被仅针对生产率的集中讨论所忽视。然而，第一步工作是对标准分析或正统分析进行分类，其方式将会促进随后的比较研究。本文的第 2 节进行了这一工作；具体说来，它用标准效率的逻辑，考察排除“公用地的悲剧”和“跳出霍布斯丛林”的做法，但这是在基本的契约主义的框架之内进行讨论的。下一步——在第 3 节中——引入自由这一维度，并描述了一组独立性被最大化的情形。第 4 节修改了经济学的一些假设，以便得出从独立性转向市场依赖性的理性或逻辑基础。第 5 节考察对单个参与者的态度和行为的市场依赖的影响，同时考察财产所有权所扮演的剩余角色；所有这些都将在第 6 节用图示进行分析说明。

第 7 节分析了交换之中的专门化的动态特征，并且就参与各方 3
的状态提出了相应的反馈。第 8 节详细讨论了一个有多种市场选择存在的竞争过程模型，包括自由进入或退出市场，从而恢复了参与者的某种独立性；但是这种独立性的基础相对于财产权所提供的基础保障性较弱。我在第 9 节中提出，这种被经济学家理想化了的市场独立性并未被单个的行为者充分理解——这一点可从他们明显地偏好于对所有权的“无效率”安排得到证明。第 10 节从自行提供服务的角度，建立所有权——特别是耐用消费品的所有权——的模型，并且追溯了这种所有权对个人在市场上的地位的影响。第 11 节讨论产生货币收入而不是提供直接服务的私人产业，此处还考察这种所有权对市场地位的影响。第 12 节分离出财产的私有制随时间推移对促进价值积累的作用，这一讨论在其后的第 13 节延续下来，其方式是专门研究财产所有权与通货膨胀之间的关系。

本书在第 14 节中将重点转向社会主义组织对所有权的影响，并通过这一讨论，分析对自由的影响。第 15 节专门用来总结早期发现的(1893 年)社会主义对私有产权的破坏，这见于罗马教皇利奥十三的通谕之中。第 16 节简要地讨论了与财产和自由相关的马克思主义的资本主义观。第 17 节包括一些最后的思考，一些尾注(第 18 节)揭示了贯穿本文全部讨论的政治和宪法的隐含意义。

4 2. 霍布斯丛林；公用地的悲剧

托马斯·霍布斯设想的自然状态是我们惯常的分析起点。在这种状态下，没有大家认同的“我的和你的”东西，没有大家一致接受的人与人之间的界限，没有法律，没有公约。在霍布斯设想出来的这种状态下，任何人的生活都被描绘成“贫穷的、孤独的、污秽的、粗野的、低于标准的”。霍布斯(1651 年)以对这种无政府状态丛林的描述为基础，提出了他的相当自信的论断：所有人都会为了自身安全的需要，将自己的权利让渡给处于上升时期的、承诺提供后续保护的统治者。

但是，如果人们所预期的个人的处境——通过他们自己的思考认为——在强制的公民秩序里可能会比在无政府状态的丛林中更糟，则没有人会自愿地承认统治者的强权。霍布斯丛林的“自然均衡”提供了一个分配的标准；依据这个标准，个人与最高统治者之间的契约可以通过谈判实现。根据最初的谈判，这一支持、退回或退出的地位的存在对契约的条款进行了限制；在其后所有的运行阶段中，它还影响了该契约的强制执行能力。[①]

重要的事情是要认识到，在这个建构中，个人的存在先于——因
而独立于——与统治者签订的契约，即使与由统治者提供的有秩序
状态相比，这样的个人存在状态也并不使人感到愉快。在统治者保
证的有序结构中，有限制的幸福与无政府状态丛林生活之间的差
异——在某种意义上——反映了最高统治者的“生产率”；为了特定 5
的目的，二者之间的这一差异可被称为“社会租”。

霍布斯的建构是推理的、非历史的。它过去不是，现在也不是对现实的描述，无论这种现实是过去的还是现存的。个人可能从来不存在于某种集体单元——如大家庭、部落或流浪乐队——的纽带之外。我们得感谢霍布斯想象出自主的个人并提出抽象还原的解释步骤，从而使我们有可能用理性选择的标准分析这样的个人的行为。这样的步骤起到促进讨论的作用，而对其中隐含意义的分析并无大碍。

对现代社会科学研究者来说，比霍布斯丛林更熟悉的起点是公用地的悲剧。我在第 1 节中就从它开始。当然，参与者之间的互动的形式结构在这两种情况下是完全一样的。这一结构可以最适当地概括为经典的囚徒困境（PD）问题；在这种状态下，参与者坚持单打独斗的策略取得的结果与可供选择的其他策略组合产生的结果相比，对所有参与者都不太有利。然而，我要说的是，即使这两者在结构上有相同之处，这两种程式化的社会互动模型对于理解作为制度的私人财产——或几个人共有的财产——所起的作用，仍带有不同的隐含意义。

---

① 这一论点在我早期的作品中有更详尽的探讨。就我个人的观点，可见布坎南（1975 年）。其他人的文章，见布什（1972 年）和塔洛克（1972 年；1974 年）。

现在，我们来考虑程式化的公用地悲剧。在公用地中，存在一个被所有参与者使用的能够产出价值的潜在资源；每一个参与者都出于自身效用最大化的考虑，尽可能多地使用这一公共资源，其使用程度超出了理想条件下的水平，即：面对共同形成的总效用，参与者能够约定各自使用的最佳比例份额。当个人选择与共同使用结合在一起时，资源就会被过度使用；每一位参与者的行为——在相关的使用界限内——都把外部的不经济性强加在这个群体中参与分配的其他成员的福利上。若他们能对在某些由集体决定的、对个人选择的限制上达成一致，则如前所示，所有参与者的处境都能变得更好。

6 在这个程式化的例子里，把相关的外部性内部化的隐含方式之一，是在不同的使用者之间分割共有资源——用具体确定的分配额中的私有的、各自独立的财产取代共同使用。这一步骤涉及把效用的公共性和效用的连接性全部去除，而走向看来互不依赖的私人使用。在私有化之后的环境里，个人不再具有过度使用资源、使效用最大化的动机；在经过改善的私有制条件下，个人受到“最优的”或“有效的”效用最大化考虑的引导，因为任何偏离效率的行为都会产生由该决策者直接并全部承担的机会成本。

在私有产权下形成的产品价值与在共同使用资源的环境下形成的产品价值之间的差异可以被定义为“社会租”；这种“社会租”是从私有产权体制的制度化过程中产生出来的。从规范的意义上说，这种“租”等同于霍布斯范例中与最高统治者所定契约涉及的东西。这种“租”一方面量度私有产权制度的生产率，另一方面量度最高统治者制度的生产率。

但是，在把这两个熟悉的模型并置在一起时，看来出现了某种有些矛盾的东西。公用地的私有化表明，有效的改革方向在于增加个

人的独立性(降低相互依赖程度);而霍布斯设想的与最高统治者签
订契约的个人之间达成的一致性则表明,有效的改革方向在于通过
加入共有的最高统治者制度,增加个人的依赖性。这里的明显分歧
源于这两个模型的各不相同的强调点。公用地的悲剧这个隐喻吸引
我们去注意将相互分离的排他权、相互分离的私人领域分配给个人
的问题。这一隐喻往往会忽视一旦分配之后相互分离的权利的实施
问题。相比之下,无政府状态丛林的隐喻将最初的注意力引向这一 7
需要:实施和保护可以分离的个人提出的索取权——假定是在先前
的“自然均衡”状态中建立的索取权。除了对因索取权有效实施而
产生的租金进行分配之外,这类分配问题处于与最高统治者订立契
约的概念之外。

这两个模型之间的区别在其解释力和规范性的潜在意义上都是重要的。霍布斯模型从参与该制度的个人间形成的某种最终契约中,为一种强制的政治法律秩序提供了一种正当性理论。同时,这一模型还暗示,个人提出的那一组居先的索取权在分配权利的过程中限制了最高统治者的政治权力。相比而言,公用地模型在解释力方面就相对薄弱一些。从这个模型得出的保护私有产权的观念几乎完全基于效率标准,没有直接提及实施问题。或许并不令人惊讶的是,这一模型看来更符合现代福利经济学家的胃口——他们一直相当愿意假定,政治权威总是仁慈行事。

公用地模型对公用地份额的分离的、单个的索取权定义不清,因而集体在进行最初分割时可能使用的基础也是定义不清的。这个模型隐含的意思是,照此进行的份额分配是颇为武断的,而且受制于集体单位的不受限制的选择。这就是说,该模型促使人们乐于去接受那种常常为人所道的国家“规定产权”的说法。当然,对从公用地悲

剧产生出的可能的契约方式的更全面的分析必定会遇到某些这类问题。但是，缺乏这些要素就会使人将公用地悲剧的隐喻置于非契约
8 性——而不是契约性——尝试之中，进而引申出一种私有产权的基本逻辑。

9 3. 被分割的公用地，法律规则与越界

我在第1节里提出，本书的中心议题是，对私有财产的古典的亚里士多德式辩护只提供了两个维度的解释的一部分，私有财产和自由之间的关系必须被添加到私有财产和生产率之间的关系之中。第2节以高度概括的形式提出了（两种）我们熟悉的比喻的情景，这些情景有利于我们对财产逻辑的理解，有利于领会私有财产成为个人的理性选择的方式和原因。在本节中，我要对这一讨论加以扩展，具体地引入财产与独立或自由之间的关系。

正如前面的分析所表明的，所有分享对非分割的公用地的使用、或者发现自己处于无政府状态丛林中的人都会意识到，达成某种协议对自己有利；在该协议的规定下，公用地将会被分割或私有化，通过仔细划分的范围或边界，每个参与者都能获得一定的份额。这里，我要集中关注各自独立的参与者之间自己形成的契约，而暂不考虑个人与新兴的最高统治者之间可能同时形成的契约。换言之，我希望在洛克式——而不是在霍布斯式——契约状态下展开讨论。
10 最初的协议确定了各自独立的财产的边界，无论这些财产是根据人还是物来规定的。为了方便而又不偏离逻辑结构，最初的协议可被设想为参与者当面参加、同时在某个指定的物质空间里发生的分配行为。最初的协议确定了财产法，规定了当界限被逾越时

即为违法。

我想进一步假定，在这第一个分割后的模型中，生产的专业化并无优点可言。在其自己所有的范围里，每个人（或家庭）都有可能利用个人的能力生产所需要的全部“物品”，并且可以像在专业化和交换应被引入之后那样有效地实现这一点。这样，该模型就变成一种自给自足的植拓模型，每个植拓家庭都完全独立于社会交易关系，通过确立的法律结构，在其领地之内受到保护，不被侵犯，其中包括他们的人身权利。

在我们构造出的这一环境中，个人（或家庭单位）享有最大的独立性，同时还在使用资源或能力方面享有最高效率。根据以前对公用地的分割，每一个决策单位现在都面临与最优化使用资源相称的、使效用最大化的刺激。而且，根据对自给自足经济组织的假定的生产率，不存在任何由专业化、交易和交换带来的相互依赖关系。每个人都自认，自己的幸福完全不受他人行为的影响。用作消费或最终用途的“物品”在数量和质量上只与个人在取得它们的过程中愿意付出的“辛劳”有关。在相当大的字面的意义上，每个人做自己的事情，对社区内的其他人不会产生影响。

实际上，这里不存在什么社区，只有按照最初的协议形成的财产法所规定的成员关系。在这个程式化的情境里，需要进行的只有两个显著区分：第一，财产法中描述的个人之间的区分，第二，法律结构中的参与者与局外人或外来人之间的区分。

我建议暂不考虑对于法律框架内的内部人与局外人之间的关系 11
的讨论。为了简化讨论起见，假设没有局外人，每个人都是参与了最初协议的人，这些协议规定了各自独立的财产权；所以，每个参与者都要服从已形成的财产法。但是，如果要让分析具有逻辑连贯性，就不能忽略实施问题。即使财产被清晰地界定了，也必须考虑越界问题，因为至少有一些人想在不具有合法的强制权利的情况下，通过越界使用资源来达到获利目的。在最初的协议得以实施的同时，必须制定某些条款来监督越界行为，以便认定和惩罚侵犯了被规定为他人的财产权的人。

只要执法的任务不能交给某种非人力的技术，霍布斯式情景的要素就必然会呈现出来。财产法的强制实施要求一个执法的权威，某人或某些人——无论他们选自最初签约者的内部还是外部——必须被委以强制性划分财产界限的特殊任务。分工缺失的假设在此是不能维持的。另外，如果执法者被赋予确认、界定和惩罚违法者的权力，那么，这一权力本身将会以什么方式被限定在一个适度的范围内？谁来保护这些财产的保护者呢？

功能主义者通过指出在一些西方社会里法律规则在某些历史时代中的演变，对此作出回应。如果被赋予执法权力的人自己也要服从他们强制他人服从的法律，那么，就需要对他们滥用权力的行为进行严格的限制。包括权力分离、多头统治、重叠管辖权、独立司法和陪审团制度在内的复杂的制度都会在对所提问题作出反应时，找到符合逻辑的正当理由。在一套有效运作的法律规则下，个人受到保护，免遭被滥用的政治和法律权力的伤害。另外，在这个最初的模型
12 中所假定的程式化的自给自足经济条件下，必然出现的执法结构不必严重损害个人的独立或自由。在这个极为罕见的自给自足条件下，“国家”存在的目的仅仅起到保护的作用，实际上是一个不分白天黑夜工作的守护人。请注意，由于这些契约根本就没有形成，在这个极端模型里，人与人之间的单独契约无需执法者的角色。

本章探讨的程式化模型值得进一步讨论。正如我们已经注意到

的，处于个人或家庭经济单位之外的“经济”的说法是不太合适的，因为每一个人或家庭——根据我们的建构——都完全自给自足，不与其他经济单位进行交换。根据我们前面的分类，个人或家庭单位最大限度地独立于社会中其他的个人或家庭经济单位。这个经济单位面对的选择——在任何情况下——都不会受其他生产单位选择行为的影响，他们之间的联系，仅在于共同遵守财产法。只有在财产法被违反时，这种独立性才解体，成为最高统治者不能有效管制越界行为的结果，或是成为最高统治者自己超出了其权限的越界行为的结果。

我已在其他地方讨论过对统治者进行限制的问题（Buchanan，1975 年）。这里，我想让大家注意这一模型的特点，这可能对形成财产制度的观点很重要。怎么可能想象出一个以个人或家庭为单位的、完全自给自足的经济呢？这里，需要对这样的经济运作方式做一假设性建构，该建构接下来必须引入这类经济单位面临的选择问题的某种想象性分类与定义。我们的注意力被引向生理需求：食物、住房、衣服。其次，我们设想，这些人普遍希望得到的“物品”是“不会长在树上的”，也就是说，它们并不能轻易得到，其数量也不足以满足所有的需求。换言之，我们假设选择所处的是短缺环境，我们假定，如果不在“物品”和“辛劳”之间进行内部交换，个人或家庭经济单位就 13
无法生存。我们要形成的总体想象就是生活在后伊甸园状态下的人的生存条件；人们必须拼命劳作，才可能获得仅够维持生存的生活物品。

当然，有人可能认为，这种普遍存在的短缺状态不过是个相当简单的事实，几乎要不了多少想象力就能把这种状态概括为个人所处的短缺情境。尽管如此，我认为，在劳动与获得消费品之间的关系日益减弱的条件下，这样的想象力仍可能在某种程度上是一种思想成就。

这种短缺的隐含意义被程式化，以便运用于自给自足的经济单位；而我却希望超越这种隐含意义，使对此类单位运作的想象性描述具有实质性内容。我们在此以几乎是普遍采取的方式，来思考一个农业比喻的情境：自给自足单位中的人在土地上劳作，生产出其生存所必需的物品。用经济学家的术语来说就是，自给自足的植拓模型成了一个由劳动与土地构成的双要素生产模型。劳动在自然力的引导和帮助下使土地产出物品。这一比喻告诉我们，地域的固定性是自给自足的独立生产和消费单位的一个特征。这一特征对形成财产法的观念很重要。我将在下面的讨论中说明这一点。

但是，需要指出的是，这一农业比喻其实没有必要引入。只要单个的经济单位放弃无所事事的懒惰，用劳动去获取自然赐予的各种东西，自然本身就可能提供足够的物品。想一想生活在平原地区的早期美洲印第安人，那时美洲大水牛特别多。自给自足并不意味着地域的固定性；而作为一种资源的土地也并不短缺。

14 4. 由契约产生的可让渡性：市场中相互依存关系的出现

我们假设，在初始的情境中，存在许多自给自足的植拓家庭；它们根据地域进行划分，家庭成员和土地就是它们的私有财产，它们受到有效的法制结构的保护和强制。现在，我想将自给自足的生产具有理想效率这个假设放在一旁。假设分工是高效的，如果投入的要素是专门化的，就能得到更多产出。而且，也不是只有某一个经济单位要求这种回报的增加。除此之外，我们假定所有的人都认识到了这一关系。

在这种情况下，自给自足经济形成的最大限度的独立只有在付出机会成本时才能取得。为了保持经济上的自给自足，个人或家庭单位必须放弃“更大”数量、可能通过生产专门化和交换获得的物品。自给自足的经济引起效用的损失，这种损失可由被牺牲的经济价值来衡量。然而，从相互作用的意义上讲，个人或家庭单位必须认识到，专门化和交换可能带来的较大价值本身，也包含了以牺牲独立性来衡量的效用损失。

如果说专门化确有优点，理性的效用的最大化就意味着，这些优点可以在某种程度上被加以利用。亚当·斯密曾要求人们注意人类的以物易物的自然天性，将它解释为交换的起源。但是，现代经济学家认为没有必要引证这种特殊的天性来解释交换，他们将专门化和交换的出现定位在经济活动参与者的理性计算中。然而，效用最大 15
化的规范无法决定专门化的程度，因为独立性也被假定为个人的效用函数中的一个具有正效用的自变量。理性选择的规律只是规定，自给自足经济表现出来的角点解不能描述在这种假设条件下的行为。但是，个人或家庭的经济单位可以在经济的总体依存范围内，进入到生产与交换关系之中；这种范围可以从最小约束到最大约束。

从分析的角度看，分段进行讨论是有用的。为了简单起见，我们在此假设，自给自足的经济单位把它的工作时间分配给 N 件相互独立的活动；这些活动可以由最终消费所需的最终物品来加以定义，如种庄稼、捡拾柴火、捕获猎物、鞣制兽皮、搭建草棚，等等。为了说明的方便，假设用于每一项独立活动的时间相等。在同一地域内劳作的、处于互不关联的经济单位之中的劳动者——他们全都受到财产法的保护——经过交流认识到，生产的回报日益增加，于是采取了一些初步措施，开始发展相互依存的市场关系。比如说，某一经济单位在它从事的多种活动中选择了一种，进行扩大规模增加回报的生产。这种活动就在 N 种物品的一种中产生了剩余物，即超过以前消费的数量。这样，我们就说，F_1 这个经济单位通过投入 2/n 的时间或两倍于原来生产 X_1 物品的时间，进行了对 X_1 物品最低限度的专门化生产。在这样做的过程中，该经济单位的产出是 3 个单位，而在自给自足的生产安排下，只能产出 1 个单位。在这里所说的最低限度专门化阶段中，经济单位有可能继续生产所有的 N 种供自己消费的物品；用于生产 X_1 的额外时间可以从生产其他所有物品的时间中挤出来。

人们将利用规模增加回报形成的一种物品的剩余拿到“市场”上去，希望其他的经济单位也会把他们的剩余产品拿到市场上来，从而促进了相互都有好处的交易。有利的预期结果是，每一个个人或家庭单位都能够达到比以前更高的消费标准——在没有增加
16 劳动的情况下，每一种物品的产出量都大于自给自足状态下取得的标准数量。

我在这里的目的不是描述新兴市场的推测性历史。我把中世纪的定期集市和赶集日留给历史学家去研究。我希望考察即便最低限度进入交换关系所形成的对财产权的影响。我将假定，法律结构被扩大到个人之间的自愿契约的实施，扩大到有效地防止交易中出现的欺骗行为。

一个经济单位进行专门化，期望将超过自身使用量的剩余物品拿到市场上交换其他想要的物品；就此而言，该单位必得服从“市场的盲目力量”，或者说服从于市场上其他人的选择结果；而这个经济单位对其他人并没有直接的控制。相形之下，在自给自足的经济中，

孤立的经济单位只需依赖其自身的选择和自然法则的力量；而现在则必须依赖其他经济单位的行为。而且，其他人的这一行为也不受君王利用财产法和契约法实施的控制。

请注意，在这种情境中，加入分工与交换关系之中的行为仍是自愿的；个人或家庭单位进入“市场”只是为了得到预期能够得到的更高的最终产品价值。生产者独立自主自给自足生产所有产品的生存仍被假定为一种主要的存在。因此，从某种意义上讲，尽管经济单位进入交换关系的行为增加了它对其他单位的依赖，但这并没有带来自由的损失，如果以否定的说法将自由严格定义为不受他人的强制时尤为如此。在这种情况下，加入交换经济的因素代表了可选范围的扩大。

然而，可选范围的扩大部分还只是预期性的，而且必然是不确定的。个人选择进入市场关系之后，就无法从确定的选项里进行选择了，因为个人大概只能在自给自足条件下内部“经济”的范围内确定的选项里进行选择。个人或家庭不能单方面选择剩余产品交易将会出现的条件，因此也不能确切地选择专门化产生的最终价值 17
增量。

我们的讨论已经弄明白了，地点固定的单位能够——如果有必要的话——在自给自足的经济状况下存在并得以存活，在有限度的进入专门化生产和交换后没有失去任何东西，而且获得了增加收益的期望。我认为，这一模型仍然是经济学家的想象力的基础，而且它直接强调了交易所得和互助的好处。在对待财产制度方面，这个模型或许也重在强调土地。如果——在我们离开这一模型时——自给自足的经济不再成为个人或家庭经济单位可供选择的方案之一，财产与自由之间的关系就必须以不同的方式加以分析。

18 ## 5. 市场依赖性，剥削与交换中的公平

正如本文第 4 节指出的，专门化的优越性使剩余产品成为可能；进入到交换剩余产品的市场关系之中的人是自觉自愿的，其目的是增加对自己想要的最终物品的支配力；即使清醒地认识到了进入市场将牺牲或失去独立性，他仍然自愿进入。这就是说，进入市场的行为必然产生对他人行为的依赖性。即使不存在强制行为，一个人的福利也受到他人行为结果的变化的支配。被支配的个人将会认为，这种行为是可变的。因此，他人的行为至少是在批评的范围之内——如果不说是在控制或操纵的范围之内的话。个人对他人的行为"感兴趣"，是因为这样的行为会通过市场关系影响他自身的效用，而且这种感兴趣的方式与对诸如天气这样的终极自然力量的感兴趣的方式是不同的。单一的交换活动参与者的这种态度会持续下去，即使在没有"他人"可以被确定地认为是在推行市场力量的情况下也是如此。但是，任何卖者必须和单个的买者进行交换——反之亦然——这一简单事实使参与市场关系的人倾向于把市场力量归因于市场里的其他人，即使这种力量可能微不足道或者根本不存在时也是如此。

因此，令人并不感到意外的是，交换的条件在我们几乎刚刚开始分析时就被划分为公平的和不公平的，其隐含意义是，一些交换活动的参与者，即使在完全自愿的交换中，也有可能被其他人剥削。这种相互依赖的关系似乎创造出了剥削的潜在可能性——剥削被模糊地定义为交换双方从这种交换可能产生的收益中分配不公，或所得份额不相称。

19 我们再考虑一下从经济的自给自足状态向交换的相互依赖关系

转换的第一步。比如说,一个农夫生产出了剩余的鸡蛋,想把它们拿去交换土豆,这种将资源集中用于生产鸡蛋的做法降低了他的土豆产量。交换的条件依赖于相关市场上生产剩余鸡蛋和土豆的生产者的数量,以及这些剩余产品的相对数量。假如——或许——农夫发现,市场上有许多交易者在供应剩余的鸡蛋,而只有一个人在供应剩余的土豆,那么,交易条件对他非常不利。他一定会认为自己受到了垄断者的不公平对待或者剥削。

当然,在进入市场进行交换之前,个人通过保留退出市场依存关系的机会,有可能认识到这种进入的脆弱性,放弃分工承诺的某些优点。在我们的例子里,农夫拥有的财产——他的劳动和土地——允许他对不利的交易条件可能产生的潜在剥削加以限制。如果农夫将手中所有的资源都用于鸡蛋生产,农夫在这里提到的市场环境中可能会发现,与保持完全的自给自足的经济相比,自己在依靠市场的相互依存关系中的情况更糟。为了预先排除这种糟糕情形,农夫可能会把一部分资源用来自己生产土豆或某种合适的替代品。然而,为了实现这一步,个人必须保持对生产资料支配权的私人控制。他必须能以他认为合适的任何方式“自由地”使用劳动和土地资源。私有产权允许专门化和交易,因此,也允许从提高效率的收益中分得一定的份额;但同样重要的是,私有产权也能够有效地保护个人不受市场“盲目力量”的支配,或者断开个人与市场的“盲目力量”的联系——无论这种盲目力量的源头是什么。

私有产权的第二种作用——也就是我在本文中强调的作用——常常被人忽视,或许也尤其被将注意力集中在效率方面的经济学家忽视,被发达的市场经济的参与者忽视;在发达的市场经济中,只有为数不多的参与者拥有出现在这个例子中的退出选择。但是,十分 20

重要的是，要认识到，市场网络（包括期货市场）和与之相伴的法律及制度结构的发展与对该结构理解的发展相联系，允许个别参与者在有限的情形中享有分工带来的全部优点，同时还能享有无成本的退出选择。当然，这一近乎魔术般的结果是由完全竞争经济的存在与运行产生的；而完全竞争经济则是通过这种市场交易关系的所有价值生产活动中的可行进入和退出得以定义的：它有足够大的规模来保证在任何一个市场中的买方和卖方都有足够多的经济单位。正如经济学家的模型所描述的，在有限的情形下，每一个人作为接受价格的买者和（或）卖者都面对着一套“客观的”可能的选择——这样的选择允许（他们在行事时）就“好像”相互依赖关系并不存在一样。

21

6. 分析性图示说明

第 5 节的讨论可以用一个分析性图示来加以说明——对此，经济学家们可以略过。

我们再一次考察一个理想化的完全自给自足的家庭农场经济单位，它生产两种具有短缺价值的物品——鸡蛋和土豆。我们假设这两种物品在该家庭的预算中占有大致相等的重要性，或者，用技术性更强的话来说就是，在效用函数中是无差异的。我们进一步假设，在增加相同单位的投入时——在这一个案中，是以小时来计算的劳动单位——产出递增，而且从生产函数相同的意义上讲，这两种物品是完全对等的。在这个经济单位孤立存在的情况下，如果我们假设投入的供应是固定的，则该经济单位面对的是一种生产可能性曲线，它可以由图 6.1 上的曲线 PP 表示。根据假设，由于土豆和鸡蛋被定义为物品，并具有大致相同的重要性，该经济单位在 E 点达到最大效用，其生产和消费这两种物品的数量是相同的。除非出现回报递增的情形，该经济单位不会做得比在均衡点 E 更好。

请注意，在达到 E 点所显示的效用水平时，这个家庭完全依靠它自身的选择做出决定，此外也受起到约束作用的自然力的影响。其他人的行为完全与之无关——不存在经济上的相互依存关系。

现在，我们通过引入第二个经济单位——第二个家庭农场——来改变一下这个图示；我们假设，第二个家庭农场与第一个在各个方面都完全相同。第二个经济单位面对着与第一个完全相同的生产函数和效用函数。在这种情形下，可以从专门化和交换中获得显而易见的 22

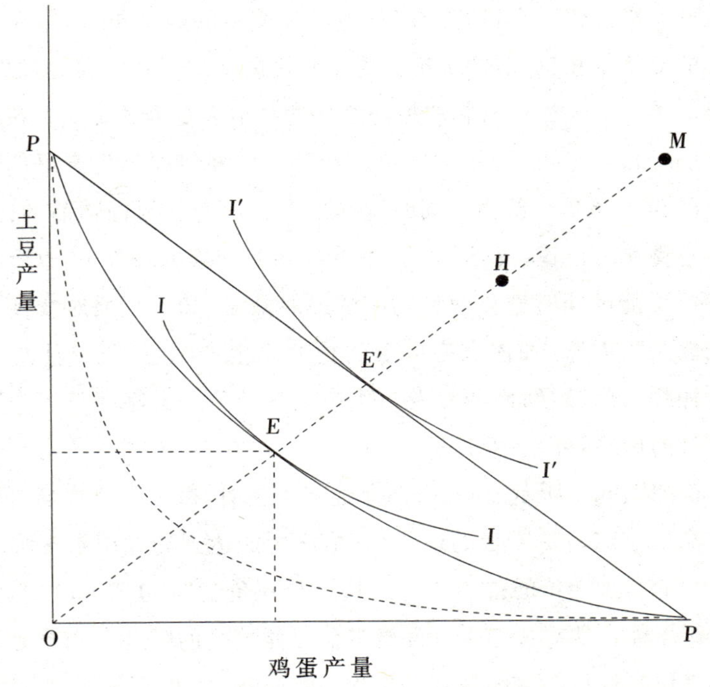

图 6.1 拥有交换和没有交换的家庭均衡

利益。现在假设两个经济单位分别对某一种物品进行完全的专门化生产——一个家庭将其全部投入用于生产土豆，另一个家庭将其全部投入用于生产鸡蛋，这两个家庭把相同数量的投入用于经济生产。

在这样的条件下，经济的总产出可以由图 6.1 中的 M 点表示，而不是 H 点。H 点表示的是两个家庭在相互独立、互不进行交易时经济的总产出水平。如果经济单位进行分工和交易，有统一的(即标准化的)交换比率，每一个经济单位都能达到 E' 点代表的效用水
23 平，明显比 E 点达到的效用水平高。

我在此要强调的是，在初级经济学中的这部分练习常常被经济学家所忽视。每一个进行专门化生产和交易的经济单位，与在自给自足的经济中相比较，的确都获得了效用的增加；但是，在此过程中，该经济单位容易受处于它的控制之外的其他人行为的影响。在自给自足的经济条件下，图示中的单一经济单位面对的是生产可能性曲线 PP，假设该单位能由此同时选择生产和消费这两种物品的比率，选择它喜欢的位置。相形之下，在专门化和交换的条件下，这个单一经济单位能够同时选择两种物品的最终数量，却不再面对线性交换可能性曲线 PP。如该家庭以专门化方式生产鸡蛋，就只能控制鸡蛋这种物品的数量；而依赖专门生产土豆的另一家庭的行为来达到其自身的最终效用水平。

正如图 6.1 所示，当只有两个经济单位时，每一个单位当然将发现自身处于双边垄断者的地位，它最终所能达到的效用水平将取决于自身的讨价还价的技巧。在这场讨价还价的“博弈”中，自给自足的生产可能性曲线决定单一经济单位可能接受的限度。如果另一个经济单位在讨价还价的技巧上更胜一筹，在最坏的情况下，它还可以求助于自给自足的经济，达到 E 点代表的效用水平。在这一图示

中，以土地和劳动代表的私有财产允许单个家庭生产两种物品供自身消费，保证所获得的效用水平不低于 E 点代表的水平。

随着生产—交换网络范围的扩大，两人双边垄断博弈中的解的不确定性也降低了。当每个生产单一物品的经济单位面对每种物品多于一个生产者的交换市场时，其易于受到市场剥削的脆弱性也减少
了。而且，正如我们前面提到的，当交换网络扩展到确保所有的市场 24
都有大量的买者和卖者时，单个经济单位的行为，就会真的好像它确实面对着一条客观的交换可能性曲线，如图 6.1 中的 PP 直线所示。

但是，当超出教科书练习的范围时，这一情境的客观性可能会引起疑问。我们来看一下单个的人，那个卖鸡蛋的人——他或她只能控制自己在市场上的鸡蛋供应量。其预期价格(由图 6.1 中 PP 直线的斜率决定)将依赖于市场上有足够多的鸡蛋需求者来维持预期供应的市场价格，依赖有足够多——却不是过多——的鸡蛋提供者来形成预期供应量。从最乐观的情况看，由单个卖者调节供应量的价格肯定是能够预期的，其最终的实现严格依赖于所说物品的买卖双方中许多其他参与者的总体行为。而且，我们从过去的经验中得知，在那些与教科书上的竞争模型契合最多的市场上，价格能够在相对较短的时间里出现显著的改变。在面对其他许多人的行为时——对单个参与者而言，这样的行为确实是“盲目的”——任何一位涉及专门化的人，无论是作为买者—使用者，还是作为需求者—供应者—生产者，都仍然是脆弱的。

7. 边干边学，不干就忘 25

在第 6 节讨论的高度抽象化和简单化的图示中，正如可能的自

给自足的生存状态所表示的，生产—交换关系参与者的脆弱性被可以退出市场的选择的有效性所限制。这种选择的有效性确实严格依赖于个人化的或私有的财产权的存在，这些权利允许经济单位自愿地从交换关系中部分或全部地撤出。

在专门化—交换条件下达到的效用水平与在自给自足的独立状态下可能达到的效用水平之间存在着差异，它衡量出独立生产的机会成本；反过来讲，也衡量出市场依赖关系带来的利益。简单地考察一下可能影响这一差异的几种因素对我们是有帮助的。正如第 6 节所说的，从专门化和交换取得的收益全部来自增加的回报。另外，我还没有引入可能产生赢利的几种不同的要素禀赋可能形成的收益，其中包括个人的技术、能力和才华。随着产出率的上升，投入变得更为熟练，所以回报也在递增；当我们超越静态模型转向动态模型时，这一关系就变得更为明显。由于生产由专门化的投入要素组织起来，提供这些投入要素的参与者边干边学随时随地在学，投入要素转变为产出增长的比率也会提高。

经济学家已认识到，边干边学是解释经济增长模型的一个重要
26 因素。但是，就我所知，他们尚未完全将反面关系结合进他们提出的分析模型中。具体的专门化活动的参与者边干边学；在他们所选择的专门化活动中，他们的劳动效率不断提高。但是，他们不干即忘；在他们为了专门化的需要而放弃的活动中，他们的效率变得越来越低下。我们在第 6 节的图示 6.1 中，用几何方法描绘出这一影响。我们采用的方式表明，经济单位经过一段时间的专门化生产，通过边干边学，及其必要补充不干即忘，使得市场外生产可能性曲线向内移动，如图中虚线 PP 所示。单个的经济单位因此变得更加依赖于它无法控制的市场力量，因而更易受到来自这些市场力量的伤害。随

着时间的推移，在专门化条件下取得的效用水平与在自给自足条件下可能取得的效用水平之间的差异越来越大；实行市场外退出选择的成本会越来越高。

当然，这一动态序列在以下情况中将达到极限：单个的专门化的经济单位完全忘记了生产其他物品的方式，或者没有能力去生产它们了。在我们的家庭农场的例子中，假设专业生产鸡蛋的家庭单位逐渐失去了生产土豆所需的全部知识和技能。在这一限制中，市场外退出的选择呈现出不同的形式。根据图 6.1 所示的几何图形，非市场生产的可能性曲线将是横纵坐标上 PP 曲线——两个 P 点分别位于横坐标与纵坐标上——所截取的部分。自给自足的生存仍要求生产者只生产两种物品中的一种，这种物品仅供其自己或内部消费。可获得的效用水平就会是在生产一种垄断物品时能够达到的。这一效用水平可能不足以满足生存或生计的需要，如果专门化投入被用于生产一种不完全可以作为一般消费品来使用的物品，就更是如此。在这种情况下，经济单位转向完全依赖于市场能力，以便购买它曾经以专门化方式生产的物品，也出售它能够提供的仅有的投入品。

8. 私有财产、市场竞争和进出市场的自由 27

在复杂的现代经济里，专门化程度早已扩大，仅有为数极少的家庭能够在市场外的、孤立的自给自足的经济中生存——如果确有这样的情况存在的话。前面几节利用简单图示分析和描述的有限情形几乎适用于复杂的现代经济中的所有参与者。在现代经济中，每一个参与者或参与单位都必须依赖于这个系统中的其他人或其他单位的行为，他们被市场组织起来——或者反过来讲，他们组成了市场——以便提供用于消费的必要的最终物品，需求或购买单个参与者或单位提供的物品和/或服务。

如果市场之外的自给自足经济是不可行的，那么，在法律上得到保证的财产权将会提供什么样的针对剥削的保护呢？现在，我们来考虑这样的情况：每一个参与者的财产权都掌握在自己的手中（现在，我们暂时不考虑非人力财产中的私有权利）。这里没有奴隶，所有人都能自由地向他们所选择的人提供物品或服务，而且他们提供的物品或服务是在相互赞同的基础上进行的。但是，在没有可退至自给自足经济的选择时，这种财产权的价值是什么呢？

如果只有一个预期的买者—需求者——也就是说，如果一个人面对独家垄断买方——财产权对这个人可能实际上只有很小的价值。那么，这个人必须设法保证自己有能力使用必需的最终消费品；
28 该独家垄断买方可能以对服务提供者非常不利的条件，获取他能够提供的这些服务。但是，如果市场是竞争的，而且大得足以容纳大量的提供各种物品和服务的买者和卖者，那么，单个参与者就不会面临只有一个预期买者的境地。在后一种情况下，由个人把握的财产权的价值——正如自由可以表达为在不同买者中进行选择——可以由交换中得到的全部物品（购买力）来衡量。

（请考虑，与竞争性市场环境相比较，在社会主义制度的环境中，集体拥有全部生产方式。在这样的条件下，提供生产性服务的每一个人都面临着唯一的买者——集体，任何在不同买者中进行选择的自由——即便在名义上处于个人所有的范围之内——都变得几乎是毫无价值的。）

界定每位参与者都面临多种选择（买者—卖者）的市场环境，从而确保人们的财产权具有最大的价值，因为这一权利可能被潜在地使用，这相对说来是容易做到的。但是，要描述那些促使竞争性环境出现的制度性规则却比较困难，而那些规则一旦被界定就显得太有吸引力了。例如，假设在某一种经济中，所有人都被赋予自由，以他们认为合适的方式使用自己的个人能力；他们可以在面临的任何选择中自由地进行选择。那么，什么东西才能够保证有多种机会使选择可能得以实现呢？

为了保证这种意义上的竞争性市场环境的出现和维持，必须给予个人自由，使人们相互之间结成团体，以便组成生产单位以及与个人和其他商业公司实施交换的商业公司。这就是说，不能只给个人作为卖者—供应者提供其服务的自由，也必须给他们变为“交易者”的自由，在更广泛的意义上能够自由地组织生产单位，制造和提供物品和服务——这些物品和服务最终将要换取具有个人能力的人们提供的那些服务。

生产性服务提供者的经济地位由两组相互补充的产权的潜在 29
运作得以保护。他自己的个人权利允许他在不同购买者中进行选择。它也允许任何参与者尝试成为购买者。这两种权利一起使用形成严格的限制，防止通过不公平的交易条件，对个人进行潜在的剥削。单个供应者保留了从与任何购买者的交换关系中退出的权利，而任何其他人都保留了进入与提供生产性服务的个人进行交换的权利。

除了自由进出交易的条件之外，竞争性市场环境必须的补充条件是交换关系的有效范围足够大，以保证每个市场上能有多个买者和多个卖者同时存在。这个条件有可能得到满足，至少是大部分得到满足，那就要通过规定，使所有市场向全部的潜在交易者开放——

无论他们是买者还是卖者，也不论他们是组织体制中的成员还是外来人。即使在市场规模由于受到地域条件限制和政治单位的资格限制而相对较小的情况下，开放性也将对物品和服务的买方和/或卖方有可能滥用市场力量的做法进行限制，因为他们可以直接或间接地跨空间移动其物品和服务。

我在前面已经指出，在复杂的现代经济中，能够在自给自足的经济中生存下来的参与者，即使有的话，为数也是极少的。有人认为，前面引入的分析性图示有可能被扩展，以表明所有的参与者都倾向于在狭窄领域中的专门化，生产单一的物品或提供单一的服务。当然，这样的隐含意义并不成立；在没有这种狭窄专门化的情况下，退回到自给自足状态的选择也可能消失。单个参与者可以全部依赖某个市场来购买自己提供的服务，但同时也不必在狭窄的领域中进行专门化，去生产某一种物品。生产的这种潜在的可替代性使有效竞
30 争市场的要求比前面讨论中的要求弱一些。从与单个购买者构成的交换关系中退出的权利使参与者—提供者可以在不同职业、不同行业和不同地域之间和之内进行选择。在选择范围扩展时，如考虑到要专门化生产还需要对人力资本进行投资时，认识到退出权利的增加价值，可能会促使参与者把自己的生产性服务能力保持在某种自己喜欢的水平上，以保持潜在的灵活性。

竞争性结构的最低限度要求，旨在保证个人的自由具有重要的经济价值。在讨论这一点的过程中，我强调了个人的市场参与的投入或供给的一面。个人进入交换关系的目的是为了卖掉他的生产能力，换回货币，然后期望能够用货币买回自己想买的最终消费物品。卖者拥有在不同买者之间进行选择的自由；竞争过程确保以较低的搜寻成本和转换成本能够找到可供选择的买者；这两点

保护卖者，以免其在交易关系中受到通过操纵交易条件进行的剥削。

从某种形式上的意义看，对个人市场参与的需求或产出方面的竞争要求与对供给方的要求完全对称。个人作为一个要购买最终物品——或产品——的未来买者，容易受到操纵交易条件的行为的侵害，除非此人在可利用这些选择的情况下，拥有在不同卖者之间进行选择的自由。但是，人们对市场在这个方面存在剥削的潜在性关注较少。出现这种情况的原因在于，消费的专门化很少扩展到生产专门化的限度。即便个人确有提供不同生产性服务的能力，可以从事几种不同职业或不同行业的任何工作，但是一旦确定了一种选择，这个人每次通常就只能将自己的投入提供给一个买者。我们很难找到一个同时做三份工的人——既是木匠，又是管道工，同时还是经济学教授。然而，在需求一方，这样的消费模型是标准行为。个人将其收入花费在一整套物品和服务上，几种物品被同时以相互补充的方式消费或使用。个人依赖市场的需求结 31
构来出售自己提供的生产性服务，以便获得收入；与之相比，在获得其全套消费中的任何几种物品或服务之一种时，个人对市场的供应结构的依赖性必然要小一些。

个人参与者在市场过程供求两方面的潜在脆弱性上的差异，并不意味着在消费品市场上保持有效竞争的市场结构是不重要的。它的隐含意义仅仅在于，由于个人消费模式中的最终物品具有更大的可替代性，个人在提供物品和服务的可供选择的卖者之间进行选择的自由——就其本身而言——在需求一方更为有效。由此可以推论，保证选择自由的有效性所需的制度性或结构性要求没有供应方的那么紧要。让我提供一个简单例子：对学者而言，对全部高等教育和研究机构的独家垄断买方实行控制，要比对所有面包提供者的独家垄断买方控制更具破坏力。从吃面包转向吃青豆，要比从当教授转行做管道工容易一些。

32 ## 9. 专业人员与一般人对市场的看法

一旦完全理解了竞争性市场经济的逻辑结构，其审美上的吸引力就可能浮现出来，从而使任何评价性判断受到怀疑。市场的这种理想化状态——在这种互动的环境中，人们保持最大限度的相互依赖，却没有人随心所欲地向他人施加权力——成为一种强大的规范性影响，作用于我们解释自己直接观察到的事物的方式。这一诱人的解释可能与人们对市场的其他看法相冲突。其结果是，在专业经济学家的竞争性经济秩序的模型与可能是从个人对待私有财产的行为间接推测得出的秩序之间，形成了一个思想的空白地带。

正如在本文前面的诸节中已经强调的，通过提供自由退出或避免进入具有潜在剥削性质的经济关系，私有财产保护人们的自由。只要个人还有在多个选项中进行“选择的自由”，只要存在多个能使选择得以实现的备选项，那么，就几乎没有必要去关注前面描述的那种个人通过市场交换关系对许多他人行为的依赖性。在这一诱人的竞争性市场经济的理想看法中，暂且不谈我们熟悉的激励—效率之说，至少在进行最初的分析时看来不存在关于支持非人力私有财产的争议。换言之，在理想化的竞争结构模型中看来不存在有关自由的补充性争议。

33 这一模型的运作理论告诉我们，非人力资产的占有权其实只是出租这些资产的使用权的另一种备选项，而要在这些制度性备选项之中做任何选择，都应该在严格的成本比较的基础上理性地进行。市场会发挥作用，以便确保多个备选项在价值上基本相等。当然，对市场的政治干扰可能使选取的对象出现倾斜（例如，相对租税待遇），但是，在被理想化的竞争市场里，并没有个人广泛分散地占有非人力资产的明显事例，高于并且超过了保证竞争过程自身有效运行所必要的分散。例如，只要在出租单元房的多个供应者之间存在有效竞争，那就不会有涉及单个家庭房屋占有权自由的争论。同样的结果也适用于诸如汽车这样的交通工具的个人占有权，甚至可以扩展到范围更大的各类耐用消费品的个人占有权。

但是，经济学家的竞争性市场模型与市场的实际运作现实之间看来存在着巨大差异。市场的工作方式有可能从个人参与者的行为推知出来，而在很多情况下，个人的行为方式似乎给人市场并未提供多个有效备选项的感觉；而且，正如我们在前面已经提到的，对由市场决定的交易条件的依赖在个人效用函数里被视为一种“负面因素”。即便是在没有政治干扰使选择出现倾斜的情况下，相对于许多种物品和服务的租赁和出租而言，人们还是会把占有权置于优先之选。人们（或家庭）还是要拥有自己的房屋，他们还是要拥有自己的汽车作为私有财产，而无论租赁—出租市场竞争有多么激烈。我还要进一步指出，即使存在对第二种选择有利的相当大的成本差异或效率差异，许多人还是会选择拥有，而不是租借。这就是说，即使与拥有一辆汽车的每月全部成本相比，租一辆相同质量的汽车每月可少付 100 美元，大多数人可能还是会继续选择拥有。从增加的市场依赖性获得的效率提高不足以抵消独立性下 34
降带来的效用损失。因此，正如我们观察到的人们的行为所示，人们看重私人占有权带来的能从市场交易关系中退出的自由。无论具体市场中的竞争程度如何，这一认识都会持续下去。

35 10. 进行自行(自我)生产的私人占有权

解释非人力资产的私人占有权的一个方式是，要指明这种制度允许人们使用自己的资产为自己提供服务。这与我们前面提到的生产鸡蛋和土豆的农夫的例子很相似。在相当长的时间里，拥有住宅的家庭能够为自己提供居住服务，无须与供应者保持契约的或市场的交换。拥有汽车的人能够在需要时为自己日复一日地提供交通服务。

私人占有权使个人脱离由市场交换形成的相互依赖的网络，走向有价值的自给自足的状态。自行生产直接降低了个人可能具有的这种需要：以需求者—买者的身份进入市场，购买某些物品及服务。而且，从这一意义上说，由资产的私人占有权产生的自行生产——在类别上——与在市场结构之外进行投入(例如在花园中种蔬菜)而形成的自行生产没有什么不同。当占有权被扩大到包括范围更广的资产(房屋、汽车、家具、电器、家畜和果树等等)时，由这些资产带来的物品和服务的自行生产也降低了个人对市场运作的依赖性，个人无须出售其物品来交换普遍通用的购买力(货币收入)。

这一点应该加以进一步讨论。我们来考虑图 10.1 描绘的收入循环。处于 A 点的个人——我们称之为 A——以卖者—供应者的身份为投入的目的(劳动服务)进入市场。同时，处于 B 点的个人 B，以需

36

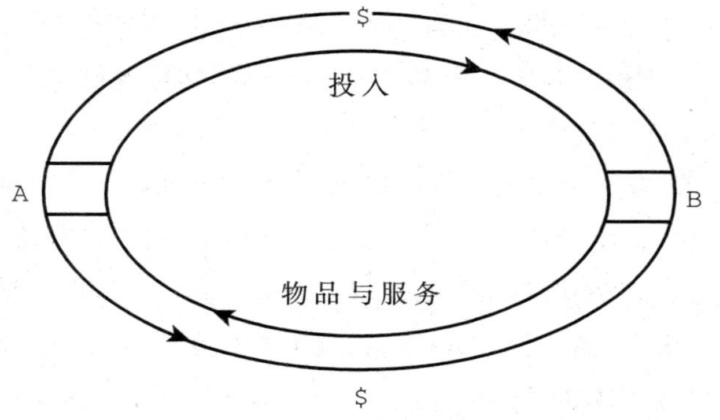

图 10.1 收入循环

求者—买者的身份为获得产品(物品或服务)进入市场。在一个完全相互依赖的市场经济里,个人依赖其他人的行为,以便在投入和产出的市场中形成交易条件。这一互动结构在前面已经讨论过了。

这时,如果个人A发现有可能利用自行生产,从市场交易关系中退出,那么,收入循环里需求者—买者一方要求的回报量就降低了(房屋的占有权取消了每月的房租付款)。其次,如果个人(家庭)需要较少的收入流去买自己想要的东西,那么,收入循环中买者—需求者获得普遍通用的购买力(货币收入)的需要也随之降低了。

鉴于与前面讨论相关但又与之略有不同的原因,财产私人占有权产生的自行生产在降低对市场的依赖方面,对于作为投入品卖者的个人比作为产品的买者的个人更为重要。人们可能认为自己处于收入循环的供应者一方时更容易受到市场的伤害,其原因一是相对而言所涉及的专门化程度更高,二是周旋于可能的不同买者之间造成的交易成本更高,有可能包括区域调整的成本。请考虑某人因为市场力量的影响而失业的情况。如果这个人有自己的房屋、汽车、家 37

具和电器，那么市场冲击给他的生活带来的负面影响就大大缓解了。这些资产给予的自行生产有利于他在可以接受的基础上生活下去，其状况优于他没有这些资产的情形。

我认为，经济学家应该认识到，私人财产制度在这个意义上提出的一个悖论：它作为公认的、市场相互依赖性假定的高“效率”的计数器而存在。将市场理想化的运作与私人财产的自行生产安排两相比较，在同样花费的情况下，市场应该能够提供更多服务，或者说以较少的花费提供同样的服务。由于生产具有规模经济效应，一个理想的住房市场能够以较低的成本向人们提供同质的居住服务。（为什么郊区住户每家该有自己的割草机呢？）

处于市场关系中的个人的脆弱性并未被结合到标准的分析练习之中；这些练习含蓄地假定，模型以理想的方式发挥作用。但是，不受市场可能形成的冲击的自由必须作为一个具有正值的因素加入到有意义的效用函数中。在接受了效用函数的这一改变的更具包容性的方式中，财产占有权形成的自行生产可能会比市场的生产更“有效率”，至少在某些限制条件下会如此。

38 11. 能够产生货币收入的私有产业

到此为止，本文讨论的私人所有权使个人免遭市场冲击的效力只适用于那些为其所有者直接——以实物形式——提供物品和服务的资产。我们特别提到了房产和耐用消费品。其隐含意义并未扩大到为占有者带来货币收入——而不是直接服务——的私人所有权。请注意，上述两种资产的区别并不等于实物资产与金融资产之间的区别，原因是某些实物资产也产生货币收入而不是实物形式的收入。当然，根据定义，金融资产带来的是货币收入而不是直接服务。

金融资产——比如说债券——的所有者并不直接生产任何能与住房所有权所产生的居住服务相比的东西。显然，与产生实物收入的资产的占有权不同，拥有货币收入的要求权并不代表从市场交易关系中撤出的行为。债券的持有人还得每月付房租，还得及时支付汽车租金和电视费用。占有货币收入要求权对个人作为最终消费品的需求者—买者的地位不产生任何影响。购买物品的交易条件不会影响潜在的受到市场冲击的脆弱性。然而，在收入循环的供应者—卖者一方，任何由资产占有权所产生的货币收入要求权都必然降低出售可流动的投入、以便提供资金购买消费品的必要性。一个从债券或货币市场账户中每月获得 100 美元利息的人，在通过出售劳动服务得到的、用于支付消费品的当月收入中的需要就少 100 美元。解释这一点的一个方式是说，金融资产所有者生产出了能从市场上 39
购买价值更大的最终物品的收入，或者向市场卖出较少劳动投入的收入。无论出现哪一种情况，这种收入都必须通过市场取得。相反，直接提供实物服务的那种资产所有者，脱离了任何市场生产，脱离了通过交换关系来进行的必然的价值转换。

我们还要对这两种资产作进一步区分：一种是私人拥有、产生服务、然后被占有者出售以换回货币的资产，一种是直接产生货币回报、不经中间售卖过程的私有资产。在这两种情形下，占有权都能产生收入现金流，这种现金流减少了对出售现在投入的依赖。但是，面对占有者不能控制的力量时，存在着不同的脆弱性。在第一种情况下，必须出售实物资产产出的服务，以便获得货币收入，资产占有者容易受到同类收入资产的市场变化的伤害。在第二种情形下，占有权直接产生货币回报，容易受到来自货币与物品之间交易条件变化的伤害。当私有财产以货币形式出现时，或者私有财产具有的回报索取权是对名义货币的索取权时，受伤害的可能性最大。我把对货币形式的私有财产和具有货币索取权的私有财产之间关系的讨论留到第13节。

40 12. 私有财产与时间：通过占有权的积累

不管占有权以什么样的形式出现，我直到现在都略去了对私有财产在这一过程中的作用的讨论：它随着时间的推移作出个别调整，从市场创造出来的收入流模型——既以进款形式，又以支出形式——转向从生命周期或代际的动机角度可能被选择的模型。换句话说，在此之前的分析被限定于所有权满足人们的基本的预防性动机上；而在理想化的市场运作中，这样的动机并不存在。也就是说我们的分析隐含了对私有财产这样一种模式的论点：经济生活的所有参与者都会永远活下去，他们向市场提供投入和购买产品的能力不受时间变化的影响而保持不变。如果把时间这一很有意义的变量引入这一模式，我们就会清楚地看到，在个人生命跨度内，或者在代际的时间间隔内，人们对收入和支出作出的随时调整要求某种能使人们对以后时段中可以实现的价值获得可分割索取权的制度。个人能力的完全占有权可以通过人力资本的不断积累部分地满足这一要求；但是，非人力资产的占有权——不管它们以什么形式出现——也是一个必要的补充。

我在这里关心的并不是财产的私人财产占有权与资本积累率之间的关系，因此也即与一国总的经济增长率之间的关系。这一论点与从标准的效率规范派生出来的论点相类似。当然，我在这里并不怀疑在创造效率和增长中财产制度的有效性或重要性——这两者都已是被人们广泛接受的客观事物。但是，我写本文的目的仅在于试图证
明，私人占有制作为一种保护人的自由的手段，完全独立于效率或增 41
长方面的考虑。

正如我前面提到的，私有财产——无论这种资产是否随时间的延续产出收入——允许所有者暂时退出市场关系。一个从自有资产或有价值的资产中获得收入的人可能——如果所有者选择这样做——增加当前用于最终产品的消费支出，或者减少当前向市场提供的投入。在这两种情况下，有价值资产的占有都会扩展个人的选择范围。而且请注意，有价值资产的所有者拥有可用的、带有价值的退出选择——无论这种选择是否被实施都是如此。只要该资产价值本身没有减小，有价值资产的所有者就可能在一个更大的选择范围中进行“自由选择”。正如塞缪尔·约翰逊间接暗示的，当一个人拥有未被消耗的有价值财产时，这个人享有的自由程度最高(Boswell，1946)。

正如在前面讨论预防性动机时已经提到的，在促进所选择的、随时调整的收入流和支出流的过程中，私人占有权的作用与竞争性市场运作的效力没有直接的联系。即使竞争性市场过程发展到在所有市场上，在任何一个时点上，都能为个人提供多种选择的程度，对价值或财产的可分割索取权也必须允许对“现实生活中”不可抗力做出的调整。一个人可能对暴露在“盲目的市场力量”之下的情况漠不关心，对竞争过程持经典的自由信念，但是，这个人将会继续要求对有价值资产的私人占有权。

从获得和保有资产的不同动机中推断出来的人们喜欢的财产形

式具有几种隐含意义。对于完全相信市场过程、其唯一的或基本的动机是在收入和支出方面进行不同时段调整的人来说，自己喜欢的
42 资产形式应该是能够最便捷地转化为其他价值形式的资产，这当然就是货币本身。如果我们能忽略预防性动机——甚至考虑到货币与物品之间的交易条件的变化——货币或货币索取权也一定是人们希望拥有的积累方式。个人如果在利用实物财产的服务的自行生产中得不到好处，就会单纯为了时段间调整的目的而储存一些有价值资产，那他就会选择从当前消费中划出一部分资金，购买金融资产索取权。

43 13. 货币形式的私有财产、通货膨胀和价值征用

需要进一步考察通货膨胀与依据自由对私有财产的辩护之间的关系。正如本文已经指出的，如果个人不在乎他在面对特定的市场冲击时所具有的脆弱性，他就会发现财产占有权对随时调整收入和支出流是必要的；但是在理想状态下，他将会选择保有以一般购买力——货币或货币索取权——形式出现的财产。然而，这样一种理想情景要求的不只是每一物品和服务市场上的竞争过程的有效运作。这种情景必须同时保证，货币和物品之间的交易条件不产生市场冲击；为此某些保护被认为是可取的。在现实环境中，这一条件是不能由市场运作得以满足的。

我们可以建立一种分析模型：货币以商品或一批商品的形式出现；在这种情况下，竞争性市场的运作被认为应该能保证货币与物品之间交易关系合理的稳定性。但是，在我们观察到的多个经济体中，

货币并不是一种通过市场生产和销售的商品，而是国家或政治单位的创造物，它的供应与生产成本之间几乎没有什么关联性。因此对一个希望以货币或货币索取权形式持有财产的人来说，他所寻求的保护是要针对来自国家或集体部门的潜在剥削，而不是针对市场运作。

在这两种情况下，可能引起寻求保护以防止预期价值被暗中征 44
用的预防性动机在心理上的表现是不同的。为了对抗“盲目的市场力量”而寻求保护的人不必担心已确定或可确定的个人或团体的阴谋。这里要寻求的保护针对的是大量卖者和买者的相互作用产生的总体行为的影响，因为这样的总体行为可能在市场的投入价格和产出价格的格局中造成突发的变化。这种保护——在被寻求的过程中——与市场过程中所谓的“信任”呈反向关系。“信任”依赖的理性起点不过是某种广义的假设，即个人都倾向于寻求各自的经济利益。与此截然不同的是，为了避免货币与物品交换关系产生的市场冲击而寻求保护的人必须关注的，不是市场条件下许多供应者和需求者的行为，而是可被确定为充当政治单位的代理人的特定行为。根据大数定理，与作为国家金融机构的具体代理人的少数人的行为相比，市场中许多人的总体行为——在其他因素相等的条件下——更容易预测。

几乎没有人不知道国家利用权力操纵货币与物品的交易条件，谋取自身经济利益的剥削潜能。历史的教训要记牢。那些一心想获取财产、随时调整收入流和支出流的人会改变其行为，努力预测这种可能发生的剥削。预防性动机的付诸实施反映出人们愿意选择持有实物资产而不是持有金融资产。对实物资产的需求既不是因它们具有潜在的自行生产服务的功能，也不在于它们可以衡量收益率，而在于当货币和物品之间的交易条件对货币不利时，实物资产中积聚的资本价值。对能直接影响货币与物品交易比价的政治化机构缺乏信心，成为对私有财产领域的一种限制，因为私有财产被视为是对个人自由的潜在保护。

在讨论货币安排时，金融信用的这种扩大财产的作用通常未
45 被涉及。在这个问题上——与在其他问题上一样——经济学家倾向于强调货币单位价值中可预测性带来的提高效率的特点。当然，这些特点极为重要；在存在可预测性，或期待存在可预测性的环境中，各种契约安排都被大大地简化了。但是，暂时撇开我们熟悉的赞同规范的金融法规的争论，经济学家以及其他人也应认识到，在一个货币和物品交换比价可预测的体制里，相对于货币和物品交换比价不可预测的体制而言，在前面几节已经加以强调的意义上，在个人的私人角色中，在与契约关系完全断开时，个人被迫变得更具独立性。通过持有货币或货币索取权形式的资产来储存价值，个人就获得了普遍保护，以防范——投入或产出方的——特定的市场动荡。

这一点的隐含意义是显而易见的。如果货币与物品的交换率之中没有可预测性，包含对私人占有财产提供法律保护的体制的效力就被严重限制了。而寻求将普通资产占有制私有化的体制在采取任何私有化的步骤时，都必须实施能够预测并使其可信的金融法规。只要政治权威保持着没收人们持有的、以货币单位计量的财产的有效权力（或者被认为持有这样的权力），那么，允许人们拥有或控制资产的法律结构就仍然是不健全的；私有财产制度的潜在效力自身就仍只被利用了一部分。

14. 社会主义、私有财产与自由 46

集中讨论私有财产占有权扩展自由的因素或许就对社会主义——作为一种组织结构——必然形成的对自由的限制提供了一种更为全面的评价。根据社会主义的经典定义，其核心特征是用集体所有或国家所有制度取代私人所有制度。而且，随着被带入社会主义组织框架内的活动领域不断扩展，私人占有制的领域就会按相同比例(pari passu)缩小。社会主义组织的领域并不是总体性的，因为它并不绝对禁止人们占有任何有价值的资产，包括他们自己的能力之中的价值。即使最专制的政权也允许私人在事实上占有某些有价值的资产，哪怕是只限于贵重金属和小装饰品。

但是，请考虑一下个人在社会主义政权下的处境：在那里，所有生产性财富都由集体权威占有或控制，其中包括个人人力资本体现的部分。个人作为劳动投入的提供者，被分配一个特定的职业角色和地域角色，反过来又从该经济体系产出的最终产品中被分配给一个确定的份额或定额；用于分配的最终产品本身也是由该集体权威进行选择的。

在这种情况下，包揽一切的社会主义企业的参与者最大限度地依赖于——因而也易受害于——他人的决策，不存在类似于竞争性市场结构提供的那种避免剥削的制度性保护。个人同时面对服务的独家垄断“买家”和生活必需品的单一“卖家”。无论在投入品“市场”上还是在产品“市场”上，个人都没有可用的退出选择。此外，个人不拥有产生价值的财产，没有自行生产的渠道，甚至在任何有限的意义 47
上都没有。

即使(但这与理论证据和经验证据相反)社会主义政权在某种不可靠的意义上可能是“有效率的”,赞同个人效用函数中独立或自由的论点也不允许被表达出来。大多数的参与者——即使在理想化的、想象的社会主义天堂中——在必要时也愿意牺牲某些生产潜能,以换取某种保护,避开集体权威的剥削。当然,在现实中,这样的交易在这两个领域之间并不存在。与之相反,逻辑分析和历史文献共同指出,当集体化的领域扩大时,它的“经济”的“效率”下降,而不是提高。只有在集体控制的领域收缩时,只有在有价值资产的私人占有制扩展时,我们才能期望全面提高经济生产率。但是还有一点,这对本文所强调的要点十分重要,人们看重任何朝着私人占有权变化所体现的有限独立性,对它的评价高于并超越效率和生产率的增长。

从 1990 年代初的时间角度看,要理解政治和经济现实中社会主义模式的缺陷或许是很容易的事。然而,我们这些亲眼目睹了社会主义的崩溃——包括观念上的和实践上的崩溃——的人却难以理解社会主义—集体主义理想在人们的心目中占据了 100 多年的主导地位这件事;这既体现在对制度运行特性的实证性分析中,也体现在与之相伴的规范性比较评价中。F. A. 哈耶克提出的这一观点肯定是正确的:许多学术研究的资助将会用于确定“致命的自负”——也就是社会主义——由于什么原因并以什么方式能够在那么长的时间里控制并保持了如此高的思想境地(Hayek,1988)。

48 我的看法是,这种致命的自负或妄想的一个根源在于,经济学家过分强调了社会组织的效率—生产率,而忽略了自由这一维度。如果把效率作为相关的最终目的——即使是潜在的——那么,一系列相关的**科学的**错误就会创造出社会主义世纪的历史记录。回顾过去,我们可以把这一记录解释为对这一假设的证伪:集体拥有和控制的生产方式创造的产值等于——或者甚至高于——私人占有权制度下创造的产值。至少直到1950年代和1960年代，这一假设看来尚未被证伪。但是，请利用对比的方法，思考一个在比较制度—组织分析中有可能被作为、但却未被作为核心观点的平行假设，即结合了自由维度的假设。即使作为最初的假设，也没有人会认真地提出这一命题：集体所有和集体控制会扩大单个参与者的自由。从其实验开始，任何社会主义组织必然具有限制自由的特征，无论这些限制是大是小，是全面的还是零碎的。这已或多或少被所有观察者所承认。

15. 教皇通谕 49

在我们重新考察关于社会主义发展的百年历程的讨论时，我们注意到，这些问题并不完全与效率—生产率这一维度有关。从私人占有制转化为集体占有制的变迁对个人自由产生的影响成为对社会主义进行独立的重要批评的基础。这一批评既不反映对效率之争的理解，甚至也不反映对竞争性市场过程的正确评价。我将谈到教皇列奥十三世于1893年发布的教皇通谕，其广为人知的拉丁名称是*Rerum Novarum*《新事》(1939年)。②

这篇通谕受到广泛引用的前面部分看来是有道理的：

> ……社会主义者，利用穷人的仇富心理，致力于摧毁私有财产，并且坚持认为个人所有的东西应成为所有人的共有财产，由国家或市政当局掌管。他们认为，通过把财富从个人手中转移

---

② 美国企业研究所的迈克尔·诺瓦克最先使我注意到这篇通谕。

到群体手中，能够纠正当前事物的邪恶状态，因为每一个公民都将享有相等的份额。但是，就所有的实际目的而言，他们的建议显然是完全无用的，假如它们被付诸实施，工人自己会首先成为受害的人。再则，它们肯定是不公正的，因为它们掠夺合法的财产所有者，把国家引入了一个不成其为国家的状态，并在群体内引起混乱。

私人占有权

肯定无可否认的是，当一个人从事一份有酬劳的工作时，这个人工作的动机或原因就是获得财富，并把它作为私有财产。如果一个人把自己的体力和能力租借给别人，他的目的是为了取得回报，得到食品和其他生活必需品；他藉此明白无误地提出要获得一份充分而且真实的权利，不仅是为了报酬，而且是为了
50 按照自己的愿望支配这些报酬。如果他生活节俭，积攒金钱，将积蓄用于土地投资，以获得更大的安全感，在这种情况下，土地只是他的工资的另一种形态。因此，工人通过省钱投资而得到的小量地产应该与他劳动所得的工资一样，由他自由支配。而所有权包含的恰恰是这种自由支配财富的权力，无论这些财产是土地，还是其他可移动的物品。因此，社会主义者在致力于把个人占有的财产转变为集体占有的财产时，损害了每一个靠工资生活的劳动者的利益，因为社会主义者剥夺了劳动者支配其工资的自由，并由此剥夺了他们积聚家产使生活条件得以改善的所有希望和可能。（第 2—3 页）

……人们必须有权拥有的不只是——像其他动物那样——

> 暂时或瞬息使用的财产，而是处于稳定和持久状态的财产；他所拥有的不仅是在使用中消失的物品，而且还是虽然加以使用、但在将来仍能使用的物品。（第3页）
>
> ……我们说，上帝把地球给予所有的人使用和享用，但这并不否认可以存在私有财产。因为上帝把地球赐给广义上的人类并不意味着，不加区分的所有人都可以随意支配它，而是说地球上没有任何一块地方被上帝分配给特定的人；个人占有财富的多少需要由人的勤劳程度和各个民族的法律来确定。（第4页）
>
> ……我们被告知，私人有权使用土地和土地上结出的果实，但是，任何人以所有者的身份拥有他已建造房屋的土地，或者拥有他已耕种的田地是不公正的。但是，主张这一点的人没有看到，他们在掠夺人类自己的劳动成果，因为用辛劳和技能耕作的土地完全改变了土地的状况。土地原来是荒芜的，现在是肥沃的；以前是贫瘠的，现在物产丰富。改变和改善土地的劳动变为土地本身的组成部分，在很大程度上与土地本身无法区分，无法分离。难道一个人的汗水和辛劳的果实让另一个人去享用就是正当的吗？

我自以为，从《教皇通谕》中引用的这些表述可被解释为以下一些简单的主张：人们对其无法分离的财产拥有天然的占有权，这些天 51
然权利与私人占有权和国家占有权制度下的生产力或效率的评价无关。更深层的解读表明，这些段落的作者理解个人财产所有权与自由之间的密切关系。这里的经验性命题是，人们希望得到财产占有权，其目的旨在获得和保持支配资源的自由，舍此就没有改善生活条件的希望。

请注意，改善生活条件的希望是个人化的行为。如果一个政府允许个人取得财产，允许长期保持和增加财产的价值；个人就会自己努力去改善他的条件，完全无须任何补充性集体行动，甚至超越法律秩序的必要实施所提出的要求。请注意，上述方案中根本没有考虑这一前景：劳动者的生活条件改善有可能通过集体占有权或群体占有权来实现。也就是说，《教皇通谕》为私有财产的辩护体现了人们对只有实行私人占有权的体制才能提供的独立性的价值的认可。

52 16. 马克思主义的无产阶级与马尔萨斯的预言

第 15 节引用的《教皇通谕》的段落清楚地说明，拥有个人财产的权利是工人能够改善生活条件的途径。整个讨论所暗示的是对古典经济学家提出的工资的生产成本理论的否定。为了使取得财产成为工人工作的有实际意义的目标，工资必须高于使工人得以生存、只能维持劳动力再生产的水平。在对古典经济学的马克思主义的发展中，工人仍然不能得到财产占有权带来的最低限度的自由；工人们被困在工业无产阶级之中，受到资本主义生产过程的无情运作的支配，而该过程必然把全部经济使用价值导向占有生产的非劳力方式的资本家手中。工人最大限度受到“盲目的市场力量”的左右，盲目的市场力量致使工人所受的剥削不受市场过程本身的失灵和解体的影响。在马克思的工业资本主义模型中，工人甚至无法获得能够提供一种部分退出经济关系的选择的财产；而且，由于他们所受的剥削不可能被归咎于具体的雇主，任何在其劳动服务的多个购买者中进行选择的能力都不提供市场内的相似物。

马克思未能摆脱古典分配理论的思想束缚这一点反映出，他自身处于一种盲目状态之中，看不到企业家的潜在的均衡行为；企业家浮现出来，从劳动力的生产价值与工资水平之间的差值中追求利润。对竞争性市场过程的一种理解暗示，即使马尔萨斯关于人口增长率 53
的预言能够成立，工人们会——在最终的相当凄凉的停滞状态之前的所有阶段中——发现获得财产是可能的。然而，随着时间的推移，马尔萨斯的恶魔将减小通过财产占有权提供给工人的自由的可行性。工人们将逐步发现自己处于被挤压向维持生存的生活水平的境地。

整个古典马克思主义的经济发展模型反映出一种失败，没有认识到创新潜能，没有认识到提高的资源生产率的潜能，没有认识到收入增长的潜能。这些因素可能发挥作用，从而使任何马尔萨斯式魔力中止前进的脚步。但是，实际情况是，在工业发展的早期的确出现了人口增长，资本主义生产的早期方式的确形成了大规模的城市人口集中；对许多包含多方面的生产过程的参与者而言，这种人口集中使可以分离的单个的实物资产单位变得不切实际。从本文的分析角度来看，我们可以说，由财产占有权方式提供的对自由的保证必然被减弱了，从而使得有效市场竞争的可行性从某种相对意义来看更重要了。即使经验性记录看来已对马尔萨斯的预言——离开马尔萨斯的预言，整个古典马克思主义的模型就失去了意义——加以证伪，这一结论仍能成立。

哈耶克在其近作中强调了市场经济的生产效率与可以支撑的人口数量之间的关系(1988 年)。他还提出，任何脱离市场制度的革命性变化，最终都将导致人口数量的向下调整。然而，哈耶克没有考虑到的问题是这两者之间的关系：随着与市场相关的参与者数量的增加，市场的相互依赖程度也增加了；在获得和拥有财产——那可能起到传统上提高自由的目的——的过程中，参与者面临的难度也日益增加了。一个生活在现代城市里的人享受着市场经济高度依存的秩序的富足；但是同时，这个人对超越任何个人影响或控制的他人行为的依赖性也越来越大。

从某种程度上说，这一发展受到向后工业经济秩序、向服务经济
54 变化的阻抗；伴随着通讯和信息技术的革命，空间上的集中对价值生产不像以前那么必要了。现代社会的问题不在于马克思所说的无产阶级——这些参与者拥有较少财产，并受资本主义剥削的支配。现代的社会问题，那些出现在福利转移国家中的问题，与过去迥然不同，而且事实上几乎与马克思概述的那些问题完全相反。现代的城市下层阶级并不因为工资水平被定在劳动能力再生产的成本上而被迫处于仅能维持生存的水平。现代下层阶级根本就不创造价值；转移支付——而不是工资——成为他们的生活来源。各国经济中的生产参与者不大可能默许这些能使不生产的领受人积累财富的支付；而财富将会在某种程度上使他们摆脱依赖地位。实行福利转移的国家中的城市下层阶级只作为消费者参与经济活动。这个阶级的成员变为剥削者，而不是被剥削者；他们获得负剩余价值；他们消耗他们没有参与其生产的价值。

55 17. 最后的思考

对马克思如此雄辩地加以批评的资本主义经济秩序，他既没有

理解其静态特征，也没有理解其动态特征。在这种情况下，马克思认为，必须利用某种——他甚至了解更少的——集体主义的备选项来取代市场秩序。虽然如此，我们可以说马克思敏锐地察觉到了人们从田园诗般的自足的个人、家庭、小社区的独立生活中脱离出来，进入市场交换关系过程中所经历的自由损失。在这种感受中，马克思加入了古典政治哲学的一个流派——托马斯·杰斐逊和本世纪的均田论者的思想。从宽泛的意义讲，他们都质疑在没有农民所有权的情况下自由社会的可行性。

我们在 1992 年知道，财产的私人占有权对于产出经济价值的效率来说是必需的。我们还知道，达到我们已认识到的生产的规模经济需要进行广泛的专门化。个人必须把他们的投入能力集中在某一方面，尽管他们知道，在进行专门化投入时，他们对其他人的无法控制的依赖程度——直接或间接地——提高了。但是，即使在复杂的现代经济中，专门化也不必是整体性的。通过财产的私人占有制，个人能够在很大程度上降低对市场的依赖程度。耐用消费品——其中包括房屋——的私人占有使得占有者能够自行产生出一系列所需的服务，从而缓解了向市场购买的需要。另外，对能够产生收入的资产的私人占有允许在时间上调整消费和使用模式。在现代西方经济中，私人占有权尽管经常被人们忽略，但是仍有重大意义。只有和
1989 年以前的社会主义体制相比较时，财产占有权中提高自由的性 56
质才被人们充分地关注。

然而，在独立性的维度上，与杰斐逊笔下的理想化共和国的小土地私有者农民的体制相比，即便美国、日本和西欧这样的现代经济所具有的复杂的相互依赖的网络看来也相去甚远。我们是否可能提出这样的措施，它们可以保持——甚至提高——扩大的专门化带来的

价值生产率，同时获得——或重新获得——本身具有普遍价值的独立存在的某些特征呢？

在这方面，对金融稳定的重要性怎么强调都不过分。国家武断地实行强制权力，改变货币和物品之间的交换比率，国家——甚至在西方发达的经济中——显著降低了对公民通过在法律上得到保证的财产权而获得的潜在保护。通过通货膨胀来没收价值的可能性降低了占有金融资产要求权的内在优点，产生了一种有利于实物资产的变形。的确，一套有效的、保证有利于货币单位价值的稳定的金融法规（在这个世界上并不存在）——无论以自由标准来衡量或以效率标准来衡量——都将创造奇迹。

金融稳定性还将发挥作用，保证宏观经济正常运行，从而避免类似于 1930 年代大萧条时期出现的巨大的体制性灾难。由宏观经济根源引起的失业将得以大部分消除，从而降低了所有市场参与者的相互依赖的程度。

这里第二个值得关注的主要方面——即使大方向是显而易见的——是衡量经济生活中的政治化部分的总体规模。个人被强制性地收取税收，税收转而为被认为以福利形式向将分配的份额返回给个人的政府计划提供资金；就此而言，个人没有什么退出选择。正如
57 本文所提倡的，源自自由的论点认为，即使经济生活中的政治化部分的总体规模被设定在提高效率的最高标准上，独立本身的效用价值也规定公共部门的规模要有所减小。

正如前面讨论的，随着经济单位从财产占有权给予的自行生产逐步转移到对市场交换关系的依赖上来，投入市场和产出市场中的可供选择的买者和卖者的可用性变得更为重要。即使在财产占有数量有限的情况下，市场竞争也保证个人不受过分的剥削。但是，可以

调整制度性结构，从而促进个人进行选择的能力。市场选择中的机动性能够从多种维度上加以促进。

在更一般的意义上，由于私人占有权提供一种对活动的“私人领域”的定义，即使在相互依赖程度最高的条件下，个人也会重视私人占有权。甚至提供高度专门化投入服务、依靠需要此类服务的市场取得收入的人在市场买方所作的选择中也仍然是自由的。在现代的竞争经济里存在着人们可以得到的退出选择，这些退出选择比杰斐逊梦想的小土地私有者农夫所面对的要广泛得多。但是，那些即便在交易条件不公平时继续表示喜欢财产占有权的人未必认识到市场竞争与个人自由之间的极其重要的联系。市场力量由于几个原因不被人们信任，其中包括缺乏对市场力量的作用方式的认识。但是，市场可能被人认为容易受到政治家的干预的影响。作为一种政策姿态，自由放任(laissez-faire)得到的信任可能多于其反面的政策。其次，过分依赖市场的人希望可以通过财产占有权结构，为自己所剩的自由寻求更多的保护。但是，现代法律体系建立在政府获取私人占有的财产的正当性之上，这样的安全感是无法得到的。

个人自由与私有财产之间的内在关系无论从分析的、经验的、历 58
史的还是法制的角度都值得进行必要的研究。这项研究大体上尚未开始，我所做的研究仅仅涉及其表面。

18. 尾注 59

本书编者要求我明确讨论本文的上述分析对政治组织，尤其是对民主制度的隐含意义。这里的中心观点是，私人财产或几个人共同占有的财产起到自由的保证的作用，在很大程度上不受政治决策或集体决策方式的影响。当然，其直接的隐含意义是，必须存在有效的宪法限制，这样的限制将有效地制止对法律界定的财产权的公开的政治性侵犯，对涉及财产转移的自愿契约性安排的公开的政治性侵犯。如果要使个人自由受到保护，这样的宪法限制必须在民主管理权的行使之前到位，并且与之分离开来。

当然，对这方面的优先性的理解提供了一个基础，从而对现代政治领域中多数决投票的立法过程进行限制，除了必须在各个方面加以谴责的更明显的"剥夺"行为之外，尤其要对潜在的金融剥削或财政剥削的立法过程进行限制。

无所不在的困惑已经败坏了西方社会的态度，并且有取消提供给新兴的后社会主义社会机会的危险；它有可能使人无法认识到，如果要以任何有意义的自由和自主性的尺度来解释个人的政治平等，就必须将"符合宪法的"置于"民主"一词之前。多数人的暴政与其他形式的暴政一样，是实实在在的东西；而且实际上，由于它给人参与高于一切的理想主义的幻觉，它比其他形式的暴政更加危险。

（严忠志　校订）

参考书目

Boswell, J. (1964), *The Journal of a Tour to the Hebrides with Samuel Johnson*, London: Everyman's Edition.

Buchanan, J. M. (1975), *The Limits of Liberty*, Chicago: University of Chicago Press.

Bush, W. (1972), 'Individual Welfare in Anarchy', in G. Tullock (ed.), *Ex-*

plorations in the Theory of Anarchy, The Public Choice Society Book and Monograph Series, Blacksburg, Va. : University Publications, pp. 5-18.

Hayek, F. A. (1988) *The Fatal Conceit : The Errors of Socialism*, Chicago: University of Chicago Press.

Hobbes, T. (1651), *Leviathan*, New York: Collier, 1962.

Pope Leo XIII (1939), *The Condition of Labor in Five Great Encyclicals*, ed. G. C. Treacy, New York: The Paulist Press, pp. 1-36 (*Rerum Novarum*).

Tullock, G. (ed.)(1972), *Explorations in the Theory of Anarchy*, The Public Choice Society Book and Monograph Series, Blacksburg, Va: University Publications.

Tullock, G. (1974), *The Social Dilemma ; The Economics of War and Revolution*, The Public Choice Society Book and Monograph Series, Blacksburg, Va: University Publications.

索　　引

二、寻　　租

戈登·塔洛克

1. 早期的探索 1

我在开始研究价格理论时，最先了解的内容之一便是，垄断的主要结果是资源配置不当，降低福利总量，以有利于垄断者而不利于消费者的方式重新分配收入。我看到，无论在美国还是在其他地方，相当多的学院派经济学家把大量的时间投入到这类问题上，分析大量难以对付的垄断做法，估算生产和分配集中于少数大企业手中的程度。我还注意到，垄断力量的研究者们将其注意力几乎完全限定在不受管制的私人市场上。他们的假定看来是，一旦政府干预垄断市场——无论是利用规章制度还是利用公共占有权——市场失灵就会得到纠正。

在 1950 年代后期和 1960 年代早期，这类对垄断的先入之见在有关工业组织的文献中大量出现，在我看来，这表明了某种具有悖论性质的东西。也许是出于直觉，也许是因为我以前所受到的价格理论的训练，我赞同当时的流行观点：垄断是个大恶魔，是值得下功夫研究的。然而，我当时也注意到两篇被广泛引用的论文（Harberger，1954，1959）。这两篇论文断定，由垄断造成的经济福利损失在美国非常小，大约相当于国民生产总值的千分之一。由于我的直觉和观察与之产生了冲突，这一冲突最终促使我在 1967 年撰写了关于寻租的论文(Tullock,1967b)。让我首先通过回顾哈伯格的论述,开始本文的讨论。

哈伯格把与垄断相关的经济福利的损失定义为消费者剩余的损
2 失超过垄断者收益的多余部分,垄断者的收益就是他的净利润。在不变成本模型中,净利润是垄断价格减去竞争价格再乘以垄断价格下的销售量。为了图示说明的方便,哈伯格假定,在行业生产的整个产出范围内,需求的点弹性都是一致的。图 1.1 用阴影三角形(现在称为"哈伯格三角形")定义了这些条件下由垄断造成的福利损失。

哈伯格接着估算在美国经济中由垄断引起的福利损失的数量,他使用的是由拉尔夫·爱泼斯坦(1934)编纂的 1924 年至 1928 年间 73

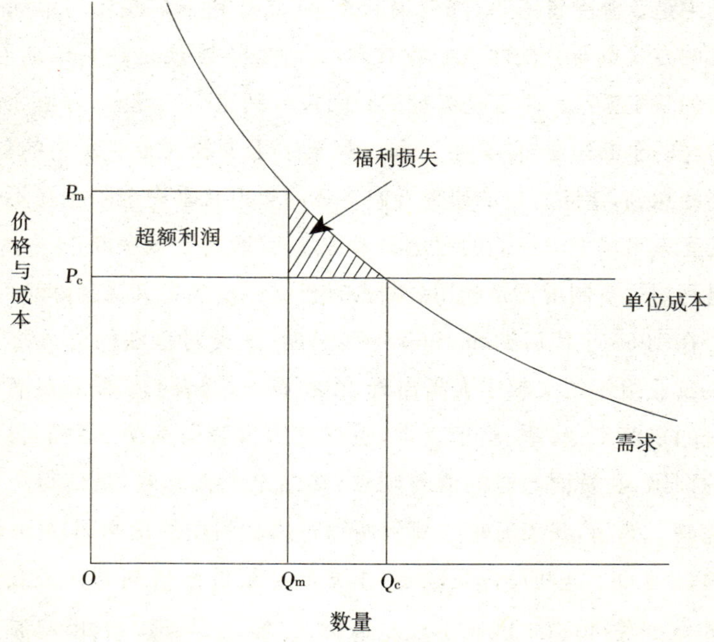

图 1.1　对垄断引起的福利损失的哈伯格测度

个制造业资本回报率的数据。爱泼斯坦的研究基于占整个制造业销
售和资本量 45%的 2 046 家大企业的样本。哈伯格计算出，为了使 3
研究的这些行业都取得相同的利润率，必须把资源中的 5.5 亿美元
从低利润行业转移到高利润行业。考虑到全部制造业的情形，这个
数字就必然增大到 12 亿美元。基于此，美国制造业中的资源配置不
当有可能被占制造业行业资源的 4%、或者占整个经济资源 1.5%的
净转移消除掉了。

假如这一资源转移已经发挥作用，那么人民能从中得到多少利益呢？利用爱泼斯坦的数据，但是这次估算图 1.1 中阴影三角形中的对应各个行业的福利值，利用爱泼斯坦的公司样本，哈伯格得出的结论是，消费者福利的总增加额为 2 650 万美元。扩大到整个经济，这个数字将达到 5 900 万美元——不到国民收入的千分之一。由于多种原因，哈伯格认为这个数字肯定被低估了，正确的收益额可能略高于千分之一。哈伯格承认，他本人也对这个结论感到吃惊，并承认他自己的研究是在这一错觉下进行的：垄断形成的资源结构扭曲比实际上的高出许多。

当然，1920 年代的统计数据以现代经济学标准来衡量显得太粗略了，而且，哈伯格关于不变成本和单位需求弹性的假设并非不受批评。然而，有相当多的研究计算了一系列国家中垄断或关税造成的福利损失（Johnson，1958，Wemelsfelder，Schwartzman，1960），其数量都非常微小。让我们看一看其中的一些数据，以便了解这一点其实真的不令人惊讶的原因。假设全国总产出的一半是由垄断行业生产的，垄断价格高出竞争价格的 20%，需求的平均弹性是 1.5（Leibenstein，1966）。那么，垄断带来的福利损
失将是 1.5%，但是，我们却使用了大量数据来得到这一结果。 4

假定私人垄断的产出在全国总产出中所占份额比前者少得多，而且垄断价格——根据大多数的估算——平均说来高出竞争价格的幅度不超过 8%，由此看来，哈伯格的计算结果并未被低估多少。

哈伯格三角形之和大致表达了垄断的社会成本。这一观念虽然受到莱本斯坦(1966)和我本人(1967)论据的充分挑战，但是直到 1970 年代中期，它还一直是占主流地位的新古典经济学中的常识。我自己甚至也教过这种正统的观念，只是由于我承担的课程不大需要讲述这种观念，所以这样的情况并不太多。1967 年以前，假如我的课程里需要它，我会毫无顾忌地讲授。在这方面，我与经济学界同仁们的做法并没有多大差别。回想起来，我觉得指出这一点是有意思的：经济学专业的学生们一般说来都不喜欢哈伯格的计算结果，这可能是因为他们直觉上就不信任垄断的力量，还因为他们观察到的收入分配现象与那一结果的含义不符。后来的结论证明，学生们是对的，虽然理由并不正确；而大多数专业经济学家(包括 1967 年以前的我)直到 1970 年代中期在一些问题上的观点肯定都是错误的。

5 2. 莱本斯坦对哈伯格假设的挑战

对垄断造成的福利损失仅限于哈伯格三角形所表示的资源配置无效率这一观念提出的第一个重大挑战是 1966 年由莱本斯坦提出的“X 非效率”概念(Leibenstein，1966)。莱本斯坦当初为了说服《美国经济评论》的编辑发表他的论文，颇费了一番周折；直至今日，在福利经济学家中，这篇论文仍是一个颇有争议的问题。我将在后面说明，编辑方面对激进的新主张的抵抗是经济研究组织的一个可以预料的结果(Tullock，1966a)。常规科学总是小心翼翼地守卫着它已开垦的疆域。

莱本斯坦承认，一般说来，由于资源配置的无效率仅仅涉及净边际效应，重新配置资源产生的福利效果一般来说相对较小。传统方法的基本假设是，每一个公司都购买并有效使用其所有投入品。剩下的问题仅仅在于价格和产量扭曲产生的后果。尽管某些特定产品的价格和产量扭曲可能很大，但是所有相关产品价格的扭曲似乎不可能都特别大。然而，如果公司实际上并没有买到和有效使用其投入品，管理便陷入困境，而其后果之一便是，福利的潜在损失就可能会成倍地增大。

莱本斯坦认为，在没有受到高度竞争压力影响的公司中，有三个因素可以引起 X 非效率，即：

1. 不完全的劳动合同；
2. 生产函数不完全确定或者不为人知；
3. 没有市场销售的投入品，即使有的话，也并非所有买者都能以 6
   平等的条件买得到。

(解释模型可见 Crew，Johns-Lee and Rowley，1971。)在这样的条件下，所有公司的成本最小化假设就不正确了。其结果是，公司和经济将不再运行在与现有资源状况相符的生产可能性曲线的外边界表面上。与之相反，它们实际上运行在生产可能性曲线外边界之内的表面上：

> 这意味着，人们和生产组织在正常情况下可以因各种各

> 样的理由不去尽力工作或有效地工作。在竞争压力不大的情况下，很多人将以更大努力寻找负效用去控制他人的活动，以便换取较小压力和更好的人际关系的正效用。但是，在竞争压力大——因而上述交易所花的成本也居高——的情况下，他们就会减少寻求负效用来换取免于压力等因素的正效用的努力……。有数据表明，在大量的例证中，通过资源配置获得的效益增加量就显得微不足道了，而通过 X 效率获得的效益增加量往往非常明显。(*Leibenstein*，1966，第 413 页)

现在就有可能表明由垄断造成的额外福利损失了，那是因从竞争转向垄断增加了 X 非效率从而增加了生产成本而产生的。图 2.1 是基于克鲁和罗利(1971)最初提出的图表画出的，它说明了两种可能的结果。对该图的一种解释是，从竞争转向垄断使平均(和边际)成本从 C_c 增加到 C_m，并且使价格从 C_c 上升至 M，产量从 ON 下降至 OZ。资源配置非效率造成的福利损失由三角形 ADE 表示，三角形 ADE 要比哈伯格三角形 ABC 大得多。总的福利损失还必须加上由四边形 C_mC_cDB 描绘的、X 非效率产生的福利损失；矩形 C_mC_cDB 自身一般说来要比资源配置不当产生的福利损失大得多。

在第二种解释中，X 非效率表现为一种营业过程的正常效应，并不影响边际成本。这样，垄断产量将是 $OZ' > OZ$，垄断价格是
7 $OM' < OM$。

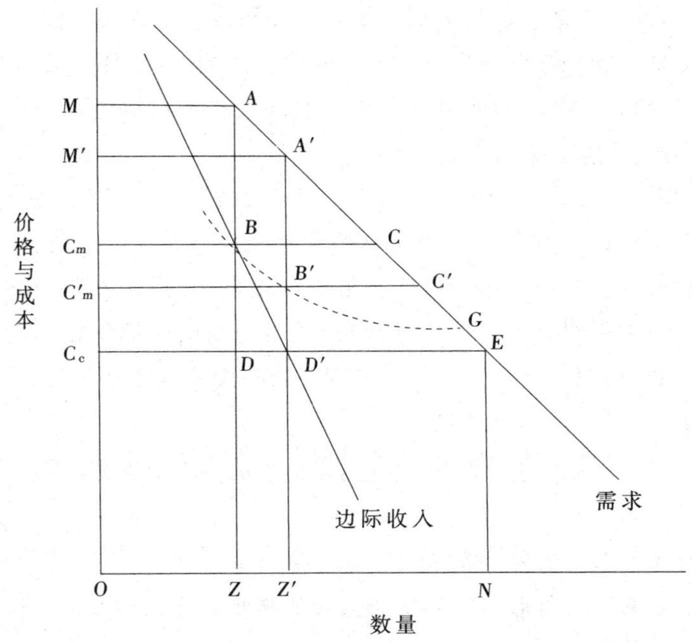

图 2.1 基于克鲁和罗利的 X 非效率福利损失

包括运营 X 非效率的平均成本来源于穿过 B 点、再交需求曲线于 G 点形成的直角双曲线。在此，生产垄断产量 OZ' 的平均成本是 $OC'm$。在这样的情形下，由 X 非效率产生的福利损失由矩形 $C_m'C_cD'B'$ 表示，矩形 $C_m'C_cD'B'$ 与上一种解释里矩形 C_mC_cDB 的相同。资源配置非效率造成的福利损失由三角形 $A'D'E$ 表示，显然，三角形 $A'D'E$ 小于第一种解释里的三角形(Rowley，1973)。 8

基于上述分析，莱本斯坦(1966，第 392 页)得出结论说："微观经济理论把关注的焦点集中于资源配置的效率，而不关心其他类型的效率；那些效率事实上在很多情况下更为重要。"读了莱本斯坦的论文之后，我的注意力被吸引到了福利损失问题上。我没有被 *X* 非效率的论证说服（亦可参见 Stigler，1976）。然而，我也不准备接受蒙代尔（1962，第 622 页）的悲观评论："有的人将不可避免地得出经济学已不再重要的结论。"

相反，我决心去开拓蒙代尔已经探索过的另一条路线，即"对发现福利损失的研究所依赖的工具的有效性进行一次彻底的、理论性的再考察"（1962，第 622 页）。我绝对可以肯定的是，古典经济学家们在反对关税时并非是在吹毛求疵；美国司法政府部门在打击垄断时也不是在小题大作。这一次，事实将证明我的直觉是对的。

9 ## 3. 关税、垄断和盗窃造成的福利损失

与莱本斯坦（1966）的例子类似，我的论文（1967b）的出发点是著名的哈伯格三角形表示的垄断造成的传统的福利损失。尽管我的论文讨论了垄断问题以及关税和盗窃，但我在这里将完全以垄断为例子来概括我的论述要点。我将使用原来的图示，在此复制为图 3.1。

图 3.1 中，假设某竞争性行业以等于边际成本的价格 OP_0 产出产量 OQ_0，这样就产生了由三角形 AP_0C 表示的总的（消费者）剩余。垄断者把价格升至 OP_1，产量降至 OQ_1，消费者剩余就减少至 AP_1B。根据哈格伯的理论，矩形 P_1BDP_0 表示剩余从消费者至垄断者的简单转移，从而产生由三角形 BDC 表示的净福利损失。

如果图 3.1 中的四边形 P_1BDP_0 是一个成功的垄断者能够从消费者那里榨取到的收入转移，我们肯定会设想，潜在的垄断者面对眼前如此巨大的诱惑，一定会将大量的资源投入到垄断活动中。事实上，垄断转移的资本价值，在适当扣除了风险的折扣之后，远远高于图中四边形所表示的数额，因为图中四边形所表示的仅仅是一个

时期的转移。企业家应该愿意将资源投入到形成垄断地位的尝试中，直至边际成本等于适当打折之后的边际收益；潜在的消费者则应该对防止这种转移感兴趣，并且愿意为了这一目的进行大量投资。

10

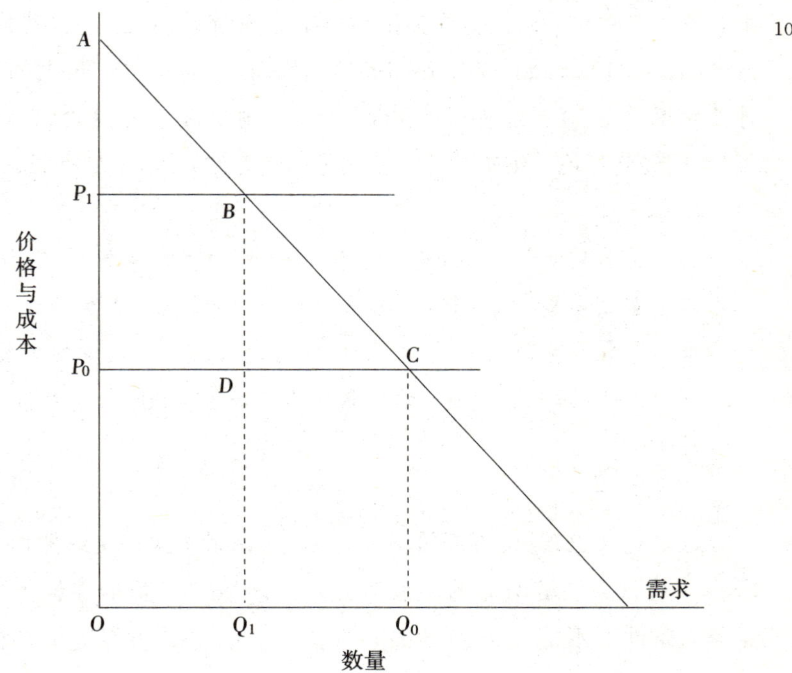

图 3.1 由垄断者造成的福利损失的塔洛克模型

即使在垄断形成之后，也可预见到，还有人不断努力要打破垄断或者强行进入该垄断行业；这种情况会再次引起稀缺资源的大量投入。这类攻击将使垄断者投入资源，以护卫其垄断权力。福利三角形测量方法忽视了这些重要成本，因此极大地低估了垄断造成的福利损失。很显然，在计算由垄断造成的潜在福利损失时，必须在“哈伯格三角形”的基础上，全部或部分地，加上“塔洛克四边形”。

11　尽管我在1967年发表的论文的要点现在回头去看非常简单，但是在此之前没有人认识到这一点；而且从制定政策和理解政府行为的角度看，它是极其重要的。这篇论文最终对经济学界产生了重大的影响。到1990年4月为止，据美国科学信息所统计，它已被引用了241次(Durden, Ellis and Millsaps,1991)。然而，我当初费了很大的周折才使它得以发表(布雷迪和托利森1991)。刚开始，我把这篇论文投给了《美国经济评论》，编辑约翰·格利将稿件退回，并写了如下意见：

> 你肯定已注意到，论文评审人否定了你的有关形成、促进、破坏垄断需要大量实际资源的观点。但是，我已注意到这一点；虽然我认为它肯定是有道理的，但它尚未显示出足够的重要性，(作为一种理论性论述)去推翻评审人提出的建议。(1966年8月16日)

这篇论文也被《南部经济学刊》退稿。该杂志执行主编罗伯特·E.嘉尔曼认为："塔洛克的主要观点——即'小'三角形在缺乏完全竞争的条件下不能充分度量福利损失——已得到很好理解。"他提出，是我不经意地误解了哈伯格(1954)论文的精神，还错误地做出结论说："当哈伯格把小三角形称为福利损失时，他也考虑到了四边形，但却——我认为——将它称为不当配置的资源"(Robert E. Gallman,1967年2月6日)。

尽管我有些懊恼，我仍对自己的洞察力坚信不疑。我将论文再次投出——这一次是投给一个名气不大的刊物，《西方经济学刊》；论文终于被接受，并于1967年6月刊出。也许是该杂志的影响面较小，尽管我在好几个经济学会议上提交了我的这篇论文，我的简单观

点渗入经济学界的速度却很缓慢。有趣的是，我在乔治·华盛顿大
学宣读了这篇论文之后，有许多听众同我联系，其中包括唐纳德· 12
S. 沃森——一本大量发到的学生读物的编辑（Watson，1965）；他希望得到我的许可，以修订版的方式刊出我的论文。考虑到《西方经济学刊》的知名度太小，而沃森的《读书》订阅量大，看来在相当长的时间里，我的观念只被经济学专业的一年级本科生知道和理解，而一般的经济学教授却全然不知。

推测这一点的原因是很有意思的：我 1967 年撰写的这篇论文被经济学界的主要刊物如此干脆地拒绝，而这些杂志却发表了大量从本质上说是昙花一现、没有多大意义的稿件。我相信，若干因素造成了这一结果，其中有许多在我 1966 年的著作《探询的组织》中已经预计到，其他原因在我——也是在 1966 年——开始自己的编辑生涯，第一次出版《非市场决策论文集》后才了解到（见 Rowley，1991）。

要理解刊物编辑的行为，必须考虑在编辑操作中具有核心地位的非市场环境。大部分的学术刊物是非赢利组织，在由单个学者构成的学术出版界中以中间人的身份形成了一个“市场”；这些学者要么是公共雇员，要么是非赢利组织的雇员。这个领域并不是企业家精神肯定得以存活的环境。毫无疑问，那些通常不得报酬的杂志编辑们尽其最大的努力，从收到的大量稿件中挑选出最有前途的论文；但是，他们挑出的最佳论文不见得都那么好。正如我在 1966 年评述的，原因是“杂志编辑的工作——虽然受人尊敬——却不足以吸引顶尖的优秀人才”（Tullock，1966a）。

编辑们受到尊敬，但是他们的刊物进行交换的文献的普通投稿人却并不受到尊重，编辑们是非赢利的学术期刊的无偿或低报酬的工作人员；在这种情况下，他们可能既缺乏技巧，也缺乏激励，

难以从编辑案头上流过的来稿中找出见解非凡、具有原创性的论文。他们有可能更多地受到带有高技术而不是具有创造力的论文的吸引(Rowley,1991)。学术期刊的这种偏好不会被对不领报酬、
13 匿名的审稿人的依赖所纠正:他们受到匿名审稿制度的保护,没有任何大的压力去得出正确的结论。编辑和审稿人考虑的是安全第一,从而接受为体系完善的领域锦上添花的技术性强的论文,但是否定那些有可能推翻整个常规科学格局的有原创性的论文。正如我在 1966 年指出的:"期刊的声誉受到它所刊出的论文的影响,而不会受被拒稿的论文的影响。这可能就是让编辑——在某种程度上,在任何情况下——采取安全第一的态度的原因吧"(Tullock,1966a,第 147 页)。

无论如何,我 1967 年撰写的这篇论文简单明了,技术性较低并且简略。这些特点自然不会让那两家主要经济学刊物的编辑对这篇文章产生良好印象。选择审稿人过程中的随机因素可能也起了作用。然而,正如莱本斯坦在与《美国经济评论》打交道时遇到的麻烦倾向于证实的,我认为我当时的经历并非偶然。实际上,只要期刊市场一直是竞争性的,这种非效率的做法可能并无大碍。就我的那次经历而言,我认为编辑的无效率行为将寻租理念的传播时间推迟了大约七年。莱本斯坦——或许是因为他更加固执己见——才能磨得编辑改变其退稿的初衷。

14
4. 转移支付的成本与为争夺援助展开的竞争

我在 1967 年发表的论文在主流经济学界取得的进展很小;于

是,我于 1971 年又回到 1967 年论文的主题上来。我利用对盗窃——而不是关税和垄断——的讨论,把注意力转向了转移支付的成本。那时的福利经济学文献充斥着相互关联的效用函数和提高效用的收入重新分配的观念。政府被认为在这样的转移支付中起到主要作用,据称其原因在于慈善动机的良好的公共特征(Hochman and Rodgers,1969)。

这种分析中隐含的有力的假设是,不存偏袒、全面听取意见的政府参考有钱人的慈善喜好,决定转移支付计划的规模和内容,转移支付可以无成本地从富人转到穷人。在我看来,这样的看法与政治过程的实际几乎不沾边。我的论文旨在给已有的讨论重新分配问题的文献带来一点现实冲击(Tullock,1971)。

这里的问题在于,慈善赠予对各方都有利,其纯粹的可能性激励各方的行为,旨在提供各自的效用,但却浪费稀缺的资源。假定个人 T 看到个人 K 有可能进行慈善赠予。在这种情况下,T 经过周密考虑进行投入,使自己成为 K 的慈善赠予的更合适的对象。在我所熟悉的中国乞丐个案中,这样的行为可能降低所有各方的效用。我在
中国时,偶尔见到乞丐故意自残,而且通常以骇人听闻的方式进行, 15
以便增加其所得。尽管当他们要钱时我可能会给一点,但我总是觉得,他们的自残行为对我是一种巨大的负效用。

在西方世界,这种极端的手段较少见到。然而,许多潜在的赠予接受者确实浪费一定数量的资源,以便增加所获得的赠予数量。由于潜在的赠予对象有可能以这种方式行动,政治捐赠者们就认为自己必须在控制此类花招方面投入资源。这种互动并不是现代社会才有的现象。中世纪的王公雇用施舍物贩子的做法是一种早期就有的做法,旨在减少皇家赏赐的潜在受益人在吸引赠予过程中造成的资

源浪费。

当私人的捐赠行为让位于政府对收入进行的重新分配时，这个问题便明显地恶化了。当然，此类政府转移支付只在某种程度上是非自愿的。假定纳税的公民对向他人捐赠物品感兴趣；他们可能会选择政府作为合作者来达到这一目的。然而，很可能的情况是，政府的收入再分配大大超出了那些支付再分配利益的人所能提供帮助的限度。我认为，国家操作的收入转移支付中可能有90%具有这种非自愿的性质。它们是领受者方面进行游说活动的结果，再加上提供这种支付的个人方面的不知情和/或政治上的软弱性。以农业补贴形式和以对国内钢铁生产厂家及汽车生产厂家的进口保护形式出现的转移支付显然属于这一类。

与1967年的论文相比，我的1971年的论文更清楚地集中讨论了以竞争性方式游说政客和官僚们造成的资源消耗；这样的游说的实施者既有试图获取政府的转移支付的人，也有试图防止这种转移的人。这样的竞争中总有一方会赢得胜利；但是，从社会的立场上来看，投到两个利益团体之间冲突中的资源完全被浪费了。转移支付博弈本身显然是一种负和这一事实并不意味着，投身于这类竞争的人的行为是非理性的。这只是在我们发现自己身处其中、诸多不便
16 的世界中，囚徒困境的一个例子。

1974年，我在埃德加·布朗宁(Browning，1974)提出的一些探索性批评的提示下，为了突出我在1971年论文中提出的见解，进一步细化了政府转移支付的过程(Tullock，1974)。布朗宁的评论集中于普遍税制改革的案例，该项改革把收入从一个由数百万人构成的群体转移到另一个也有相似规模的群体。他声称，用于游说的自愿投入并非像这类再分配的动机力量那么明显，这种意见有一定道理。

他的观点引导我去思考某些收入再分配的公共特征，以及这些特征中暗含的搭便车的情况。这一现象为下述事实提供了一种解释：在民主国家的中等收入群体内，存在着数量非常巨大的自行抵消的收入往返转移。

有一种转移支付过程——我在前面已经简单陈述过这种过程——可以明确地归为我称为瓦格纳型游说的一类（Wagner，1966）。在这种类型的游说中，政治家对自己所在选区内的某些目的明确的利益团体负责，以巨大的代价做出立法承诺，对充当中间人为这些团体谋求利益表现出超乎寻常的兴趣。这类游说的实际影响远远大于直接造成的资源浪费，因为数量极大、没有涉及游说活动的人发现自己受到游说的结果的影响。我的1971年的论文主要讨论这一类转移支付：对某些有限群体产生相当具体和狭小影响的拨款决定或项目决定。

但是，另一种转移支付涉及的个人数量很大，其中的大多数人并不认为转移支付的影响大到足以证明对游说资源的投入是有道理的。在这种情况下，结果往往是随机的。有些人从此类变化中获益，有些人在此类变化中受损。我们可以设想，把全部的人作为一个整体，那些没有参与积极游说活动的人所得到的往往和他们所失去的
一样多。我还应该加一句，从富人转到穷人手中的支付在这种随机 17
再分配中没有起到什么重要作用。

我在1974年的思考使我下了一个结论，人们要么投资游说活动，要么购买彩票。第一个群体的人数少一些，我先前的描述基本是正确的。第二个群体的人数极其庞大，会存在额外的负担，但一般来说没有收入或财富的净转移。有趣的是，我注意到，关于转移支付成本的热烈讨论是在《卡克洛斯（*Kyklos*）》——而不是在《美国经济评

论》——上开展的，其原因就是《美国经济评论》的执行主编乔治·H.博茨当初退回了我在1971年撰写的论文，这位执行主编还引用了审稿人的下述评语：

> 这篇论文毫无可取之处。其主要观点是，收入或财富转移的可能性会产生出不幸的后果：人们投入资源，要么避开，要么防止这样的转移。(George·H.Boerts，1971年2月18日)

1975年，我扩展了自己对转移支付的分析，目的是要证明，关于转移支付而进行的浪费性竞争并不仅限于个人，而且出现在多个层面系统中的各级政府之中。在《争夺援助》(Tullock，1975)一文中，我引用了公共道路重建规划来说明我的观点。我讨论了一种在美国很常见的情况：上级政府根据下级政府的“需要”，向下级政府组织提供援助。我说明了下级组织是如何对这一套刺激作出回应的：故意忽略道路维修，以便有资格得到上级政府的援助。我的论点不是假定性的。我说明布莱克斯堡市如何故意不履行修复其损坏最严重的道路的合同，以便得到弗吉尼亚州的道路维修援助金。我说明在艾森豪威尔总统引入由联邦政府补贴的州际公路系统后，1950年代早期修建的道路中央隔离带、有限使用的收费高速公路是如何几乎完全自行放弃的。

18 地方政府任其管辖下的道路系统恶化，以便有资格得到国家补贴，或者搞坏其管辖下的医疗系统，以期联邦政府出钱修建新的医院——这样的情况与中国乞丐自残以换得路人施舍的例子如出一辙。在这两种情况下，行为都是理性的。在这两种情况下，其结果都降低了相关人员的福利水平。

5. 寻租的概念 19

读者可能已经意识到，在我早期撰写的任何关于福利成本的稿件中，都没有使用“寻租”这一术语。这个术语是由安妮·克鲁格于1974年发表在《美国经济评论》上的论文（Krueger，1974）首次提出的。该文作者不知道我就该专题写出稿件，其原因无疑是我的论文发表在知名度较低的刊物上，所以她的论文没有引用我的文章。克鲁格的文章发表在重要的经济学刊物上，加之“寻租”这个术语的吸引人的特点，这些事实无疑使这个基本概念在经济学界得以迅速流传。

克鲁格的论文关注以市场为导向的经济；在这样的经济条件下，政府对经济活动的限制是日常生活中普遍存在的事实。这类限制使得租金呈现出多种形式，人们经常为了租金而展开竞争。有时，这类争夺是完全合法的。在另外一些情况下，寻租行为利用非法途径，如贿赂、贪污、走私和黑市。针对租金源于对国际贸易的数量限制的重要个案，克鲁格发展出一个竞争性寻租模型。在这种情形下，她推论出：

1. 竞争性寻租导致经济在其转换曲线内部的运作；
2. 与数量限制相关的福利损失明显比相应的关税造成的福利损失大；
3. 竞争性寻租导致私人成本与社会成本之间的背离。

克鲁格提供了对印度和土耳其实行进口许可证形成的租值的估计，20
发现相对于那些国家的国民生产总值而言，它们的数量较大。

探究这一点的原因很有意思：克鲁格的论文被《美国经济评论》接受，而在那之前，我的两篇几乎与克鲁格主题相同的论文却遭退稿。我认为，其原因并不完全在于评审过程的错综复杂的随机性。我认为，有三个因素影响了编辑的决定。首先，与我的这两篇论文相比，克鲁格的论文稍长一些，而且技术性更强。第二，她的论文包含了对所涉及的租额的一些——尽管粗略的——统计测定。第三，也是我认为最重要的，她的分析集中于印度和土耳其的寻租活动，而我的论文使用的例子明显与美国有关。审稿人在发现敢于向现有状况提出挑战的见解方面往往没有什么问题——如果这类见解看来涉及的是外国的问题。当他们承认自己向学生讲授了直接影响学生们对本国经济的理解的谬误的东西时，他们就会变得不那么自在了。不管怎么说，安妮·克鲁格的这篇有说服力的、写得漂亮的论文实现了一个非常有价值的目标——在英语世界的经济学界里广泛传播了寻租这一基本概念。

或许值得关注的是，寻租文献的三位早期论者——我本人、安妮·克鲁格以及贾格迪什·巴格瓦蒂(Bhagwati，1980；Bhagwati etal.，1984)——都在远东待过很长时间；远东地区同时存在着若干种非常成功的文化，那些文化孕育出高质量的艺术、文学等等。然而，其中的许多文明——尽管在文化上很成功——在经济上落后，尽管它们并不缺少非常聪明、受过良好教育而且事业心很强的个人。

旅居东南亚和美国的中国人做得极其出色，旅居非洲的印度侨
21 民也是如此。恰恰在本土上他们却难有佳绩。这种现象并非是中国文化、印度文化或伊斯兰文化特有的；更确切地说，它存在于与之类似的各种各样的落后社会的传统政府机构中。寻租理论为这种明显悖论提供了一套有力的一般性解释。并不令人惊讶的是，我们对文

化高度发达的社会中出现的经济失败的共同了解促使克鲁格、巴格瓦蒂和我本人探求从寻租理论来对其进行解释。

在木材加工业里，过去常常使用的办法是把树砍倒，让圆木滚入江河，顺流而下，漂至工厂去加工。但是，有些树干会在漂流时集结起来，形成堵塞河流的巨大堤坝。拆开这样的堤坝是一件极其危险的工作，它需要——至少在神话中是如此——找出起到关键作用的木头。一旦把这根关键的木头抽走，整个木头堆就会散开，木材的顺水漂流又会开始。

看来，在经济研究的某些领域中，寻租概念就是一根关键的木头。在这些领域中，研究进程受到此类堵塞的阻碍。一旦我们发现了寻租理论，随即出现的繁荣兴旺的研究呈现出以指数曲线形式上升的势头，相关的概念也在整个经济学界流传开来。当然，寻租概念现已远远超出经济学领域，进入到政治科学和社会学的一系列领域。而且，它还登上了《华尔街日报》的版面，甚至进入了受到良好教育的国会议员的演讲之中。十分有趣的是，在面对其职业生涯的真实隐含意义时，这类国会议员们并未显得过分不安。

这一飞速发展的思想进展在两部文献中按时间顺序一一记录下来。第一部——《走向寻租社会的理论》——于1980年由布坎南、托利森和塔洛克共同编辑，包括了大部分发表于1980年之前的研究寻租的论文。第二部——《寻租的政治经济学》——于1988年由罗利、托利森和塔洛克共同编辑，能够有了更多的选择，包含了不断增加的寻租论文中的很小一部分。第二部的重要导言由查尔斯·罗利和我
本人完成(Rowley and Tullock,1988)，能够并且已经提供了更为全 22
面的情况，并对到1988年为止的研究成果提出了较好的综合评价。

总的说来，从那以后的工作只是把相同的基本概念扩展到其他

领域。通过政治过程、使用资源来获得特权的行为给他人带来的损害或许大于获租人所得的收益，这是当今经济学研究的一个重大课题。它已超出经济学的界限，进入了政治学、东方学以及社会学领域。

这提出了几个需要澄清的问题。首先，为了获租而进行的投资并不必然是寻租。例如，假如我打算发明一种治癌新药，决定投资，然后申请专利，我会理所当然地从专利形成的租金中致富。但是，这种情形并不是我所指的寻租。我的资源投入的结果不仅是使自己获利，而且几乎会使其他所有人都从中受益。

当我担任《公共选择》的编辑时，我曾经——一般是一年两次——收到由年轻助教或研究生写的论文，那些论文的作者兴奋不已地指出，研究活动和专利是寻租的例证。诚然，在这种情况下投入了资源，也获得了租金，但是，其中的某些活动与人为设置关税壁垒所强加的全面福利损失没有什么相似之处。另一方面，假如我自己是过时的、效力较低的治癌药生产商，我投入资源，以便立法禁止进口一种新近研发的治癌新药，那么，我有可能从中获利，但是几乎其他的所有人都将遭受损失。这类情况才是我们所说的寻租。

大多数寻租文献的第二个局限之处在于，它讨论旨在通过伤害其他人获得租金的对民主政府的操纵行为。美国农业计划就是一例。作为唯一一个在公共选择领域写出一本关于独裁体制的著作的作者（Tullock，1987b），我可以向读者保证，这样的强加于人的做法并非只出现在民主国家中。事实上，大多数落后国家中的所谓的“社
23 会主义”只不过是一种把租金转移到独裁者的朋友或亲密支持者手中的精心构成的机制而已。

最近发生的事件（指苏联的解体和东欧剧变——译者）标志了社

会主义的死亡剧痛和被称为“资本主义”的东西复活。不幸的事实是，从寻租的角度来看，这些事件并未带来什么重大改进。在所称的“权贵资本主义”中，以前政府所有的糖厂的极不称职的管理者现在成了糖厂的所有者。他仍不称职，仍然需要特殊的政府保护来支持其活动。在前后两种情况下——一般说来——他自己都捞到了很多好处。

测定寻租行为的范围的尝试——我们将在后面讨论这一点——还没有得到任何确定结论。表面考察似乎显示，寻租行为在专制体制下比在民主体制下要重要得多（Tullock，1987b）。这本书主要关心的是涉及操纵民主政府的寻租行为。这并不是因为民主政府特别易于受到寻租行为影响。这是因为大多数的研究都是在民主政府范围进行的；事实上，与在大多数独裁制度的黑暗环境里进行的研究相比，在相对开放的民主环境中搞研究要容易得多。

另一种限制是，我将不会太多地涉及以对私人垄断的私人寻租方式出现的寻租行为。这主要是因为，我认为这类活动现在没有多少经济意义，尽管它们在过去曾经起到重要作用（Rowley and Tullock，1988）。今天，在没有政府援助的情况下，私人团体——除了提供廉价商品和优质服务之外——确实很难通过任何方式取得垄断。

在某种程度上，这是因为存在着反托拉斯法（事实上，反托拉斯法有时为那些提供价廉物美的独家生产厂家带来了麻烦）。但是，更重要的是这一事实：美国经济规模庞大，运输和通讯方便，几乎任何获得超额利润的垄断都有可能吸引其他的竞争者。就大多数情况而言，私人市场是高度竞争的。在社会的某些角落里，我们可能发现这样的公司：它们生产的一些商品总需求太小，即使其产品的价格和成 24

本差异很大,也不大可能吸引竞争。但是,这种情形是例外,不是一般规律。

就大多数情况而言,公司并不能获得假如它们具有私人垄断地位时可获得的超额利润。也没有多少证据能够说明,在据称是保护性的市场中,X 非效率使私人成本上升(但是请参见 Franz,1992)。商人、工会以及学者企图找出巨大利润这一事实显示:从所有者的角度看,与纯粹竞争的情况相比,公众赞助的垄断企业在这种情况下的境遇肯定好一些;尽管如此,正如我们将要看到的,它们通常也并不能获得非常巨大的利润。

在本书的余下部分中,我们将主要考察操纵民主政府以获得特权,而被这些特权伤害的人所受到的损害大于受益人得到的好处的情况。我们还将评估试图保护自己免受这类垄断之苦的个人的行为,评估为了消除这类垄断而积极参与游说的人们的行为。后一种行为我并不称之为寻租,但是有些人也把它称为寻租。

25 6. 寻租行为中的政治市场

寻租行为的研究项目在绝大部分上碰巧沿袭了公共选择传统,而我自己的研究工作是该传统的一部分。安妮·克鲁格的论文(1974)促成了另一个研究项目,贾格迪什·巴格瓦蒂称之为“直接非生产性寻利”(DUP)研究(Bhagwati,1980)。这两项研究都关注理性的、追逐私利性质的个人或团体的经济行为;但是,这种行为破坏而不是增加社会可用资源。这两项研究都从根本上改变了我们对政治市场和官僚市场的行为的认识,而且可能改变了许多人对宪法约束力的价值的看法。然而,两种研究方法有着显著的差别,最突出的差别表现在关于寻租社会中的政治市场的作用(Rowley,1988a)。

我于1967年发表的第一篇论文将研究福利损失的学者的注意力从私人垄断转向公开形成的垄断,从哈伯格三角形转向塔洛克四边形。但是,仅仅在论文的一个句子中,我暗示了这些见解在公共选择方面的隐含意义,指出在没有利益团体为寻求这一贸易保护工具进行游说时,政府通常不引入关税。回想起来,颇为令人惊讶的是,我当时没能将这一隐含意义发展为那篇论文的核心论点,因此使它与公共选择的联系耽搁了大约四年光景。

1971年,与公共选择的联系在我的研究转移支付成本的论文中得到了体现。我在这篇论文里强调,当个人或团体投入资源,以便获得转移支付或防止转移支付流失时,通过政府机构至少在带有部分
强制色彩的基础上实施的财富转移机会,鼓励了负和博弈中的游说 26
和反游说这两种行为。

这一见解传达了公共选择理论的一个重要理念:仅仅是存在转移支付的可能性就能吸引寻租和保租的支出,而这些支出将决定转移支付结果的本质。从更广泛的意义上说,由政府法令形成的特殊租金取决于但并不决定寻租支出的水平和构成。政治过程本身就是内生于寻租过程的。相比之下,直接非生产性寻利(DUP)从外生决定的租金角度来分析寻租行为,很少或根本不关心该市场的公共选择特性。在本文中,我强调寻租行为的公共选择方法,忽略直接非生产性寻利(DUP)的方法(尽管我的确很喜欢DUP这一术语)。在这一部分中,我将简要地考察租金政治市场上的几种主要参与者——选民、媒体、利益团体以及官僚。首先,我将考察在该市场上充当掮客以换取选票、竞选献金和其他特权的人——即联邦政府系统中各个层次上的政客——所起的作用。

立法者

在公共选择研究中，政治家在模型中被定为在财富转移的政治市场中扮演掮客的人。能够有效地组织起来的特定利益团体“需求”这样的转移支付。而其他比较一般的团体，包括许多单个的选民，没有能力形成这样的有效的经济组织，他们“供应”这类转移支付，尽管有时候是在不起作用的斗争之后才这样做的。政治家影响政治市场的均衡，在他们自己的利益和边际成本之间找平衡，掂量预计的财富和预计的选票孰轻孰重，追求他们个人效用的最大化（Rowley, Shughart and Tollison, 1987）。正是在这一基本模型的框架里，我将考察美国立法者的行为。只需稍加调整，这一方法也可用于全世界民主体制的立法者。

27 让我以共和党众议员阿米的话开始我的分析。阿米最近针对农业法案提出了一项修正案，建议一年中非农业收入超过 12.5 万美元的农民不再接受政府的任何补贴。他的提案在众议院的记名投票表决中以 2∶1 的劣势被否决。某位没有接受过公共选择理论训练的人的第一反应是，美国国会中有三分之二的议员失去了理智。设想一下，这些议员竟然要为富有的农民接受政府资助投赞成票——这些农民一年的非农业收入就高达 12.5 万美元。但是，阿米道出了其中原委：

> 农业委员会的成员个个都很能干。其他委员会做的事，他们也做，而且做得很出色。他们用了五年时间建立各种关系，现在是用这些关系的时候了。

任何关注国会的人都会想到许多其他类似的例子。例如，参议员约翰·沃纳，一位来自弗吉尼亚州的非常保守的立法者，在许多年里成功地阻止了陆军关闭一处要塞；这处要塞已经相当古老，四周还围有护城河。我现在高兴地说，这处要塞最终还是被关闭了；但被变成了一处国家纪念博物馆，其雇员数量与原来的要塞雇用的人员一样多。

作为《同意的计算》(Buchanan and Tullock，1962)一书的两位作者之一，我并不是说，这类"政治利益交易"总是寻租行为。实际上，在很多情况下，它们实际上达成的结果比不这么做还要好一些。然而，在上面谈到这两个个案中，这种交易却可被用来产生租金。

实际上，在有些情况下，根本没有任何政治利益交易可能的但明显具有寻租性质的议案得以通过。美国政府医疗补助的多个立法扩充就是例子。当然，这里存在一个以医生和其他医疗服务提供者形式出现的强有力的特殊利益团体。然而，几乎可以肯定的是，国会议员们对大量的选民更有兴趣；这些选民从医疗服务中得到利益，却没 28
有意识到正是自己在交税来为医疗服务提供资金。

就这一领域的实证研究而言，美国是一个特别方便的地方，因为美国有 50 个州，其中 48 个州相互毗邻。法律制度尽管非常相似，但却不尽相同。这种情况对横剖面研究来说很理想，可用的详细的统计数据使这类研究可以详尽深入地进行。马克米克、托利森和克雷恩对这些问题的研究取得了十分丰富的成果(Crain and Tollison，1990)。

立法交易甚至出现在地方政府内。近来，在皮马县(包括图森)发行公债的议案在一次选举投票中被否决了。表面的原因是，各种各样的道路维修工程没有包括西南部地区的任何项目。于是，市议会和该县的监察委员会重新起草了法案，使其兼顾各方利益。在这种情况下，它很可能是政治利益交易行为形成较好结果的个案之一。如果让所有的人就每一个单项的修路计划进行投票，哪个都不能通过；但是，这个包括了从社会角度看确实可取的——或者至少非常接近可取的——道路修缮和改进的一揽子交易却获得了通过。

由此可见，即使其中确实存在着交易，从我们所下的定义来看，这个例子并不构成寻租行为。立法交易本身既不是寻租行为，也不是什么不受欢迎的东西。只有当这种交易被用来产生减少财富的商品——如前面提到的农业项目——或者用来维持护城河环绕的毫无用处的军事要塞时，才会出现寻租问题。

这类事情的一个特别突出的例子是美国国会中的民主党做出的这一决定：在苏联帝国解体之后，不推动大幅度降低美国的国防开支。国会议员们的公开演讲提出的以及所有报纸上提及的解释是，议员们担心缩减开支会失去军事基地，失去他们所在选区的国防工业订单。因此，维持军队的真实目的不是购买保险，以防止苏联人重
29 新采取冷战策略，而是为了赢得不同选区的大量选票。

托利森与相关的研究人员合作，进行了直接的横剖面回归模式研究；除此之外，其他许多学者也做出了杰出的贡献。我立即想到的是佩尔兹曼(1976)和斯蒂格勒(1971)这两个名字。斯蒂格勒的名气在于他率先指出，政府的管理部门通常不是由它们所管理的人“控制”的。在正常情况下，它们是被其所管理的人建立起来的：正如他曾经指出的，埋怨保护被管理者不受价格降低的影响的管理机构的做法颇像埋怨以牙齿为业的牙医的做法。在这两种情况下，管理者和牙医都是在干他们该干的工作。这类管理机构通常受到特殊利益团体的驱使，而绝不会像某些文献中说的那样，为它们所管理的公司带来利益。这里的一个问题——最先由波斯纳(1975)提出讨论

的——是,这些机构主要被用来在政治势力团体之间来回转移金钱。

有一个此类做法的明显例证。联邦通讯委员会对电话的管理规定在很大程度上是美国电报电话公司游说的结果,因为该公司当时发现了有分割其利润的竞争行为。但是,美国电报电话公司仅仅是一个相对微小的受益者。当电话业务由联邦通讯委员会以集中方式管理后,该委员会人为地使长途电话的价格居高不下,其目的是对市话用户进行补贴。从实质上说,它是向部分经济开征了一种税,其目的是补贴为数众多的选民。这事特别有意思的是,接受补贴的选民实际获得了利益这一事实并不明显。

被人为抬高价格的长途电话部分是普通公民的电话,只有部分是商业电话。尽管知情很少的选民以为自己从商业电话中获得了补
贴,但在竞争的经济环境里,即使这些人也会因消费品价格上升而受 30
到影响。例如,某人发现,由于有了补贴,自己少付了 1 美元的市话费,但在打长途电话时却要付较高费用;如果各种消费品价格上升,这个人每月不得不多支出的费用可能比 1 美元还要多。这样的管理规定产生了一种看不见的税,为一种颇为看得见的补助提供了资金,对拉选票的政客有利。

但是,甚至这个例子也还是太浅显了。完全不明显的是,大多数接受该补贴的人知道自己接受了补贴,却不知道他们支付了税金。只是在对立的利益团体开始谈论取消这种补贴时,一般选民才开始了解真实情况。但是,一般选民确实希望降低市话费,于是施加政治压力,影响自己选区的议员和联邦通讯委员会。他很可能并没有意识到,存在着一种抵补成本。

佩尔兹曼的研究直接和收入转移相联系;他大致认为,政治上有势力的人——基本在中产阶级内——利用政府结构,把钱从富人手

中转给穷人。事实上，说他们把资源从穷人那里转走实际上是不正确的。真实发生的情况是，穷人并没有得到福利国家太多的慷慨赠与，很可能少于他们的选票通常使他们应该得到的（Tullock，1989）。不幸的是：斯蒂格勒和佩尔兹曼——至少都可以说是著名经济学家——犯了一个根本性的错误。他们从福利转移的结果的角度谈整个转移过程，而根本没有讨论该过程的寻租成本。

在斯蒂格勒的讨论中有一个特别明显的空白。他谈到了政府管制机构，认为建立它们的具体目的是为了有利于成立这些机构的利益团体，但是他从来没有讨论过该过程的成本。认识到这类成本的存在当然是寻租理论的核心。贝克尔写了一篇讨论利益团体的竞争的精彩论文（Becker，1983）。他在这篇文章里指出，某些利益团体追
31 求特权，另一些利益团体为了不成为牺牲品而反向施压，这两种行为的结果应该形成至少有争议的某种政治的最佳效果的平衡；他却没有强调这一做法的寻租成本。

国会议员们能从中得到些什么呢？由于他们参与寻租活动，他们必须从中得到点什么，但我认为，通常他们不会得到太多。存在着竞选献金的说法；确实，议员能够把部分献金中饱私囊。无疑，这对他们的行为将产生重要影响，但与从他们手中分配的特权的价值相比，这个量就非常之小了。这不是重要的寻租成本。

更重要的是游说者们挖空心思希望说服议员的行为。人们不仅在华盛顿特区而且在各个州府的酒店和夜总会发现的开支账户就是这一点的证据。但是，与议员们送出的礼物的价值相比，这类支出的金额相对说来还是很低的。寻租的主要成本必须在其他地方寻找。从议员的角度来看，他们寻求的主要回报很可能就是再次当选。每一个压力团体都有力地声称，它至少可以改变一部分选票的投向，并

且能够提供一些竞选献金，所以议员们最好仔细考虑它的要求。

国会议员——在这一点上还有州的议员，甚至还有市议会的成员——往往确信，自己在下次选举中易受攻击，必须认真对待各种小团体的选民。在这种情况下，议员的工作班子总要在这种事情上花费大量的时间。这种工作特别令人佩服，因为议员常常代表若干不同的团体，每一个团体都想得到某种东西，而且在某种程度上反对其他团体的要求。议员们必须达成某种谨慎的妥协，从而让所有人都获得一点实惠。一旦把寻租成本考虑进去，对参与其中的每一个团体来说，上述过程的净效应可能是，他们得到的收益——减去给他人的所有礼物的成本——实际上是很少的，或者甚至是倒赔。

这样，一项特定政策出台的主要成本并不是促使该政策出台的 32
寻租行为，而是由其他团体支付的、但没有成功的支出——议员们出卖了这些团体以便实施该政策。不幸的是，这些成本至今都没有得到计量，我也提不出如何计量这些成本的任何建议。然而，计量困难这一事实并不意味着它在质的方面无关紧要。

现在，各种各样的立法以曲折的方式得到立法机构的认可，每一个这样的法案通常都是具体条款构成的巨大混成作品——根据一些小团体的愿望，解决特定的问题；这样复杂的法律从总体上来说是国家的一项巨额成本。名义上的决策者——或者实际上任何在立法机构之内或之外的人——从来不会去参阅浩如烟海的法律文件中的大多数条文，更不会去参阅数量更大的种种法规。只有为了私利而利用这些法律、法规的律师们才仔细研读它们。

对于法规，国会议员或部长根本没有时间去阅读其全部细节；此外，即使他有时间读了，他很可能也并不能完全理解。《国内税收法》就是一个很能说明问题的例子。在里根总统的改革之前，该法案中曾有 17 页涉及饲养赛马的问题。这项条款被游说者以扶持赛马“产业”为由成功地引进法律,而来自美国内税局的官员也仔细研究了该条款,希望看到政治收入没有受到过多损害。但令人怀疑的是,是否有四五个人真正理解了这 17 页纸上的内容。

在本案例中,我们了解到,这些条款一定对赛马业非常有利,因为当里根改革废除这些条款后,赛马业立即经历了一次严重的经济萧条。例如,成年种马的价格出现了灾难性下跌。于是,一批非常富有的人——其中大部分都把饲养赛马作为一种爱好——以很隐蔽的
33 方式,从为特定利益设计的法规中得到了金额巨大的税收回扣,这就是一例。然而,这种遮遮掩掩的游说的成本是极难测量的。

完全不清楚的是,议员是否将他并不去看自己通过的大部分法案这一事实视为不道德的;是否将他如果去看、但却不理解这些法案这一事实视为可怜的。毕竟,他的所有同事们以类似的方式制定法律,他自己对细节缺乏注意的行为受到选民的合理无知的保护。

然而,从整个社会来看,这种职业性不称职行为涉及的成本的确非常巨大。政府的功能之一就是提供全国性的、协调的政策计划。如果说政策——事实上——是一种由从未协调过的特殊条款构成的大杂烩,或者说是没有被人通读过的东西,那么,这一功能就失灵了。

法院的职责之一就是应付那些不一致的国会法令——这种不一致要么是法令内部的,要么是法令与法令之间的。对法院来说是幸运的而对其他每个人来说是不幸的是,这些条款中的大多数不过是献给特定的利益团体的礼物;因此,它们严格说来并不矛盾。它们带来的困难只是抬高了联邦赤字,增加了管理干预;而法院对这些后果并不直接负责。

美国公众民意调查的显著特征之一是,美国人不信任、不喜欢国

会，但却信任和喜欢自己选出的国会议员。这是国会议员在寻租社会中所起作用的一个相当明显的例证。一般的美国人意识到，我在这里所说的这一大批法案所起的作用对他们不利。他还意识到，他所选出的议员都知道，在大量减少财富的议案中，有许多可以给他自己带来好处。

假设——只为讨论方便——在国会的众议院里，每位议员只能影响议会中 1/435 的人。单个的选民认为，代表自己的利益的议员所起的作用是使 1/435 的人对自己有利。另一方面，其余的 434/435 的人都可能是他的净不利因素。由于他不能在总体上影响国会，他往往不喜欢国会，然而却喜欢自己选出的议员。这种二元对立 34
的态度是完全合理的。

选民

关于选民，首先要说的是，他们一般对投票的内容知之甚少。即使在与受过良好教育的公民讨论政策问题时，任何专家都会很快意识到，这一看法是正确的。这一点的例子是，当舆论调查人员决定就任何一个题目的细节提出问题时，他们通常会遇到令人感到相当震惊的无知。比方说，如果他们这样提出问题："哪一种铀是裂变的?"只有千分之一的人知道正确信息。如果他们转用另一种询问方式，如："你认为自己了解原子能吗?"他们会发现绝大多数的选民都会说了解。他们在政治性民意调查中总是发现，相当一部分人不知道总统的名字。

大多数的选民甚至不知道他们选出的国会议员的姓名。路易斯·哈里斯民意研究所曾对这种现象做过调查，他们的方法不是要选民说出议员的姓名，而是问他们是否知道议员的姓名。即使如此，他们得到的结果是，只有65%的人回答说他们知道(《美国企业》，1992年5月/6月号，第102页)。这种信息欠缺往往使政治学的学者感到恼怒。在美国政府的公民教育课上，诸如“你有义务投下自己知情的一票”这样的表述是要经常反复提到的。或许，普通选民确实有这样的义务，但实际上他们却显然并不把这项义务当一回事。

公共选择理论对这一领域的最初贡献之一是首先由安东尼·唐斯(Downs，1957)提出、后来由我本人(Tullock，1967a)加以详述的看法：普通选民应该认识到这一公民义务，如果不了解情况，其实应该感到内疚。但是，从严格的成本和收益的角度看，选民无知是合理的。原因很简单，他的选票对任何选举的影响都微乎其微，甚至最适中的信息成本也会使知情投票行为产生的预期净收益不起作用。因
35 此，即使美国政府的公民教育教授不赞成选民的合理计算，普通选民也还是会做出正确的计算，让自己在潜意识里不去了解情况。他们甚至可能做出正确的计算，在选举日到来时不去投票。

当然，也有非常知情的人；我假定本书的大多数读者就在其中。在很大程度上，这些人是将研究政治作为业余爱好的人，要么就是像我这样，将研究国际事务作为业余爱好的人。

然而，对这些政治爱好者来说，值得注意的是，政治信息看来对他们的投票行为没有多大的影响。民意调查的信息显示，一个人掌握的信息越多，从支持一个政党转而支持另一政党的可能性就越小。由此可见，他获取这类信息的目的看来是为了获得与别人聊天的谈资，为了具有优越感；而比这两点更重要的，是为他的团队加油。棒球作为一种全国性运动，曾经比现在更为重要。那时的棒球迷能记住关于各个棒球队的大量统计数据。他们从不让这一点影响他们对应该支持哪一个队的问题的判断。

当我们谈及寻租时,政治信息的这种欠缺具有非常重要的意义。不幸的是,这不单纯是完全随机的无知,而是有偏见的无知。某人很可能对自己深入关注的若干范围狭窄的问题了解很多。

一个农民很可能对具体的农作物知道得很多,一般从他阅读的各种农业期刊了解情况,知道有关这些农作物的政治计划,知道他选出的议员都就此做了些什么。由于这位农民对总体政治计划的其他方面政策知之甚少,这对压力团体而言是一种理想的状态。例如,一项缩减美国耕地面积的提案最终可能导致非洲部分地区的饥荒。农业刊物永远也不会提到这一点的因果关系,相当重要的是因为把削减耕地和饥荒联系起来的这种做法可能会引起读者的内疚,他们可 36
能转而阅读别的刊物。

这种带有偏见的无知并不仅限于农民。我自己是学者,听过形形色色的政治候选人所作的许多针对学者的演讲。这类演讲通常至少包括某种论述教育在公共事物中所起的正面作用的东西,其论点一般都稍微偏左,因为这一点被认为是有学问的听众都想要听到的东西。他们总是要包括关于教育的重要性、拥有好教师的必要性、给予教师良好待遇的必要性的评论。

在选举中知道姓名非常重要。职业政治家和专业的政治学研究人员都认为,非在任候选人面对的问题之一就是让选民知道自己的姓名。在任者一般都有这样的知名度。在两次选举之间精心寄出的竞选材料——被官方列为信息——在很大程度上只是一种旨在让选民知道议员的名字的做法。

再重复一下,这种信息是以不对称的方式发布的,并且不只是地位稳定的利益团体的做法。那些希望获得某种青睐或希望某项计划在其所在领域实施的人会不停地接触议员。这方面的一个很重要的例子是一些老年公民提出的投诉:他们的社会保障金支票还没有寄到,或是社会保障政府部门可能犯了某种错误。

在一般情况下,在这方面看来很可能出现的情况是,与不干预的情况相比,议员出面干预会使社会保障部的公民服务做得更好。就我所知,并没有任何研究说明,服务的改进是否值得议员干预的成本;但是,我猜它是具有成本效益的。议员工作班子的很大一部分工作人员就是在做类似的事情:答复选民们的来信。

在一般情况下,一个议员说他代表某些特定选民的利益这一事
37 实是令人欣慰的;但是,如果他实际上没有兑现他的承诺,没有带来所要求的好处,该议员很可能因此——而不是因其彬彬有礼的举止——而被人记住。大多数议员都有一个人员众多的工作班子;这些人除了对付我们或许可以称为“批发市场”——主要的压力团体——的事务之外,也努力通过关注各种各样的小问题,一个人一个人地争取选票。

处理这些小问题到底是否对作为整体的国家有利这个问题尚待探讨;它的收益能不能抵得过成本是一个更复杂的问题。应该指出的是,这里所说的成本并不仅仅是议员工作班子成员的工资和补贴。作为一条普遍规则,大多数的政府官僚都会把来自议员办公室的质询作为首先需要处理的事情;因此,议员干预的成本之一是,许多其他的事情——这些事情当中有些是更重要的——被搁置一旁,留待官员们回复议员的质询之后再处理。

这一切的结果是,在很大程度上,选民成为寻租的一个主要来源。然而,应该指出的是,对某些种类政策的制定而言,直接选举或全民公决优于立法机构之内的政治利益交易。组织完善的压力团体能够频繁地操纵立法机构出台有利于他们自己的法规,但这样的法

规恐怕根本无法通过公民投票。

与之相抗衡的一个问题是，直接的全民选举将问题摆在数量庞大的选民面前，而大多数选民对这些问题不甚了解却至少存在着某种倾向：完全依据他们对政府运作的信任程度，要么投赞成票，要么投反对票。但是，在压力团体进行运作的领域，感觉不到直接选举确实降低形成巨大成本的频率；因此，人们很难看出直接选举的结果。

然而，那些——比如说——投票反对鸡蛋贸易限额的选民常常是那些易于促使议员能够给他们带来某些特权的选民。只有当所需投票表决的问题十分透明，即便很不知情的选民也能注意到事情的真相时，直接选举往往才会取消少数人的特权。

在公众媒体和公共选择的文献里，存在着大量关于个人和政治 38
活动委员会(PAC)支付的竞选献金的讨论。毫无疑问，这些支出对议员们是有影响的。同样毫无疑问的是，与议员们分配的礼物的价值相比，这样的支出的数额非常微小(Tullock，1989)。因此，可以相当肯定地说，对议员实施的有效压力并不是通过竞选献金的方式来实现的。实际上，很有可能的是，议员之所以对竞选献金感兴趣的主要原因在于，竞选献金被视为衡量压力团体所施政治影响的一个尺度，因而是衡量他们可能提供的得票数量或带来失票数量的一个尺度。

由此看来，如果我们的目标是实现良好管理，建成一个好政府，特别是在这个好政府是指一般说来只在该买的东西上花钱的政府时，选民是一个相当靠不住的因素。普通选民从自己所从属的压力团体的活动中分享好处——尽管他获得的好处比他自己想象的要小得多。另一方面，所有其他的压力团体都给他带来损害，他所得到的净结果是，他的实际境遇比没有任何压力团体的影响情况下更糟。但是，他所得信息的局限性意味着，他实际上只能通过支持自己所属的压力团体的办法来有效地发挥作用。因此，其结果是，与某种方法——或别的人——能够从其长远利益的角度参与选举的情况相比，这里存在着大量更具破坏性的寻租行为。

这里，让我通过建立这一判断得以成立的合理的选民弃权和合理的选民无知的模型，以一个更正式的注解的方式，对寻租市场上选民的相对弱点的讨论作一个小结。我注意到，某些芝加哥学派的经济学家——特别是佩尔兹曼(1990)——不接受这个模型，并且认为所有的选民对政治问题都充分而合理地知情。我很清楚，他们根本找不到可靠的理论依据来克服我在这里概括的模型界定的问题；这一模型最初由唐斯(1957)提出，后来由塔洛克(1967a)加以巧妙改进。

39 我们设想一个人掌握了某些政治信息，这使他在某次选举(无论是选总统、参议员或众议员)中支持民主党。这个人从这次选举中获得的收益可以由下列式子来表达：

$$BDA - C = P \qquad (6.1)$$

这里，B 代表从个人支持的候选人获胜中取得的预期收益，D 代表个人的投票对选举的影响概率，A 代表个人获得的信息的准确性概率，C 代表个人的投票成本，P 代表收益。这一表达式还有值得进一步讨论的地方。当然，B 所指的不是让某个政党或某个候选人上台的绝对优势，而是指该候选人上台与其对手上台二者之差。在这一类的模型里，因子 A 常常被人们略去了。这里包括 A 的原因是，我希望考虑个人所获信息量的变量，了解更多信息的主要结果是使个人的正确判断率更高。从本质上讲，A 是一个主观变量，它的取值范围从负数到 1。

因子 D 反映的是个人改变选举结果的概率。比方说，在美国总统选举的过程中，一般说来这一概率要小于千万分之一。因子 C 是在一次选举中登记、投票所花费的货币额、时间，以及由此带来的种种不便。对某些个人来说，这可能是负值，因为他们得到了乐趣（可能是在解除了得去投票的社会压力的意义上而言）。然而，如果投票被当作一种工具性行为，那么，投票或放弃投票的决定将取决于对上述表达式中成本和收益的权衡。

对大多数个人来讲，登记和投票的成本大概为十几美元，而对某些人来说，登记和投票的成本要超过 100 美元。对大多数个人而言，在几乎所有的选举中，因子 ABD 的值都将少于 1 美分，而对极少数人可能高于 1 美元。这就说明，只有那些能够从选举中获得愉悦 40
（即，这些人的 C 值是 0 或负值）的人将合理地选择投票。毫无疑问，上述分析能说明为什么在美国有关选举的民意测验中只有不到百分之五十的人愿意参加投票，尽管这种民意测验并不能真正解释实际中较多的参选人数；因为即使在观察到的参选人数降低的水平上，D 仍然是很高的。已有的证据确定无疑地支持这一观点：个人更有可能参与票数非常接近的选举（Barzel and Silberberg，1973）。很可能的情况是，喜欢政治、对他们而言 C 是负值的人在积极选民中得到很好的代表。

然而，即使对那些决定去投票的选民而言，这也并不意味着他们决心使自己充分知情。随着个人对政治信息了解的数量和/或质量的上升，因子 A 的值大概会提高；但是，随着相关的信息成本被加在投票的成本上，C 的取值也变大了。无论 A 的取值有多大，它的影响总会被 D 的低值所冲抵，D 是政治市场的不可分割性的一个无法避免的结果。这里，我们发现了民主的致命弱点——政治过程的主要决定性因素带有明显的偏见，有利于分布集中、对与自己明显相关的问题充分知情的选民，而不利于分布分散、对与自己不直接相关的问题不太知情的选民。在这里，我们也发现了政治真空存在的理由；特殊利益团体为了寻租而渗入其中，对社会总体造成危害。

媒 体

根据等式 6.1 所概括的模型，我们假设，对每一个政治问题来说，选民要么无知，要么略有所知，要么充分知情，从而简化了这一谱系连续变量的实际情况。为了区分出这三种认知状态，还有必要分
41 析大众媒体的行为；大多数选民正是通过大众媒体获得关于政治问题的信息的。这一分析将集中关注劝说政治学和撒谎经济学（Tullock，1967a）。

大多数的媒体在刊载政治信息时都会非常小心地在政治信息之外，添加大量反映不同消费者的情趣的其他信息。一般的读者、听众和观众不会一视同仁地对待媒体提供的所有信息，而是特别关注自己感兴趣的东西，大体上把其余信息排除在外。而且，在任何明显的时段中，他未必记得开始时吸引自己注意力的信息。在选民投票时，即便有被保留下来的信息，也可能得不到认真考虑。

因此，在投票时，个人很可能处于一种对很多问题，实际上是对大多数问题全然无知的状态，其原因可能是他没有有效地接触到相关信息，或者相关信息没有给他留下足够深刻的印象，使他记住和/或使用这些信息。另一种情况是，他可能对投票问题有所认识，并且了解有关的一些实际情况，该情况被作为他偶然接受的信息的结果——他对这些信息有所评价，从而能够记住这些信息。我把选民

的这种状态称为“漠不关心的无知”；这种状态将是关于媒体这一节主要关注的对象。第三种情况，个人对问题非常了解，因为投票结果预期将显著地改变他的效用水平。在这种情况下，选民肯定会不受媒体劝说和政客谎言的影响，即使他并不总能对自己充分了解的问题形成准确的判断。充分知情的选民是杰出的压力团体的选民——这是一种罕见的但具有高度可预见性的现象，该选民主要根据自己特别感兴趣的具体问题来投票。

对政客而言，选民掌握的这种信息情况所规定的行为模式本质上是政治利益交易所描绘的情况。政客们会跟踪被选民普遍强烈持有的观点，而且会向小的利益团体许诺简单而容易看出的好处。他们会试图将这些政策的成本轻松地分配给合理无知和合理漠不关心 42
的无知的选民。他们将试图接近大众媒体，以便影响漠不关心的无知选民，让他们投票赞成自己的政策纲领。现在，让我回到等式 6.1 定义的模型，以便概括劝说在具有漠不关心的无知特点的政治市场上所起的作用。等式 6.2 反映新的情形：

$$BD_pA-C-C_p=P \qquad (6.2)$$

这里，C_p 是投入在劝说中的尝试成本，D_p 是这样的劝说对某位选民的投票将是决定性的概率可能形成的结果。即使投票过程本身花去的成本是一个负值，用于劝说的努力可能不是，因为与一张单独的选票相比，宣传鼓动更有可能影响选举的结果。当然，D_p 的数量在人与人之间的差异很大。重要的是需注意，就某些类别的选民而言，C_p 值很小。特别需要提及的是，以向大众传媒提供材料为职业的个人能够以几乎为零的成本，进行相当有效的劝说尝试。

在这一过程有可能降低大众传媒的股东们的净值时，股东们会对上述的过程设置限制。然而，如果这里存在任何委托—代理问题，以特定的政治行动计划为特征的管理层就可能侵入大众媒体，以便以具体的方式参与政治劝说，然后积极鼓动对他们自己的事业有利的宣传。这一现象在阶层传媒中更为典型，这样的媒体存在的主要目的常常是为了进行政治宣传鼓动。教师——尤其是从事高等教育的教师——也处于有利的地位，能在支出成本极少或零成本的情况下推动政治行动计划，在这样的观点带有左倾特点、符合高校管理层的政治上正确的信条时，情况尤其如此。

在以劝说为目的的交流行为中，只有在不准确的信息很可能被
43 目标接收者接触时，它才具有重要性。在这方面，媒体之间的相互竞争起到了重要的抑制作用。在专制制度下，或者在具有传媒垄断特征的环境里，错误的信息会产生强有力的影响。值得庆幸的是，信息革命显著地弱化了这类人为操纵传媒的可能——这与乔治·奥韦尔、奥尔德斯·赫胥黎的设想正好相反。

对政治宣传者来说，如果预期收益超过预期成本，说谎就是合理的。从这一观点出发，我们就能得到重要的推论：谎言的接受者越内行，谎言的有利性就越小。政治问题对接受者的重要性越大，谎言被揭穿的可能性就越大。与接受者的交流越频繁，最终被发现为谎言的长期成本就越高。所有这一切都使漠不关心的无知选民特别容易受到传媒的影响，在缺乏保护选民不受政客或传媒的虚假宣传之害的严厉法律时，情况尤其如此。特别要提及的是，主要报纸有能力保护信息源的匿名性，即使在受到严重诽谤的情况下，“公众”人物成功起诉报纸的难度也越来越大，这使宣传者们能够以较低的成本操纵传媒，将其用作一个政治上有效的谎言来源。

利益团体

作为民主政治赖以建立的基础，在理性的意义上偶然无知的选民是完全靠不住的。与立法活动的集中利益的接受者相比，他更有可能是分散成本的接受者。他更有可能负担随机的囚徒困境的净成本，而不是享受《同意的计算》概括的系统的交易收益。在这种情况下，进行这些推断是否合理？即，政治市场上的供需双方力量不是由单个选民，而是由利益团体推动的；在争夺民主制度的存在的理由（*raison d'être*）的政治战利品的斗争中，集体行为替代了个人行为。如果这样，就压力团体间为了施展政治影响而进行的竞争的寻租后果，能够作出什么预测呢？

以利益团体竞争为主题、相对乐观、带有玫瑰色彩的观点是由加 44
里·贝克尔在他的两篇第一流的、影响广泛的论文（Becker，1983，1985）里提出来的。在这个模型里，贝克尔展示了一个对政治收入和其他公共政策进行重新分配的理论；它建立在压力团体旨在得到政治好处而竞争的基础之上。积极活动的压力团体为了扩大自身的政治影响而施加压力；在这里，所有影响均由全部压力团体产生的压力共同决定。建立在所征税收总量和可以利用的补贴总量之间的政治预算方程意味着，所有影响之和为零。这被视为对研究压力团体之间的竞争具有重要影响。

在库尔诺—纳什假设——附加的压力并不影响其他团体的政治支出——中，每一团体都要将其成员的收入最大化。政治均衡依赖于每个团体形成压力的效率、附加压力对它们的影响的效果、各个压力团体的人数，以及获得税收和补贴的自有成本。

产生压力的效率在某种程度上取决于控制成员内部搭便车的成

本(贝克尔认识到了这一问题,但并未加以强调)。增加对搭便车的控制提高了团体的最优压力,从而增加它的补贴,或者减少它的税收。产生压力的效率还取决于压力团体的规模,不仅因为规模会影响搭便车的行为,而且因为规模小的团体可能无法利用压力生产的规模经济效应。

贝克尔非常强调税收和补贴的自有成本,而且非常强调这一事实:随着税收和补贴的增加,这样的成本一般说来以增加的速度上升。他提出,补贴的自有成本的上升不利于接受补贴的团体产出的压力,而税收自有成本的上升提高纳税人产出的压力。因此,在竞争政治影响力的过程中,自有成本赋予纳税人一种内在的优势。接受大量补贴的团体大概会努力通过效率、优化的团体规模或更方便地
45 取得政治影响的方式抵消其内在缺陷。

在贝克尔的分析中,所有的团体都喜好并游说得到有效率的税收,而有效率的补贴方式提高补贴水平,有利于补贴的接受者,但使纳税人受到损害——除非随着补贴的增长,使补贴接受者通过足够快速的增加其自有成本的方式,产出较少的压力。贝克尔声称,他的理论不仅适用于重新分配收入的税收和补贴,而且适用于管制和限额,以及通过生产公共产品、减小其他市场失灵来提高效率的政策。他的观点是,提高效率的政策很可能在竞争影响力的过程中获胜,因为这些政策能带来收益而不是自有成本;因此,与受损的团体相比,受益的团体有一种内在的优势。在贝克尔的世界里,在利益团体之间存在着公开竞争,伴之以自由加入或退出竞争的机会,无效率转移机制不会在政治市场均衡中成为普遍现象。

由于若干原因,我并不赞同贝克尔提出的关于民主政治中利益团体的影响的乐观论——至少是在重要的宪法制约缺失的情况下。

这里，让我首先讨论奥尔森在其对集体行动的逻辑的创新讨论中所强调的搭便车者的问题(Olson,1965)。这一关于搭便车者的命题强调，在没有胁迫或单个可利用的诱导的情况下，个人将不能参与对集体有利的行动(Stigler, 1974)。这一命题很容易加以说明。

假设进行一项集体行动，设一个人获得的收益等于 G。例如，G 可以是从有效率的利益团体通过游说获得的关税中得到的好处。集体行动的成本是 C，存在着 n 个完全相同的追逐私利的个人。通过假设，联合行动给集体带来好处，所以 $nG>C$。但是，在个人判定该行动的可行性并不依赖于他的参与的情况下，如果 n 达到一定规模，个人就不会参与这一集体行动。如果有足够多的人以这
种方式搭便车，那么，集体行动也就无从谈起。即使搭车——与午 46
餐类似——绝对不是完全免费的，如果 n 值大，搭便车者问题被广泛认为是流行的通病。

曼库尔·奥尔森(1965)开始从逻辑上证明，搭便车并不是集体行动中普遍存在的问题；更确切地说，它对不同类型的特定利益团体有程度不同的影响，由此提供了介入政治过程的不平等或不对称的渠道。他提出的悖论是，(在没有特殊安排或情况时)规模较大的团体——至少如果它们是由理性的个人组成的——将不会为其团体利益而努力。我们可以从来自成功的集体行动的利益的公共性特点中发现这一观点的理由(Olson, 1965, 1982)。在这种情况下，利益团体将不会存在，除非个人为了某些原因——但不是为了利益团体可能提供的公共产品——支持它们。

在政府、某些专业的联合会，以及工会这样的获得限制性行业政治特权的情况下，搭便车的行为被可能用来对付拒不服从的个人的强制力所克服。这样的强制力通常被放在更一般的选择性激励的概

念之下:这一概念几乎可以解释所有的人数众多的集体行动。选择性激励有选择地适用于个人——取决于他们是否对提供集体利益做出贡献。

选择性激励可以是正面的,也可以是负面的。以纳税为例,税款就是借助负面激励而获得的,因为被发现没有交税的人必须承担税款、累积的利息以及额外的罚金。大多数由强有力的工会收取的会费都是通过限期加入工会的企业、限制性行业、工会代理制企业安排得到的;这些企业会使缴税人的缴款行为或多或少带有强制性。正面选择性激励也是常见的。例如,美国农业游说团体的许多成员所
47 交的会费从农业合作社的"客户红利"中自动扣除,或者包含在支付给予农业游说团体有联系的互惠保险公司的保险金里(Olson,1982)。一些拥有城市客户的组织提供选择性激励的形式包括购买保险、出版印刷品、团体优惠机票,以及其他一些只对会员提供的打折的私人物品。

斯蒂格勒(1974)质疑这一断言,即在服务可作为私人产品利用时,利益团体就会索要一个高于服务成本的价格,并且藉此质疑了奥尔森提出的选择性激励的副产品理论。当然,如果一个利益团体试图给集体行动提供的东西加价,那么没有参与集体行动而又提供同类服务的竞争对手供应商就能以较低的价格提供服务。即使收集信息这类服务拥有巨大的经济规模——实际上是自然垄断——如下论点也不会受到影响:在竞争市场里的竞争对手团体还是能以更低的价格,战胜利益团体的成员。

有证据支持斯蒂格勒提出的质疑。一个非常明显的例子就是美国汽车协会(AAA)的经历;该协会提供多种选择性激励,以便为协会的游说活动筹措资金。该协会提供的一项服务是为那些需要行车

路线图的会员提供精心设计的路线图。比该协会规模更大的一些油品公司认为，它们能以低于美国汽车协会路线图的平均价格提供路线图，因为它们不用把一部分收入用于集体行动。这样，美国汽车协会的财务状况急转直下，会员数量锐减。现在，该协会在政治游说中的积极性已大不如前，而把主要活动专门集中在为会员提供直接的汽车服务方面。

也许是为了回应斯蒂格勒类型的批评，奥尔森(1982)提出，在游说组织的政治影响力和与之相关的商业机构之间常常存在着一种共生的关系，这种共生关系能够为商业机构带来税收或其他的利益。
而且，有关一项运动的政治目的的公开宣传和其他信息常常生成多 48
种偏好模式或信任模式，从而使该运动的商业活动更加有利可图。如果真是这样的话，由此所得盈余确实会提供正面的选择性激励，为游说活动招募到更多的参与者。然而，奥尔森并没有为他提出的这一共生关系提供例证。很显然，斯蒂格勒与奥尔森之间的意见分歧涉及事实问题，必须由扎实的实证分析和制度分析来加以解决。

小的团体——间或由小团体组成的大联合体——拥有另外的正面和负面选择性激励来源。大多数人看重社会交往关系，也尊重与自己有社会交往的人。对那些没能和自己一道共同承担集体行动的人的谴责和排斥有时可能是一种重要的选择性激励。奥尔森(1982)引用了英国工会人士的一个例子——他们拒绝与那些不合作的同事说话，即“拒绝和他们交往”。同理，利益团体的成员可能给在游说活动中表现突出的人特殊荣誉，从而为这类牺牲提供正面的选择性激励。

正如奥尔森认识到的，某些利益团体可能从有效的集体行动中获益。它们的社会异质性限制了社会选择性利益的有效性。即使在小团体的情况下，这样的社会异质性也可能阻止社会选择性激励旨在变得有意义而需要的社会交往种类。很多人不愿与这样的人进行广泛的社会交往——他们被认为具有较高或较低的知识地位或社会地位，或者在情趣方面与自己有着很大差异。即使不从大流的团体一般也是由与社会上的其他人相比而言互相之间更为相似的人组成的。

再则，在社会意义上具有异质性的团体——即使在它们可能被全部召集到一起时——常常对争论中的集体利益的确切性质，对集体利益中有多少值得一试的问题各执己见。如果集体行动在这种情况下发生了，它的实现需要付出额外的代价，对各个组织的领导人而言尤其如此。美国律师协会(ABA)就是这种现象的一个有趣例证。它通过对该行业的进入限制许可进行游说，通过为法律行业的企业
49 联合安排进行游说，吸引它的大多数会员。然而，该协会对其他的政治行动计划的追求——尤其是把左倾的法官填补到联邦法官的位置上的做法、支持可选择堕胎的立场——使其领导人失去了保守的信奉天主教的律师的支持，甚至导致了会员人数的减少。这样的做法最终可能会引起协会成员造反，把控制 ABA 的政治化的寡头集团赶下台(Rowley, 1992a)。可供选择的做法是，美国律师协会可以把协会细分为多个部分，每个部分分别反映协会成员的不同的集体行动喜好。

如果说规模大的利益团体必须利用选择性激励的做法来达到政治游说的目的，那么，环境对规模较小的利益团体较为有利，当它们由社会意义上同质的成员构成时尤其如此。在小团体里，个人能够通过一定的行动策略——即以考虑他们的选择对他人的行为产生的

效果的方式——避免搭便车带来的囚徒困境。尽管可能达不到团体的最优的结果,但规模较小的团体常常能够抛开选择性利益,参与集体行动。奥尔森将这样的团体称为特权团体。在政治市场上,特权团体将很可能获得大于投入的收益,而且将政治结果从中间化选民那里转开,移到以喜欢特定政策为特征的、具有决定作用的少数人手里。

奥尔森提出的集体行动的逻辑——我对此基本上持赞同态度——与加里·贝克尔的逻辑大相径庭。奥尔森关注进入政治市场的不对称渠道的问题,而贝克尔倾向于强调平等渠道。奥尔森强调搭便车的问题,而贝克尔强调作为集体行动失败的主要原因的无谓社会损失。与贝克尔相比,奥尔森更强调作为游说影响的一个决定因素的小规模的重要性。奥尔森突出组织利益团体的成本,突出把成员凝集在一起的难度,而贝克尔则倾向于强调组织的容易性,强调对集体行动的总回报的吸引力(Crew and Rowley, 1988a)。根据我的看法,尽管两人的理论还应做进一步的验证,但现有的占多数的证据却有利于奥尔森(对此的考察,参见 Mitchell 50
and Munger, 1991)。

现在,让我把话题转到我自己的寻租理念与这一场关于利益团体作用之争的相关性上来。奥尔森的著作写于 1965 年,那时他不可能知道这个概念——他事实上发展了一套利益团体行为的理论,但这套理论没有关注与游说竞争相关的潜在的高资源损失。然而,在 1982 年,尽管奥尔森没有讨论这样的寻租问题,但他清楚地认识到,在为财富转移进行的讨价还价过程中暗含着资源破坏(Olson, 1982, 第 43 页)。他还认识到,将这种公害物品强加于人的做法对组织完善的小利益团体而言,是一种合理政策。奥尔森在他 1982

年的著作里努力说明，与政府规章制度相关的社会损失有时可能是巨大的，它们常常是特定利益团体游说的直接结果。对此我完全赞同。

相比而言，贝克尔(1983,1985)在他的压力团体竞争理论里，在一定程度上明确淡化了寻租成本。在1983年的论文里，他把组织的正常成本纳入到压力团体组织的理论中去。但是，除此之外，这篇论文将全部注意力集中于哈伯格三角形，将其作为社会损失的来源，忽视了塔洛克四边形的作用。他在1985年的论文里提到，总的效率"不仅应被规定为自有成本、税收和补贴的收益的净值，而且还应被规定为用于产生政治压力的支出的净值……因为这些支出只是投入政策决定过程的寻租支出"。贝克尔并没有一直坚持这一洞见，而是下了一个偏颇的结论："就减少压力团体之间的竞争产生的浪费而言，我们对不同的政治体制的成功知之甚少"(Becker, 1985,第335页)。

然而，无论奥尔森还是贝克尔都没有认识到，投入资源大小的主要决定因素是政治市场中可用的租金数量。对贝克尔而言，这一空白尤其重要，因为这样的互动关系将显著地影响他的模型所生成的库尔诺—纳什均衡的本质。在下面的一章里，我将回到有效寻租的
51 这个问题上来(对这一问题所做的实证分析，见 Rowley, Shughart and Tollison,1987)。

在某种程度上幸运的是，寻租受到搭便车者问题的制约，因为这无疑将减少寻租活动的总量，减少社会的资源浪费。不幸的是，奥尔森的集体行动的逻辑对人数众多、背景各异的个人产生了更为明显的影响；他们希望保护自己的财产权免受寻租者的吞噬，但却因为搭便车者问题而无法有效地组织起来。寻租者一般能够施加很大的政

治影响，因为——如果他们人数众多——他们能够通过提供选择性激励，强制本团体成员或者使集体行动产生附带结果。如果他们人数较少而且在社会上有凝聚力，他们就会利用策略性的讨价还价来克服搭便车问题。在这个问题上，事实正与贝克尔的理论相反，无论从哈伯格三角形还是从塔洛克四边形看，利益团体就转移支付进行的竞争往往是高成本的，而且对经济自由构成了一种主要的持续存在的威胁。

我在本文的结论部分将提出，法律约束和制度改革能够减小利益团体的寻租范围（Buchanan，1980a 和 b）。然而，正如瓦格纳（1987，1988）已经指出的，宪法条文本身容易受到特定利益团体的攻击，除非宪法自身能够受到发现参与民主政治非常困难的一般性利益的保护。

官僚

奥尔森受到批评，有人说他把利益团体的游说当作纯粹的需求现象来看待，没有考虑到政府的强有力作用（Mitchell and Munger，1991）。在我看来，这一批评并不合适，因为利益团体在政治市场上既居于需求一方，也居于供给一方，政府主要起到它们能够产生的压力的掮客的作用。我不同意诺思（1990）的说法，即国家应该在形成、管理财产制度和财产权方面起到杰出的作用，也不同意国家应被建 52
为一种使收入最大化的利维坦式政体（Brennan and Buchanan，1980）。从根本上讲，实证性的考察将决定哪一种模型是对的，将决定是否实际上还有其他模型具有更多优势。

但是，我坚决支持尼斯卡南（1971，1975）提出的观点；他的观点发展了我（Tullock，1965b）和唐斯（1967）的早期研究，认为官僚在政治市场上扮演了相当重要的角色——他们不仅作为谈判达成的政策的执行者，而且也处于政治市场的需求方的地位。因此，他们对寻租和社会财富的分配起到重要作用，他们充分利用自己作为这样的特殊利益团体的地位：人数少，拥有特权，具有同质性，具有胁迫成员采取行动的能力，因而能克服搭便车者带来的结果。

在大多数民主国家中，包括美国，官僚体系都握有相当重要的政治力量，其原因仅仅在于其成员在全体选民中占人数可观的少数。在美国，政府官僚——联邦、州和地方的加在一起——大约构成了选民总数的20％，他们对扩大政府规模有着直接兴趣。作为对其所在政府部门的核心问题充分知情的选民，他们具有较大的选举力量；即使只认识到这一力量，他们也将对有限政府的目标构成严重威胁。由于这一原因，可以提出一种方案，剥夺所有政府官员参与其所在联邦系统层次的选举权。当然，这一建议是不大可能逃过多元选举制下的政治利益交易的压力的。

美国的《哈奇法》试图防止官僚用纳税人的钱去游说立法机构；尽管如此，官僚们无论如何总是能够对立法机构施加明显超过其选举力量的影响，以便确保特殊利益带来的好处。这样的好处采取多种多样的形式，如终身职位、特权性一揽子保健福利、免税的防通胀
53 的年金安排等等，大大超出了私人企业员工的期望值。它们还采取收入和职位的形式，扩大由在所谓的“铁三角”中供职的资深官僚创议提出的特殊利益立法。该“铁三角”是由私人利益团体、国会的各个委员会和公务员组成的，他们相互之间进行政治利益交易，以便保证由合理无知和合理漠不关心的选民提供资金的、于己有利的法规得以通过。这种做法还远远扩展到联邦官僚机构之外，例如，美国国家邮政局在保护信邮业务不受私人邮政竞争的影响，以及在保持其

自身人浮于事、工作人员工资偏高方面的成功——而这些人的收入来自过度高昂的邮寄费用和公共补贴。

在尼斯卡南(1971)提出的模型中,政府部门被界定为非营利组织,至少在某种程度上由定期拨款或基金资助,这里的负责政府部门的预算和产出的资深官员的理性行为,受到仔细的制度分析的制约。让我在这里借助尼斯卡南提供的这一形式透镜,集中讨论联邦政府机构的寻租潜能。尼斯卡南的模型虽然现在看起来显得简单,却提供了一种评价政府部门的寻租能力的有用基础。

尼斯卡南用官僚这个术语来界定政府中任何拥有独立预算权的政府部门的资深官员。这些官僚可能是职业官员,也可能是由民选行政首长直接任命的个人。在尼斯卡南看来,每一个官僚都寻求将这些变量构成的效用函数最大化:本政府部门的补贴、公共声誉、权力、资助、本政府部门的产出、变革的容易度、管理本政府部门的容易度。在他看来,所有这些变量——最后两个除外——都是该政府部门的总预算的一种正单调函数。尽管进行变革和管理一个政府部门的人员负担这两个问题在更高预算层次上的难度更大,但总预算的增加往往会减少这种难度。因此,尼斯卡南得出结论,甚至对于赚钱动机相对较低而为“公共利益”进行变革的动机相对较高的官僚来说,预算最大化也应该是一种适当的指标。已有的证据有力地支持 54
了这一假说:大多数杰出的公务员都大大增加了他们负责的政府部门的财政预算。

假定官僚寻求的目标是使他们的预算最大化,那么最终限制机构规模的约束条件就是,该机构的产出要达到同意拨款的资助单位希望达到的水平。达到预期产出的必要条件是,预算必须等于或高于提供预期产出水平的最小预期总成本。这种约束是一个十分重要的元素,

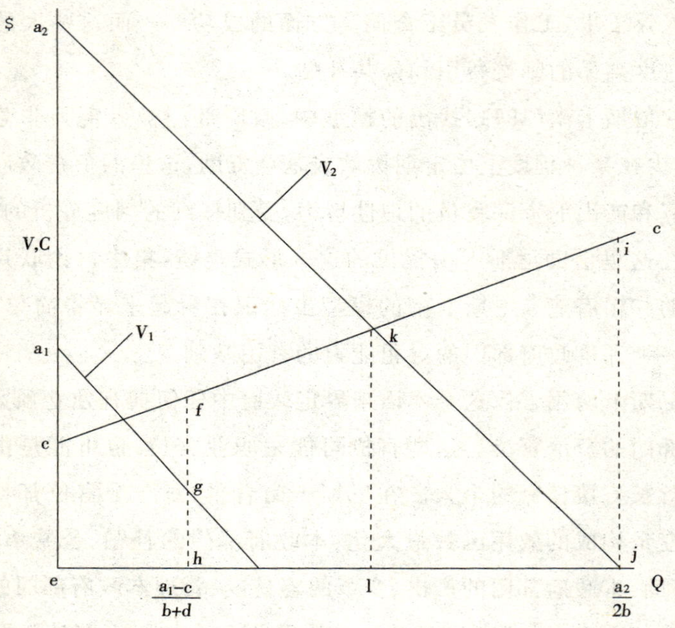

图 6.1　约束预算和约束需求的政府部门

尼斯卡南从这一点出发，形成了一套政府部门供应理论，如图 6.1 所示。

55 图 6.1 概括了一段时间内政府部门与立法委员会资助者之间的关系。前者被视为垄断性服务的供应者，但又是生产要素的竞争性购买者；后者被假定不会行使其作为该服务的单一购买者的潜在垄断权利，不论是因为缺乏激励因素，还是缺乏机会。政府部门可用的潜在预算总额可由预算—产出函数来表示：

$$B=aQ-bQ^2,\quad 0<Q<\frac{a}{2b}. \tag{6.3}$$

最小总成本可以表述为成本—产出函数。

$$TC = cQ + dQ^2,\quad 0 \leqslant Q. \tag{6.4}$$

预算约束可以表述为：

$$B \geqslant TC. \tag{6.5}$$

在图 6—1 里，V_1 代表对政府部门服务的较低的需求条件，它由提供资助的立法委员会的边际估价函数决定。该政府部门的边际成本函数由 cC 所表示。在本例里，政府部门的均衡产出在产出水平是 $a_1 - c/b + d$ 时是预算约束的；这里，多边形 ea_1gh 与多边形 $ecfh$ 的面积相等。在这个产出水平上，该政府部门一定是 X 有效率的，因为它的总预算正好等于它的最小总成本。然而，假定立法委员会的边际估价函数以某种方式反映作为总体的选民的喜好，该政府部门的产出就要高于最优水平。这一点的证据可见于这一事实：在均衡产出水平上，边际成本 hf 超过了边际价值 hg。

但是，在边际价值函数 V_2 表示的较高需求条件时，政府部门的 56
均衡产出是需求约束的，产出的边际价值等于 0。由三角形 ea_2j 的面积所给定的总预算超过了由多边形 $ecij$ 给定的最小总成本。在均衡产出水平上，该政府部门是 X 非效率的。在边际成本为 ji，以及服务的边际价值为 0 的情况下，产出也高于“最优”水平。

尼斯卡南假定，政府部门的典型运行方式就像一个价格歧视的垄断者——它通过提供总产出，以总的预算拨款作回报，从而为自身获取最大剩余。我们还假定，政府部门——与众议院委员会相比而言——对生产成本情况的更好了解使自身受益，从而在高需求的条件下保护自身不受来自 X 非效率的挑战。定期调查把漠不关心的无知选民的注意力引向不时出现的骇人听闻的报道；尽管如此，大量证据说明，X 非效率弥漫了联邦官僚机构，表现形式是人浮于事、过多的职务性闲暇活动、豪华的办公环境、无成本效益的投入性采购。

政府部门非常善于对付那些削减预算的威胁，他们声称将取消选民最重视的服务，从而引导选举动机来争取他们的膨胀的预算拨款。政客们常常使此类自我辩解具有可信性，从而与为寻求这里所说的官僚性服务的特殊利益团体相互呼应。在官僚、政客和利益团体之间的这种互动被研究华盛顿政治的专家们称为“铁三角”。

有两个经常被引用的例子显示了这种危险的寻租关系的性质。第一个例子是我在本文前面已经提到的不公正的农业补贴计划。农业部的官僚们与农民的游说团体，与在美国国会农业委员会中任职的议员们联手活动，以便维持没有效率的农场，让它们种植然后毁掉
57 没有经济价值的作物，从而向已经很富足的农民们提供比一般的美国工人的年均收入高出几倍的人均收入补贴。农业部的官僚们所得的回报就是，其部门预算大大高于美国农业回到资本主义企业模式可能获得的数额。

第二个例子与美国军方有关。主要的军备制造商和那些住在军事基地附近并服务于军事基地的个人联手行动，和那些靠国防工业合同笼络选民的议员结为联盟，和依赖国会高额军事拨款的国防部官僚们结为联盟。即使在要求紧缩预算的情况下，这样的铁三角也能抵抗来自选民的抨击。

铁三角假说与最近由魏因加斯特和莫兰（1983）、罗利和埃尔金（1985）提出的这一理论正好相反：立法机构自身监督联邦政府部门

的行为，并周期性地约束其预算最大化的目标。如果国会的有关委员会被高需求的议员们控制，对利益团体的压力俯首帖耳，那么，这些委员会就不大可能控制有利于这些利益集团的政府部门的服务。我知道，有些实证性证据显示，当监督委员会和拨款委员会的组成人员发生变化时，联邦政府部门的确会做出相应的行为调整。

然而，所有此类调整都是边缘性的，常常反映的是决定政治均衡的利益团体在喜好上、或者在相对力量上的改变。要搞清楚国会是否为公共利益着想，直接反对利益团体，以便削弱“铁三角”的根基，还需要更为复杂的验证。我无法确定，我们是否能够找出许多这样的证据，面对公共利益的此类变迁的议员们能否在政治领域中存活下去。

对尼斯卡南的理论进行的一个修正值得关注，这就是米格尔和
贝朗热(1974) 提出的理念：与将预算规模最大化相比，官僚们有可
能更看重将他们可随意使用的预算最大化。如果这是正确的，那么 58
官僚们将选择图 6.1 中的产出 i；这里的边际成本等于边际价值，从
而选择在“最优”产出水平上进行操作。当然，可随意使用的预算款
一般会被用来满足官僚们的私人喜好，提供种种机会，如享用豪华的
办公场所、在国外举行的会议和培训活动、昂贵的公务旅行和辅助设
施。我已在我写的有关收入分配的(Tullock，1983)的著述中证明，
这样的官僚性预算转移是扶贫计划没能将收入再分配给穷人的重要
原因。

第二个值得修正的是这一观点：官僚们可能是懒惰的，有可能表现出对逃避工作的活动的高度喜好(Peacock，1983)。在一定范围内，他们可能非常懒惰，实际上根本不提供任何真实的产出；在利益团体不反对合理的选民无知的情况下，他们用官僚机构的混乱来掩

饰其不称职行为。这种部门的一个极好例证是美国云杉木材公司。

在第一次世界大战期间，飞机是用木材制成的。美国云杉木材公司于 1918 年成立，有一位主任，四名职员和一名司机，其目的是尽快将木材运到飞机制造厂。此后，该部门便无所事事。第二次世界大战结束后，国会要求预算局将政府的所有公司列入预算报告中。一位警惕的议员对该公司的作用提出质疑，它才被悄悄地撤销了。到那时为止，28 年已经过去，它的六名长期雇员已经获得了享受联邦政府退休金的资格。

总而言之，官僚们自己通过政治过程积极进行寻租，通常的做法是与强有力的利益团体和国会相关的委员会成员形成联盟。寻租行为在有的情况下导致产出过多，在有的情况下导致预算膨胀，在有的情况下导致明显的懒惰和不称职行为。但是，我们要记住，官僚们
59 通常受到其他寻租者的控制；如果没有政客们对他们的广泛依从，没有许多选民的合理无知，这些官僚们是不可能如此有效地进行寻租的。

总统和法院

美国宪法的设计意图是创造这样一个联邦政府：它的权力受到三权分离的制约，三权中的任何一种权力——立法权、行政权和司法权——被认为不能凌驾于其他两种权力的任何一种之上。从技术角度讲，每一分支以各种方式相互影响，而且可以利用这一影响来报复对自身的无理干预。在实践中——正如缔造者们所预料的一样——立法机构已被证实占据支配地位，能够在大多数问题上获得最高法院的服从，能够在没有单项否决权的情况下在预算政策上制约总统。鉴于这一原因，我对权力寻租的分析大体上都强调立法市场。当然，

在议会民主制度——比如说，在立法机构在宪法中被定为最高权力机构的英国——的情况下，这种强调甚至更有道理。

但是，在美国，我们不该完全忽视法院和总统对寻租市场的潜在影响，这方面的问题在公共选择文献里常常被忽视了。让我在此转而简要地对每一个问题加以讨论，首先是最高法院——它在原则上被认为是宪法的最终保护者，最高法院法官们享受的终身任职和名义收入保护他们不受政治干预的影响。

由兰德斯和波斯纳(1975)提出的一个观点认为，独立的司法部门通过促进持久立法，在促进立法机构中的寻租活动中起到了积极的作用。的确，司法部门通过确保一届立法机构的工作不被下一届立法机构推翻，帮助在任的立法者们抬高成功的利益团体可以获得的租金数量。兰德斯和波斯纳(1975)认为，法院在解决法律纠纷时倾向于考虑提出问题的立法机构的真实意图。他们这样做的结果 60
是，法院自身的预算和法官及工作人员的薪金提升较快，高于他们采取一种不那么合作的态度应该得到的水平。我认为，这一独立司法权理论忽视了适用于法官职位市场的重要的政治压力。而且，兰德斯和波斯纳得出的经济计量结果难以支持他们的假设。但是，他们提出的基本论点可能还是有一定道理的。

另一种看法将最高法院的法官们视为追求其个人行动计划的人(Rowley，1992b)；在总统任命他们时，这些计划使他们在总统眼里具有吸引力。在参议院的多数派和总统在任命最高法院法官时属于同一政党的情况下，罗利的这一预言看来特别具有说服力。在上述两方不属于同一政党的情况下，意识形态喜好会更隐蔽，会模糊一些。只有连续几个在观念上很相近的总统(明显的例子就是近年的里根总统和布什总统）指定想法相似、在最高法院中占多数的法官时，类似于有凝聚力的最高法院的行动计划才可能出现。罗利(1992b)跟踪了1986年以来最高法院推翻的有关收入的案子的判决；这些判决——如果得以维持——将会减缓通过美国立法机构来发展寻租行为的步伐。显然，在不利的政治气候里，或者在左倾的民主党人当上总统、提出最高法院法官的任职人选之后，这样的行动计划可能会被淡化。当然，如果最高法院由左倾的多数法官掌控（如沃伦大法官在任时的最高法院），并且对民主党占多数的立法机构唯命是从，那么，兰德斯和波斯纳(1975)假说就变得非常言之有理了。

总统对由立法机构充当权力经纪人的寻租均衡的影响也不明确。沿用兰德斯和波斯纳(1975)提出的观点，克雷恩和托利森(1979)假设，总统行使的否决权旨在迫使立法机构在通过新的法律时以绝大多数票通过才能生效，该否决权自身扩展了现存立法的已知的持久性。根据这一看法，立法机构和总统可被看作事实上(de
61 facto)的同谋者，他们为占支配地位的利益团体提供长期立法。经济计量学的结果为他们的假说提供了某种支持。我认为，这一理论也显得过于粗略。它在很大程度上无疑取决于总统和立法机构二者之间有没有共同的政治立场；如果没有的话，就取决于向总统提交新的法律、让他签字的具体的时间顺序。

另一个可能尤其相关的观点(Rowley, 1992a)认为，当总统所属的政党不能控制立法机构时，总统可能会干预现存的政治均衡，要么通过政治利益交易，要么质疑立法过程。其次，总统还可能任命官僚，将其具体职责定为利用可用的官僚的自行裁量权来影响未得到立法机构中多数人支持的政策。这类干预给寻租均衡带来的结果并不明朗。与参议员的全体选民相比，选举团受到特定利益团体的支配较少；如果我的这一判断是正确的，那么，总统的干预——在有效的情况下——一般会减少寻租行为，在任何一位总统的第一任期中尤为如此。

在很大程度上，我倾向于将关注点放在立法机构方面，寻租过程基本上集中在那里，而将法院和总统视为寻租行为中偶尔起到重要作用的次要角色(side-players)。

7. 有效寻租 62

如果立法机构可以提供一定数量的租金，那么这些租金能够吸引多少寻租行为呢？按照我的见解——即大量的寻租行为可能是对稀缺资源的浪费——这一问题非常重要。大多数租金是被人竞争的，常常是出价最高者至少得到可用的租金的一大部分(Peltzman，1976)；根据这一观点，最好在具体的寻租博弈框架之内回答这一问题。

在波斯纳的一篇被广泛引用的关于垄断和管制的社会成本的论文(Pozner，1975)里，他对该寻租博弈提供了早期描述：寻租支出的总费用在此恰好等于可以得到的租金(即浪费的结果)。波斯纳假定存在这样一种情景：10 个公司竞争一个政府的垄断地位，该地位的租金现值为 100 万美元。他假定每个公司都有 0.1 的相同概率，每个公司都是风险中性的，每一个公司都将产生不变成本。在这种情形下，每个公司都将支出价值 10 万美元——租金的预期现值——的资源用于寻租，试图获得该垄断地位。只有一家公司能赢，赢家的成本将大大小于垄断收益；但是，获得该垄断地位的总成本——计算输家和赢家的支出——必然完全一样。事实上，大多数成本都花在了失败的寻租行动上；令人并不感到意外的是，这些成本在对寻租的社会成本进行的实证研究中可能被忽视了。

波斯纳提出的等量消耗假设在一批试图计算出寻租成本的学者
63（包括波斯纳本人）中大受欢迎，其原因无疑在于它促进了实证研究。如果完全不考虑塔洛克四边形，根据已给出的成本和需求弹性的基本信息，然后，如果必要的话，在全国范围内进行衡量，这是一个有可能合理估计的范围。而且，即使波斯纳的理论被普遍化——考虑到寻租竞价机制的自由进入——基本的等量消耗在平衡解中仍然成立。尽管赢家获得作为对其寻租投资的超常回报的可用租金的大部分，只要持久性是寻租博弈的最初阶段的基本因素，这一平衡将不会引起其他人后来的寻租活动（但是，持久性不被预测时的情况，可以参见 Crew and Rowley，1988b）。

颇具讽刺意味的是，我于 1980 年发表论文（Tullock，1980），对现实世界里存在这样的结果的可能性表示质疑；在那以后，等量消耗结果——从帕累托福利经济学的角度来看，它一点也不具有吸引力——在文献中已经变为有效寻租的结果而为人所知。在那篇论文里，我简要地概括了一系列寻租模型，这些模型中的竞争过程要么导致可用租金的不足消耗，要么导致可用租金的过度消耗——寻租并不出现在波斯纳（1975）提出的不变成本的条件下。我的那篇论文引发了数量可观的一大批论文出现；尽管重要参数已被以许多方式加以确定，但是没有哪一篇解决了我提出的问题（Rowley，Tollison and Tullock，1988）。诸如风险规避、对竞标者数量的武断限制、信息不完全、回报降低或回报增加等问题证明是很重要的因素（Corcoran, 1984; Corcoran and Karels, 1985; Higgins, Shughart and Tollison, 1985; Hillman and Katz, 1984; Rogerson, 1982; Tullock, 1980, 1987a, 1988b, 1989)。

尽管我能很轻易地得出过度消耗结果,但它不大可能成立,至少在以下这种博弈中不大可能成立:竞争者发现他们参与了一场降低其预期净收益的事前(*ex ante*)博弈。如果出现过度消耗,寻租支出被浪费了,那么,一个容忍政府创租的社会可能会最终步入极度贫困 64
的状态。例如,在麦吉、布罗克和扬(1989)描述的极端个案中,百分之百的经济资源都被用于游说活动。正如我在1989年的著作中提出的,寻租产业的规模显得相当小——至少在美国是如此——所以不能使过度消耗假说具有可信性(Tullock, 1988a)。

消耗不足——寻租者作为总体的支出少于可得到的总租金的情况——是一种更可能出现的结果。希尔曼和卡茨(1984)证明,寻租者中的风险规避将形成这样的结果。罗杰逊(1982)说明,在垄断性投入之间的比较优势也形成消耗不足。我也提出过,特定博弈因素可能形成这样的结果(Tullock, 1980,1985)。在我看来,规模回报的增加或降低在潜在意义上都是非常重要的因素。

假设规模不经济支配寻租博弈。在这种情况下,企业越小,获利越多;即使存在自由进入和完全竞争的条件,超常回报仍然存在。在一定范围内,无数个不断消失的小企业只会支出竞争提供的总租金的一小部分。在现实中,这样的过程存在着实际的限制。大量的人都能给他们的议员写信,但每个人都必须在信中附上一枚29美分面值的邮票。这一较低的条件限制了竞争者的数量,尽管回报奇高的事实可能刺激额外的社会浪费支出。

另外,假设存在规模经济。那么,除非在实际竞争开始之前,有一个寻租者利用排他性竞标,把竞争对手拒于博弈之外,过度消耗的可能性就很大。存在着这样的危险:因为投标必然是在仓促之间完成的,后来却发现受到了误导,所以人们对这类竞标考虑欠妥。例如,索尼公司最近支出了 150 万美元买了一个电影剧本,再加上 4 500万美元拍摄电影。制作完成时,他们让一些人试看影片,发现影片很差,根本无法发行。与索尼公司竞争的公司的一名资深执行
65 官评论说:“这一行太不讲道德,太残酷无情,根本没有时间进行认真思考。”这是一种必须进行排他性投标计算的环境。规模经济可获得的任何社会回报很可能被浪费在一个接着一个的危险赌博中。

人们最希望得到的寻租结果是:寻租成本为零,寻租带来财富转移而不是财富消耗。芝加哥学派(Becker, 1983,1985)倾向于宣传带有这类特征的转移模型,强调转移的内生性,强调利益团体避免消耗的动机。不存在保证这类在社会意义上可取的结果的明显竞争机制。如果稀缺资源被用于寻租,显然它们就不能被用于其他地方,以便创造出高于成本的生产者剩余和/或消费者剩余。我认为,消耗为零的结果显然是新古典理论家凭空臆造的东西。我们已经取得的证据完全不能支持这样的假说,至少在与美国类似的经济体里是如此:费用很高的竞选活动通常会将个别议员努力增加的任何最初的财富转移浪费掉。

66

8. 过渡收益的陷阱

现代政府的主要行为之一就是给予许多有政治影响力的团体以特权。总的说来,受政府保护的这类组织的利润记录与没有受到政府保护的经济部门的利润记录相比,看不出有什么根本的差别。这

一简单的事实引导我提出了一些问题，这些问题在我的过渡收益陷阱理论中趋于成熟。我的主要论点是，当政府为一些人建立特权时，仅仅存在可以获得的过渡收益。最初受益人的后继者们通常无法取得高额利润。遗憾的是，它们通常会因为最初的赠与被取消而受到影响。正如戴维·弗里德曼指出的，看来“政府根本不能放弃任何东西”。

让我们来看一个非常简单的政府垄断创造的例子，大体类似纽约市所实行的出租车牌照制度。在没有市场准入限制的情况下，出租汽车市场是高度竞争的，它的价格等于边际成本，出租汽车的运营商只能得到正常利润。现在通过人为控制供应自由发放的牌照，使价格高于其边际成本，把一部分消费者剩余转移到出租汽车车主手中，将无谓的社会损失强加在那些本可以坐出租车的消费者头上——他们这时发现自己被排除在市场之外。暂不考虑开始时诱导政府垄断出租汽车行业的任何寻租成本，那些有幸获得牌照的出租汽车车主显然大大受益。

现在，让我们在事隔几年之后重新考察出租汽车市场。垄断
利润的资本价值在整个出租汽车行业里已经得到充分认识。新的
出租汽车公司要进入该市场，只能在公开市场上购买必要数量的
出租车牌照。当垄断利润完全资本化后，它们只能得到正常利润。67
当初领到牌照并存活下来的车主具有的机会成本等于他们手中握
有的牌照的价值。基于这些成本，他们也只获得正常回报。由于
出租汽车服务的价格依旧高于竞争价格，消费者的境遇仍然恶
化。

这时，牌照持有者将竭尽全力游说，反对任何取消牌照的政策，他们中很多人有理由提出，他们已经投资购买作为进入出租车市场

的必备条件的牌照。从很现实的意义上说，他们已经在纽约市政府创造出来的一种制度中获得了产权。在这样的环境下，反对放松管制的公共选择压力几乎是难以克服的，更不用说基于产权——甚至社会正义——的论据了。

在政府给予补助的情况下，这种陷阱有可能更利害。假设政府决定，按照每卖出的一块巧克力给生产商提供补贴。在刚开始时，这会使巧克力生产商获得超额利润。从长期来看，这些超额利润会吸引其他公司进入巧克力生产行业，从而使巧克力生产行业的规模大得不经济，并且重新把利润降到竞争价格的正常标准。与政府提供补贴之前的情况相比，该行业的总体规模小了，效率低了，没有任何生产厂商获利。

现在假定有人提出一项提议，终止该项补贴。可想而知，巧克力生产厂商们将竭力反对，力图保留现存的政策安排——他们看到了，终止补贴必然将给现存的生产厂商们带来短期收益的急剧下降，直到全行业的生产能力下降到支撑没有补贴的巧克力的生产规模。另外，对巧克力生产商进行的补贴对那些购买巧克力的消费者特别有利。如果他们能克服因集体行动带来的困难，这些消费者也会加入到生产商的游说行列。至少，巧克力生产厂商可以把购买巧克力的消费者作为争取对象，在即将到来的选举里，在他们决定是否投票和给谁投票时，消除他们的漠不关心的无知。

68 过渡收益困境提出的问题实际上是寻租活动的类似棘轮效应的性质。一旦有租金通过游说政府而成功获得，即使它不再给寻租受益人产生正收益，它仍然很难被废止。它的废止几乎总是意味着给现在行使特权的人带来损失。为了避免这一损失，他们会再次寻租来保住特权。政客们很明智，不愿意把直接损失加在特定选民身上——得罪选民显然是一种丢失选票的策略。

大多数人共有的利益——如果它能克服集体行动的逻辑——偶尔有可能说服中间选民:这些受质疑的寻租者根本不配得到那部分利益;一旦剥夺他们的特权,总体经济福利将会增长。甚至可能已经出现的情况是,基于这类宣传,选举罗纳德·里根作为美国总统的做法促进了1980年代放松管制的进程。但是事实表明,与让已经失去财产权的人重新得到权利相比,攻击在私人竞争市场上成功者的财产权较为容易。毕竟,寻租者擅长操纵宣传和公共关系,以便达到寻租的目的。

从更现实的方面看,当政府特权不再为原来所设计的目的服务时,政府特权可能是脆弱的。纽约市出租汽车牌照的例子就能说明这种可能性。纽约市出租汽车牌照的数量在很长时间里维持不变。有点不大可能的是,该市出租汽车市场上的需求和成本持续处于这种状况,不变的出租车数量已经使垄断收益最大化。更有可能的情况是,因为出租车牌照的数量已经不是最优数量,垄断者无法充分地对消费者进行剥削。牌照持有人担心引起选民对这件事情的关注,可能不愿意游说政府改变牌照数量。在这种情况下,一场不需要多大能量、推动政府放松管制的努力可能遇不到什么阻力。

已被管制的行业一般很可能落后,因为保护某些受益者不受竞
争的压力将减少其降低成本、进行创新、密切关注消费者喜好的动 69
力。在这种情形下,最初形成的租金逐渐消失,使得该行业容易出现内部改革。苏联帝国到1989年时就面临这样的形势。尽管有其生计受到取消特权之害的、多达3000万的共产党“牌照持有者”,在那里也出现了内部改革。

但是,总的说来,过渡收益陷阱是警告而不是机会。因为在民主

制度下取消管制是非常困难的，实施成功的寻租行动的成本很高(Crew，1987)。

70
9．保租、抽租和创租

对过渡收益的考虑自然会带来保护租金的问题——从政治市场上获得了租金后将它们保住的问题。个人不但要利用稀缺资源来获取租金，而且要利用稀缺资源来保护租金，使其不致被其他寻租者夺去，或者受到回避租金者的损害。在罗利和托利森(1986)对贸易保护问题的研究中，他们提出了支配任何寻租、保租博弈的关键问题。

他们沿着斯蒂格勒(1971)和佩尔兹曼(1976)的思路假设，管制下的市场能够对围绕某项特权的争夺中使用的美元与选票之间的精确平衡做出公正的反应。为了论述的方便，他们还进一步假定，消费者的利益并不被搭便车的行为完全侵蚀。在这种情况下，管制下的市场规定的特权不能确保成功的寻租者得到最大化的租金。均衡将巩固超过完全垄断的潜在产出水平的产出、低于完全垄断的潜在的价格水平，反映出政治市场上消费支出的边际影响力。

在图 9.1 里，生产者的寻租对象是完全垄断权利，价格是 OA，产出是 OQ_m。消费者卫护竞争性解决方案，要求价格是 OE，产出是 OQ_c。所有这些支出都代表着社会浪费。这时，政治市场打破均衡，在 OA 和 OE 之间的某点确定价格为 OF，同等对待生产者和消费者的金钱选票。在这个例子里，政治价格 OF 略高于 OA 和 OE 这两个价格的中间点，反映出生产商所进行的花费巨大的游说活动。具体说来，生产者花费的现值为四边形 $FCIE$，以便把价格从 OE 抬升

71

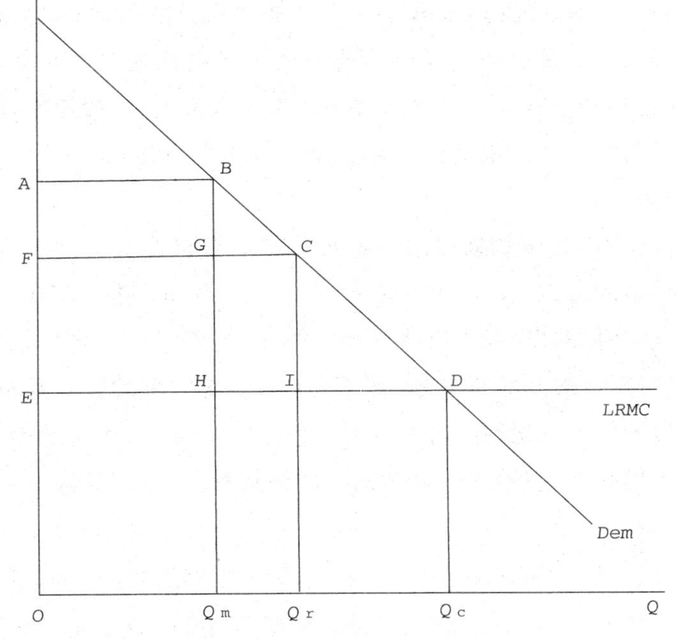

图 9.1 罗利–托利森的寻租和保租模型

到 OF。消费者支出的现值为梯形 $ABCF$，以便将价格控制在垄断水平 OA 以下。因为 $FCIE$ 的面积大于 $ABCF$ 的面积，政治价格反映出厂商在游说方面的优势。

在罗利和托利森的例子里，假设所有的支出都是社会消耗，部分垄断结果的社会成本等于没有消费者的避租时完全垄断的社会成本。即 $ABCF+FCIE+CIDE$ 正好等于 $ABDE$ 的面积。这一结果是所使用的这些假设特有的，但是说明了合理预期条件下的寻租、保 72
租冲突的一般性质。正如过渡收益困境清楚暗示的，一旦某一特定租金被人提去，保租支出的威胁就会抑制改革的主动性。保租支出浪费稀缺资源；冷静地考虑，这一事实抑制支持取消管制的社会福利论点——至少在根据时间进行的贴现率居高的情况下是如此。当然，社会福利方案之争对政治市场几乎没有影响；一般说来，政治市场只对公共选择理论确定的再分配力量做出反应(Crew and Rowley, 1988b)。

1987 年，麦克切斯尼通过把政治家的角色结合进基本的寻租、保租模型的方式，引人注目地提出了这一分析(另见 McChesney, 1991)。在他的模型里，政治家不仅是对竞争性寻租者的需求做出反应、进行财富再分配的掮客，而且是有着自身需求的独立寻租者，私人寻租者也要对他们的需求做出反应。这一概念性的角色颠倒转而迫使人们思考创租之外、使政治家能够从私人那里获得收益的其他方式。

政治职位能带来一种“财产权”，不仅能立法规定租金，而且能将成本强加于人。政客能够通过克制行使其将负担性限制强加于人的权力而获得收益。例如，制定针对性税收和控制的法律将会降低私人资本所有者从其技能和投资所得的回报。为了保护这些回报，私人资本所有者就有和立法者达成交易的动机，支付被敲诈的钱财——只要这样的敲诈支出低于服从扬言要出台的法律带来的损失就行。这类转移促使私人角色产生在具体资本上进行投入的动机，因为这样的投入使他们特别易受政客们的保护费的侵害。图 9.2 说明了麦克切斯尼的理论。

图 9.2 描述了一个生产商具有不同的经营能力或企业特有的固定资产的行业。在没有管制时，该行业的供给曲线 S_0 是向上倾斜的。对企业家能力和特有不动产的回报以租金的形式产生，来自生

73

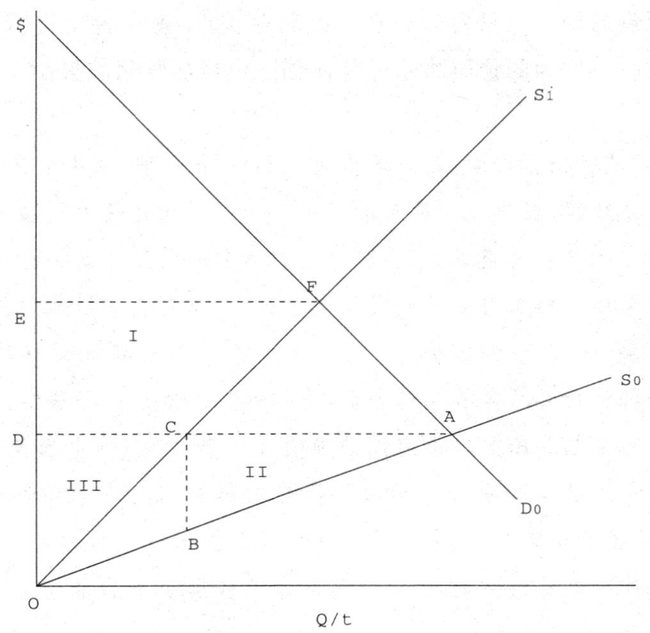

图 9.2 麦克切斯尼的抽租模型

产者的剩余量 OAD。管制措施可被确定，它们会提高所有公司的成本，但对那些成本接近收益的边缘公司而言，成本上升得更高，将行业供给曲线转换到 S_1。对于那些位于边缘企业下方的企业，只要租金有净增长，管制对他们是有利的。在图 9.2 中，面积 I 大于面积 II ($CDEF > ABC$)；这样，较高价格产生的收益超过由于销售减少产生的损失。

然而，政府管制的创租造成的从 S_0 到 S_1 变化的还不是对政客开放的唯一选择。回报具体资产的已经存在的私人租金大于管制产生的租金($OAD > CDEF$)。管制措施可以被确定为是对这位生产者 74

的剩余额的侵占。只要这类管制能名存实亡，生产者支付给政客以换取政府不作为的价码将超过任何创造租金的管制的报偿：

> “挤奶器议案”是政客们使用的一个术语，用来描述这样的立法建议：提出它们的目的只是为了用不通过抽租立法，来榨取私有生产者的报偿。“在我以前和加利福尼亚州议会打交道时，我凑巧了解了挤奶器议案的概念；它是与喝的牛奶毫无关系、与钞票——政客们的母乳——大有关系的立法建议”……众议院议员山姆因为需要竞选经费，于是就让人提出一个法案；该法案引起某些选民要求山姆设法使它无法获准通过（这容易办到），于是大量款项倒入山姆的竞选捐款箱里，而且让山姆成为“永远”让选民喜欢的、办事干练的议员。捐出款项的受害者直截了当地把这种过程称为敲诈和勒索。威胁被弄得相当露骨。例如，有人解读说：“众议院的共和党领袖向企业政治行动委员会发出了一个带有威胁的信息：给我们更多好处，否则我们就可能做出某种鲁莽的事情来”（McChesney，1987 年，第 108 页）。

抽租只有在这种情况下能够得手：侵占私有租金的威胁是可信的。为了达到这一目的，政客们有时可能不得不通过法律，从不进贡的资财所有者那里抽取私租，这简直类似于意大利黑手党组织“我们的事业”的做法——他们有时候会烧掉那些没交保护费的人的房屋。很明显，正如麦克切斯尼的结论所说，世界上根本不存在自由市场这样的东西，至少在美国这样的国家中没有——这样的国家已经放弃了对经济权力的所有宪法保护，并且允许多数至上论政治为所欲为。

10. 寻租成本 75

即便在相对比较开放、拥有充分的统计资源的西方各国经济里，对寻租成本的测量也是一种有潜在危险的工作。尽管本书概括了种种理由，但是寻租的概念本身模糊不清，即使把寻租的范围限定在以政府为寻租目标的开支上时也是如此。令人并不感到意外的是，对寻租的社会成本的实证性估计，各项研究得出的结果波动很大，在美国是这样，在其他国家也是这样。我不准备就这些日益增加的文献进行详细考察，而是列举一些结果来说明这些研究就此所持的莫衷一是的看法。

第一个测量寻租成本的尝试是由克鲁格(1974)进行的。该研究的粗略估计提出，印度 1964 年的租金价值相当于其国民收入的 7.3%；土耳其 1968 年仅在进口许可证一项中取得的租金大约占其国民生产总值的 15%。估计数到了这种程度，即使是对第三世界国家而言，肯定也会有助于将寻租问题置于经济学的研究范畴。当然，留下的问题涉及这些租金中有多大比例被实际上浪费了，有多大比例作为没有减值的财富被加以转手。印度和土耳其这两个国家的持续贫困状态使社会浪费假说有了可信度。

1975 年，波斯纳利用塔洛克四边形，将哈伯格得出的垄断在美国仅为其国内生产总值的 0.1%提到 3.4%这一意义大为增加的比例(但是，参见 Fisher, 1985)。他还注意到，美国经济中的管制部分在哈伯格的计算中被没有理由地省略了。此后，对垄断的社会成本的研究结果迅速增加；并且一般说来都对寻租行为的社会成本进行了估计。例如，罗斯(1984)估计，与贸易相关的寻租行为的成本占到肯尼亚国内生产总值的38％。

76 最近，由拉邦德和索福克勒斯（1988）、麦吉、布罗克和扬（1989）、墨菲，以及施莱费尔和维什尼（1990）所进行的研究试图把律师作为寻租浪费的一类代表人物。他们利用回归分析提出，美国律师的收入下降了多达45％。拉邦德在一项（即将发表的）更带推测性的研究中把锁具、保险和警察支出纳入寻租浪费的代表，估计1985年美国国内生产总值的50％被浪费在寻租活动中。鉴于寻租概念本身具有的几乎是形而上学的性质，我对上述测量结果持怀疑态度。

在我的著作《特权与寻租经济学》（1989）中，根据通过政治过程可获得的租金的较大数量，我试图解释寻租行业的看似较小的规模。如果有人访问华盛顿特区，或其他国家的首都或州的首府，这些地方的豪华餐馆和夜总会的数量立刻会给他留下深刻印象。私有企业或其他特殊利益团体的说客们经常光顾这些场所，招待政府高级官员。

但是，与政府的慷慨赠与相比，用于游说的花费显得微不足道。并非所有差额都要以贿赂或非法的竞选献金的形式进行补充，虽然这些东西远非微不足道，即使在美国也是如此，尽管腐败在这里可能不像在第三世界国家中那样突出。尽管合法的选举献金吸引了人们的大量注意力，但是这些资金仅占特权价值的一个很小的比例。

让我以强调这一点作为小结：在现阶段，由于在理论和经验方面的原因，我们实际上没有测量寻租成本的好办法。我们确有充分的理由相信，寻租成本是相对较高的，也有充分的理由怀疑许多寻租成本处于隐蔽状态，而以失败的竞标、夭折的企业、没有标明的浪费、有潜在威胁但从未正式实施的公共政策等形式来表现。我们还知道，
77 大企业的大多数资深执行官和负责贸易的经理在华盛顿花费了大量时间。在1890年，这样的人是根本不会到华盛顿去的。

11. 保护财产权的可行政治改革 78

文森特·奥斯特罗姆（1984）清楚地解释说，政府权威的运用包含着一种困难的浮士德式交易。政府在人类事务中使用邪恶、武力、强制的工具，因为人们希望政府从这种邪恶中带来良善。我们可以希望，出自这种邪恶工具的善果是巨大的；我们也可以同样希望，由这种邪恶导致的后果是微小的。我在本文中至此所讨论的是政府运用权力的能力导致的恶果。我恐怕得说，已经造成的恶果是非常巨大的。在任何情况下，它肯定不会是微小的。

当然，这里的相关问题是，有没有什么东西能好一点？我们需要政府保护我们互相之间不受伤害，保护我们不受外来威胁。诚然，外来威胁现在看来变得弱了许多。毫无疑问，它们目前的确不大。但是，历史的巨大确定性之一是，事物在变。弗朗西斯·福山（1992）认为，不管未来如何变化，历史上曾经出现过的动乱和流血是不大可能再发生的。他的判断可能是正确的。我们还得拭目以待。我并不那么自信地认为，历史的终结即将到来。更可能的情况是，我们正处于某个平稳时期或休息点上，但未来的威胁并没有消除。

即使我们把外部威胁放在一边不谈，浮士德式交易仍然是国内政治的特征。政府存在的主要理由是保护我们的权利不受其他人的侵犯，并且提供通常的市场过程无法提供的公共产品。政府使用合法力量的垄断对实现这些目标极为重要。但是，垄断从不只被用于带来良善。作恶的诱惑经常被证明是无法抗拒的。正如许多关于寻 79
租的文献所提到的，政府的权力不是用在保护人们的权利不受侵犯方面，反而常常被用来当作侵犯人们权利的工具。政府不是提供真正的公共产品，而是常常利用它的权威和课税的权力提供私人产品，以牺牲公共利益为代价，满足特定的、具有政治影响力的人物的欲望。

浮士德式困境是政府的本质所固有的。我们无法指望消除它。我们能够指望的是，通过降低寻租活动的频次和强度，我们能够减轻这样的恶果。但是，怎样才能办到呢？不存在什么简单的具有魔力的药方。我已经耗费了自己学术生涯的大部分光阴来思考这一问题，所以能够有把握地这样说。我们能希望的是，在机会来临时得到一定改善。但是，我们绝对不能忘记，即便千里之行，也须始于足下(Rowley, 1988b)。

我在这最后的结束篇要做的是重新考察走向政治改革的五个温和步骤，这些步骤能较好地保护财产权利：有效的多数决投票、在更大范围内使用全民公决、必须的平衡预算、对政府规模和职能的限制、改善宪法的执行力度。我将这些步骤描述为温和的，这并不是暗示，我认为其中的任何一个在政治上是可行的。我的意思仅仅是，它们是可能改善现状的简单的、容易理解的改革。到底改善会有多大，谁也难下结论。但是不管怎样，这种改变会向好的方向发展。而且，我敢肯定，别的人还会提出他们可能增加的其他好主意，从而使我们有可能形成一系列实实在在的改善(Rowley, 1987)。

在《多数决投票的某些问题》(Tullock,1959)一文里，我描述了多数决投票是怎样导致了政府规模的浪费性扩大的。从根本上说，这是因为取得胜利的多数派联盟的成员有能力将其希望的项目的成
80 本强加于他人头上，因而能够获得有利于个人的降价。政府规模的扩大是初级需求理论的一个简单命题。多数决投票办法从根本上允许这样的事情发生。获胜联盟的成员在这种程度之内获得降价：为

这些项目提供资金的税收是由联盟外的人支付的(Buchanan,Rowley and Tollison,1987)。

诚然,在某一问题上处于获胜联盟一方的人很可能在另一个问题上处于失败联盟一方。从长远的观点来观察,事情好像扯平了。但是,即使我们不考虑凯恩斯提出的“我们到那时无论如何已经死了”这一观点,事实也并非如此。让我举一个例子。假设人们吃饭,共同承担饭钱。这些吃饭的人可以分成喜欢吃肉的和喜欢吃鱼的两类,人数大致相等。在每一类食品中都有便宜的和昂贵的。依据人们的口味不同,人们将吃自己喜欢的食物,并根据他们的喜好贵贱搭配。再假设,这些人在一个星期中有五天都吃便宜的饭。

现在假定,膳食供应变成了一个集体预算选择,首先是喜欢吃肉的人处于获胜的一方。由于大约一半的成本要摊到喜欢吃鱼的人头上,现在,喜欢吃肉的人不大可能在一个星期里只选择两天吃昂贵的饭菜。他们能吃昂贵饭菜的次数取决于他们对昂贵饭菜的需求与获胜联盟可能获得的较低价格的关系。如果胜负两方换位,喜欢吃鱼的人成为获胜的一方,他们也会增加吃昂贵饭菜的次数。统观整个社会,因为多数决投票,膳食的开销上升了,然而,每一个人的境遇都变差了;比如说,他们一周中有五天吃昂贵饭菜,并且支付费用,而他们实际上只想一周中有两天吃昂贵饭菜。

有效多数决投票能够缓解由简单多数决投票带来的损害。有效多数决投票的极端情况是一致同意,这种情形在《同意的计算》(Buchanan and Tullock,1962)中已加以考察。但是,任何在简单多数之上的投票规则的增加都会增加获胜联盟的成员必须承担的成本 81
份额。比如说,四分之三多数的规则往往意味着,获胜联盟的成员将承担其选择成本的四分之三;与他们在简单多数决投票所面临的情况相比，这样做会支持政府方面的较小的无效率的增加。

另一项普遍减少寻租行为的投票改革是允许更多地使用全民公决。瑞士允许在大量问题上进行全民公决，其政府规模是所有欧洲国家里最小的。瑞典政府也是一个权力高度分散的政府，州和市镇两级的事务构成政府行为的主要部分。诚然，全民公决并不能消除寻租，只能对其加以限制。在美国，可能只有加州说得上采用了瑞典广泛使用的全民公决的做法，而加州显然还有大量的寻租活动。但是不要忘记，加州实行的开创性限税政策的努力是一次全民公决的结果。

当全民公决限于对单一问题进行投票时，它们的效果最好。议案只有在对大多数选民有利时才能够获得通过。这仍然留下了很大的空间，可能从选举失败的少数人向获胜的多数人转移财富，随之出现的这种情况允许政府的无效率扩大。但是，它并不排除相互捧场的一揽子政治交易，这类交易中的每个组成部分以一般民众的利益为代价，给反映强烈的少数提供大量利益。立法机构可以就一项对农民提供帮助的法案进行投票，同时向城区的议员许诺在另一项法案中给予他们某种东西，以换取他们的支持。但是，这类交易在全民公决中是难以实施的——不幸的是，它们并非是不可能的。我家所在的塔克森最近就大量道路修缮和校舍修建项目问题搞了一个全民公决；那些项目被安排为一笔非常巨大的政治交易，以便确保该一揽子交易获得支持——而单个的项目是不大可能获得通过的。

82　另一项保护财产权的变革是要求联邦政府在平衡预算的前提下运转。有许多州政府已经在这样的要求下进行运作，而且各项工作进行得井井有条。毫无疑问，州政府里充满了寻租活动，所以平衡预算不会消除寻租行为。但是，这可以减少寻租行为。如果没有平衡预算的要求，政客们可以许诺给选民各种好处，而不必征收足以支付好处的税金。赤字财政使政客们能够把部分成本推迟到将来去偿还。平衡预算的要求会迫使政客们更充分地衡量反对增加开支的提案所涉及的提高税收的意见（Buchanan，1958；Buchanan and Wagner，1977）。

对政府的规模和增长的直接限制也是一项简单的意欲限制寻租活动的策略。我已经提到了加州的限制税收的全民公决。没有理由认为，不能让中央政府去做类似的事情。一个税收总量限制在国民产出20%的政府，将是一个比我们现有政府规模小得多的政府，尽管我仍坚信，在这样的情况下仍将存在大量的寻租活动。这一点总是让我有些好奇：有关限制税收的提议一般都试图以现有规模为准，促使政府不再增大。这看来是一个与现有政治利益进行妥协之后达成的合理的权宜之计，尽管我觉得没有理由不提出某种规定，使政府的规模逐渐减缩。为什么我们总是必须看到政府要求增加税收？为什么没有政党竞相提出减税？

针对这一点，我提出了某些相当传统的提议，它们尽管不能消除寻租，但是容易实施，能够限制寻租活动。在此让我提出更多的推测性观点。当然，大量减少寻租行为的一个办法是要求国会议员们读一读他们通过的法案。能让国会议员们实际地思考这些法案会是非常好的事情；但是，即便只让他们读一读，那也已经是巨大的进步了。我们还可以希望，当国会通过——比如说，由内政部长签署的——法 83
规时，内政部长也能读一读这些法规。

以前，我有一位康涅狄格州的朋友是一个小组的成员，在议案提交康涅狄格州议会之前，该小组会一一进行阅读，以便给新近当选的议员提供咨询意见。然而，那个小组不久便停止了工作。阅读的工作量很大，那些材料冗长而乏味，而那位议员因为一心忙于和其他议员达成交易，很少甚至根本不理睬小组提出的意见。

我不知道任何能够实施这一理念的实际方法，但是，仅仅提出这一点就说明了问题：现有的法律条文实在太多了，其中绝大多数是由特定利益团体制定的，即便最努力的议会成员也不能全部知晓。

然而，电视转播议会进程是一种能够有所帮助的活动。目前，国会的规定禁止将电视镜头从发言者的身上移开。结果是，观众不可能知道，在大厅就座的只有被其所在党派安排一直待在那里的议员——他们的任务是确保不出现不利于本党派的情况。通常，议会里只有三四个这样的人，有时会多几个人在场。假设电视镜头被允许有规律地扫视众院席和参院席座位，以便让在家看电视的人看到空空荡荡的会议厅，这样的变化无疑会导致国会会议进程的某些变化，甚至会取消电视播放——只在某些到会率能够得到保证的特定的场合进行转播。然而，这也只是一项小小的改革，因为往往在一项议案摆进议会大厅之前，一大半的破坏已经形成。

最后，我想重新考察我在 1965 年发表的《宪法的神话》（Tullock，1965a）中提出的几个观念，以结束本书的讨论。我们不断听到有人说，最高法院是宪法内涵的最终仲裁人。这完全是神话。倘若
84 人们把神话当作文学，神话可能给人愉悦，甚至带来启迪；如果相信神话，并将其作为行动的依据，那就可能是危险的。这一点对这一神话也是适用的：宪法表示最高法院声称它表示的意义。准确地讲，宪法当初希望能通过它的制约与平衡体系避免的正是这样的情形：三权中的任何一方处于支配其他两方的地位。更确切地说，宪法的本意是创造出这种情景：政府的所有分支都服从于宪法。换言之，合宪性要由政府的三个分支之间的和谐来加以验证，肯定不能以某一分

支对其他两个分支发号施令来验证。

直到近代，这一理解仍旧处于支配地位。这曾意味着，最高法院会拒绝签署实施它所认为的国会或总统的违宪行为的法令。同理，总统会拒绝签署国会或最高法院通过的、他认为违宪的裁定。例如，安德鲁·杰克逊总统在给做出《彻罗基印地安人案》裁定的大法官约翰·马歇尔的回复中说："约翰·马歇尔已经做出了他的决定，现在让他自己去执行吧"（Warren，1922）。换言之，二战之后，随着寻租活动的大肆爆发，对宪法的制约与平衡系统的正确理解已经不复存在；正确的理解把政府的三个分支视为相互独立的，其目的是维护宪法，没有哪一个分支凌驾于其他两个之上。

这样的一个和谐的权威系统类似于大约在两个世纪前形成的西
方法律传统之内的构架（Berman，1983）。西方法律传统始于11世
纪，教会权威和世俗权威结合成了自治团体。诚然，这两者之间一直
冲突不断。但是，在大多数情况下，两个权威都是自主的，大多数人
同时对两个权威表示出不同程度的忠诚。由于君主和教会都要受法
律的约束——这一点的证据是两者之间需要和谐——人们共同表现
出来的法律超越政治的情绪就是这一情况的反映。诚然，我们的立 85
国者们认识到，宗教权威已经失去了在社会上的超然地位；但是他们
也认识到，旨在维护合宪性而展开竞争的不同权威的存在对于保持
自由制度是极为重要的。统治要求独立的权威来源之间的和谐；就
此而言，统治倾向于反映被统治者的共同或普遍利益（Wagner，
1987；1988）。这正是美国立国行为的承诺；它也是我们今天非常需
要重温的承诺。

（严忠志　校订）

参考书目

Barzel, Y. and Silberberg, E. (1973), 'Is the Act of Voting Rational?', *Public Choice*, 16, 51-58.

Becker, G. S. (1983), 'A Theory of Competition Among Pressure Groups for Political Influence', *Quarterly Journal of Economics*, 47, 371-400.

Becker, G. S. (1985), 'Public Policies, Pressure Groups and Dead Weight Costs', *Journal of Political Economics*, 28, 329-347.

Berman, H. (1983), '*Law and Revolution: The Formation of the Western Legal Tradition*', Cambridge: Harvard University Press.

Bhagwati, J. N. (1980), 'Lobbying and Welfare', *Journal of Public Economics*, 14, 355-363.

Bhagwati, J. N., Brecher, R. A. and Srinivasan, T. N. (1984), 'DUP Activities and Economic Theory' in D. C. Colander (ed.), *Neoclassical Political Economy*, Cambridge: Ballinger, pp. 17-32.

Brady, G. and Tollison, R. D. (1991), 'Gordon Tullock: Creative Maverick of Public Choice', *Public Choice*, 71, 141-148.

Brennan, H. G. and Buchanan, J. M. (1980), *The Power to Tax: Analytical Foundations of a Fiscal Constitution*, London and New York: Cambridge University Press.

Browning, E. K. (1974), 'On the Welfare Costs of Transfers', *Kyklos*, 2, 374-377.

Buchanan, J. M. (1958), *Public Principles of Public Debt*, Homewood, IL: Irwin.

Buchanan, J. M. (1980a), 'Rent Seeking and Profit Seeking', in J. M. Buchanan, R. D. Tollison and G. Tullock (eds), *Toward a Theory of the Rent-Seeking Society*, College Station: Texas A. & M. University Press, pp. 3-15.

Buchanan, J. M. (1980b), 'Reform in the Rent-Seeking Society', in J. M.

Buchanan, R. D. Tollison and G. Tullock (eds), *Toward a Theory of the Rent-Seeking Society*, College Station: Texas A. & M. University Press, pp. 359-367.

Buchanan, J. M., Rowley, C. K. and Tollison, R. D. (eds)(1987), *Deficits*, Oxford: Basil Blackwell.

Buchanan, J. M., Tollison, R. D. and Tullock, G. (eds) (1980), *Toward a Theory of the Rent-Seeking Society*, College Station: Texas A. & M. University Press.

Buchanan, J. M. and Tullock, G. (1962), *The Calculus of Consent : Logical Foundations of Constitutional Democracy*, Ann Arbor: University of Michigan Press.

Buchanan, J. M. and Wagner, R. E. (1977), *Democracy on Deficit : The Political Legacy of Lord Keynes*, New York: Academic Press.

Corcoran, W. J. (1984), 'Long-run Equilibrium and Total Expenditures in Rent-Seeking', *Public Choice*, 43, 89-94.

Corcoran, W. J. and Karels, G. U. (1985), 'Rent-Seeking Behavior in the Long-Run', *Public Choice*, 46, 227-246.

Crain, W. M. and Tollison, R. D. (1979), 'The Executive Branch in an Interest-Group Perspective', *Journal of Legal Studies*, 8, 555-567.

Crain, W. M. and Tollison, R. D. (1990), *Predicting Politics*, Ann Arbor: University of Michigan Press.

Crew, M. A. (1987), 'Rent-Seeking is Here to Stay', in C. K. Rowley (ed.), *Democracy and Public Choice : Essays in Honour of Gordon Tullock'*, Oxford: Basil Blackwell.

Crew, M. A., Jones-Lee, M. and Rowley, C. K. (1971), 'X-Theory versus Management Discretion Theory', *Southern Economic Journal*, 37, 173-184.

Crew, M. A. and Rowley, C. K. (1971), 'On Allocative Efficiency, X-Efficiency and the Measurement of Welfare Loss', *Economica*, 38, 199-203.

Crew, M. A. and Rowley, C. K. (1988a), 'Toward a Public Choice Theory of Monopoly Regulation', *Public Choice*, 57, 49-68.

Crew, M. A. and Rowley, C. K. (1988b), 'Dispelling the Disinterest in Deregulation', in C. K. Rowley, R. D. Tollison and G. Tullock (eds), *The Politi-*

cal Economy of Rent Seeking, Boston: Kluwer Academic Publishers.

Downs, A. (1957), *An Economic Theory of Democracy*, New York: Harper and Row.

Downs, A. (1967), *Inside Bureaucracy*, Boston: Little Brown and Company.

Durden, G. C., Ellis, L. V. and Millsaps, S. W. (1991), 'Gordon Tullock: His Journal and His Scholarship', *Public Choice*, 71, 171-196.

Epstein, R. C. (1934), *Industrial Profits in the United States*, New York: National Bureau of Economic Research.

Fisher, F. M. (1985), 'The Social Costs of Monopoly and Regulation: Posner Reconsidered', *Journal of Political Economy*, 93, 410-416.

Franz, R. (1992), 'X-Efficiency and Allocative Efficiency: What Have We Learned?', *American Economic Review*, 82, 434-438.

Fukuyama, F. (1992), *The End of History and the Last Man*, New York: The Free Press.

Harberger, A. C. (1954), 'Monopoly and Resource Allocation', *American Economic Review*, 44, 77-87.

Harberger, A. C. (1959), 'Using the Resources at Hand More Effecively', *American Economic Review*, 49, 134-146.

Higgins, R. S., Shughart, W. F. and Tollison, R. D. (1985), 'Free Entry and Efficient Rent-Seeking', *Public Choice*, 46, 247-258.

Hillman, A. L. and Katz, E. (1984), 'Risk-Averse Rent-Seekers and the Social Cost of Monopoly Power', *Economic Journal*, 94, 104-110.

Hochman, H. M. and Rodgers, J. R. (1969), 'Pareto Optimal Redistribution', *American Economic Review*, 59, 542-557.

Johnson, H. G. (1958), 'The Gains from Freer Trade with Europe: An Estimate', *Manchester School of Economic and Social Studies*, 26, 247-255.

Krueger, A. O. (1974), 'The Political Economy of the Rent-Seeking Society' *American Economic Review*, 64, 291-303.

Laband, D. W. (forthcoming), 'An Estimate of Resource Expenditures on Transfer Activity in the United States', *Quarterly Journal of Economics*, 58.

Laband, D. W. and Sophocleus, J. P. (1988), 'The Social Cost of Rent-Seeking: First Estimates', *Public Choice*, 58, 269-275.

Landes, W. M. and Posner, R. A. (1975), 'The Independent Judiciary in an Interest-Group Perspective', *Journal of Law and Economics*, 18, 875-901.

Leibenstein, H. (1966), 'Allocative Efficiency vs. X-Efficiency', *American Economic Review*, 56, 392-415.

McChesney, F. S. (1987), 'Rent Extraction and Rent Creation in the Theory of Economic Regulation', *Journal of Legal Studies*, 16, 101-118.

McChesney, F. S. (1991), 'Rent Extraction and Interest-Group Organization in a Coasean Model of Regulation', *Journal of Legal Studies*, 20, 73-90.

Magee, S. P., Brock, W. A. and Young, L. (1989), *Black Hole Tariffs and Endogenous Policy Theory*, Cambridge: Cambridge University Press.

Migue, P. L. and Bélanger, G. (1974), 'Toward a General Theory of Managerial Discretion', *Public Choice*, 17, 27-42.

Mitchell, W. C. and Munger, M. C. (1991), 'Economic Models of Interest Groups: An Introductory Survey', *American Journal of Political Science*, 35, 512-546.

Mundell, R. A. (1962), 'A Review of L. H. Janssen: Free Trade, Protection and Customs Unions', *American Economic Review*, 52, 622.

Murphy, K. M., Schleifer, A. and Vishny, R. W. (1990), *The Allocation of Talent: Implications for Growth*, University of Chicago manuscript.

Niskanen, W. A. (1971), *Bureaucracy and Representative Government*, Chicago: Aldine Press.

Niskanen, W. A. (1975), 'Bureaucrats and Politicians', *Journal of Law and Economics*, 18, 617-644.

North, D. C. (1990), *Institutions, Institutional Change and Economic Performance*, New York: Cambridge University Press.

Olson, M. (1965), *The Logic of Collective Action*, Cambridge: Harvard University Press.

Olson, M. (1982), *The Rise and Decline of Nations*, New Haven: Yale University Press.

Ostrom, V. (1984), 'Why Governments Fail: An Inquiry into the Use of Instruments of Evil to do Good', in J. M. Buchanan and R. D. Tollison (eds),

Theory of Public Choice, *II*. Ann Arbor: University of Michigan Press, pp. 422-435.

Peacock, A. T. (1983), 'Public X-Inefficiency: International and Institutional Constraints', in H. Hanusch (ed.), *Anatomy of Government Deficiencies*, Heidelberg: Springer Verlag.

Peltzman, S. (1976), 'Towards a More General Theory of Regulation', *Journal of Law and Economics*, 19, 211-240.

Peltzman, S. (1990), 'How Efficient is the Voting Market?', *Journal of Law and Economics*, 33, 27-64.

Posner, R. A. (1975), 'The Social Costs of Monopoly and Regulation', *Journal of Political Economy*, 83, 807-827.

Rogerson, W. P. (1982), 'The Social Costs of Monopoly and Regulation: A Game-Theoretic Analysis', *Bell Journal of Economics and Management Science*, 13, 391-401.

Ross, V. B. (1984), '*Rent-Seeking in LDC Import Regimes: The Case of Kenya*', Geneva: Graduate Institute of International Studies, Papers in International Economics, No. 8408.

Rowley, C. K. (1973), *Antitrust and Economic Efficiency*, London: MacMillan.

Rowley, C. K. (1987), *Democracy and Public Choice: Essays in Honor of Gordon Tullock*, Oxford: Basil Blackwell.

Rowley, C. K. (1988a), 'Rent-Seeking Versus Directly Unproductive Profit-Seeking Activities', in C. K. Rowley, R. D. Tollison and G. Tullock (eds), *The Political Economy of Rent-Seeking*, Boston: Kluwer Academic Publishing.

Rowley, C. K. (1988b), 'Rent-Seeking in Constitutional Perspective', in C. K. Rowley, R. D. Tollison and G. Tullock (eds), *The Political Economy of Rent-Seeking*, Boston: Kluwer Academic Publishers, pp. 447-464.

Rowley, C. K. (1991), 'Gordon Tullock: Entrepreneur of Public Choice', *Public Choice*, 71, 149-170.

Rowley, C. K. (1992a), *The Right to Justice: The Political Economy of Legal Services in the United States*, Brookfield, Vermont and Aldershot, England:

Edward Elgar Publishing.

Rowley, C. K. (1992b), 'The Supreme Court and Takings Judgements: Constitutional Political Economy versus Public Choice', in N. Mercuro (ed.), *Taking Property and Just Compensation : Law and Economics Perspectives of the Takings Issue*, Boston: Kluwer Academic Publishers, pp. 79-124.

Rowley, C. K. and Elgin, R. S. (1985), 'Toward a Theory of Bureaucratic Behaviour', in D. Greenaway and G. K. Shaw (eds), *Public Choice, Public Finance and Public Policy*, Oxford: Basil Blackwell, pp. 31-50.

Rowley, C. K., Shughart, W. F. and Tollison, R. D. (1987), 'Interest Groups and Deficits', in J. M. Buchanan, C. K. Rowley and R. D. Tollison (eds), *Deficits*, Oxford: Basil Blackwell, pp. 263-280.

Rowley, C. K. and Tollison, R. D. (1986), 'Rent-Seeking and Trade Protection', *Swiss Journal of International Relations*, 141-166.

Rowley, C. K., Tollison, R. D. and Tullock, G. (eds) (1988), *The Political Economy of Rent-Seeking*, Boston: Kluwer Academic Publishers.

Rowley, C. K. and Tullock, G. (1988), 'Introduction' in C. K. Rowley, R. D. Tollison and G. Tullock (eds), *The Political Economy of Rent-Seeking*, Boston: Kluwer Academic Publishers, 3-14.

Schwartzman, D. (1960), 'The Burden of Monopoly', *Journal of Political Economy*, 68, 727-729.

Stigler, G. J. (1971), 'The Theory of Economic Regulation', *Bell Journal of Economics and Management Science*, 2, 3-21.

Stigler, G. J. (1974), 'Free Riders and Collective Action: An Appendix to Theories of Economic Regulation', *Bell Journal of Economics and Management Science*, 5, 359-365.

Stigler, G. J. (1976), 'Xistence of X-efficiency?', *American Economic Review*, 66, 213-216.

Tullock, G. (1959), 'Some Problems of Majority Voting', *Journal of Political Economy*, 67, 571-579.

Tullock, G. (1965a), 'Constitutional Mythology', *New Individualist Review*, 3, 13-17.

Tullock, G. (1965b), *The Politics of Bureaucracy*, New York: University

Press of America.

Tullock, G. (1966a), *The Organization of Inquiry*, Durham, NC: Duke University Press.

Tullock, G. (1966b), *Papers on Non-Market Decision Making I*, Charlottesville: Thomas Jefferson Center for Political Economy, University of Virginia.

Tullock, G. (1967a), *Towards a Mathematics of Politics*, Ann Arbor: University of Michigan.

Tullock, G. (1967b), 'The Welfare Costs of Tariffs, Monopolies and Theft', *Western Economic Journal*, 5, 224-232.

Tullock, G. (1971), 'The Cost of Transfers', *Kyklos*, 24, 629-643.

Tullock, G. (1974), 'More on the Welfare Cost of Transfers', *Kyklos*, 27, 378-381.

Tullock, G. (1975), 'Competing for Aid', *Public Choice*, 21, 41-52.

Tullock, G. (1980), 'Efficient Rent-Seeking', in J. M. Buchanan, R. D. Tollison and G. Tullock (eds), *Towards a Theory of the Rent-Seeking Society*, College Station: Texas A. & M. University Press.

Tullock, G. (1983), *The Economics of Income Redistribution*, Hingham, Mass: Kluwer-Nijhoff Publishing.

Tullock, G. (1985), 'Back to the Bog', *Public Choice*, 46, 259-263.

Tullock, G. (1987a), 'Another Part of the Swamp', *Public Choice*, 54, 83-84.

Tullock, G. (1987b), *Autocracy*, Boston: Kluwer Academic Publishers.

Tullock, G. (1988a), 'Efficient Rent-Seeking Revisited', in C. K. Rowley, R. D. Tollison and G. Tullock (eds), *The Political Economy of Rent-Seeking*, Boston: Kluwer Academic Publishers.

Tullock, G. (1988b), 'Rents and Rent-Seeking', in C. K. Rowley, R. D. Tollison and G. Tullock (eds), *The Political Economy of Rent-Seeking*, Boston: Kluwer Academic Publishers.

Tullock, G. (1988c), 'Future Directions for Rent-Seeking Research', in C. K. Rowley, R. D. Tollison and G. Tullock (eds), *The Political Economy of Rent-Seeking*, Boston: Kluwer Academic Publishers.

Tullock, G. (1989), *The Economics of Special Privilege and Rent-Seeking*, Boston: Kluwer Academic Publishers.

Wagner, R. E. (1966), 'Price Groups and Political Entrepreneurs: A Review Article', *Papers on Non-Market Decision-Making*, 1, 161-170.

Wagner, R. E. (1987), 'Parchment, Guns and the Maintenance of Constitutional Contract', in C. K. Rowley (ed.), *Democracy and Public Choice: Essays in Honor of Gordon Tullock*, Oxford: Basil Blackwell, pp. 105-121.

Wagner, R. E. (1988), 'Agency, Economic Calculation and Constitutional Construction', in C. K. Rowley, R. D. Tollison and G. Tullock (eds), *The Political Economy of Rent-Seeking*, Boston: Kluwer Academic Publishers, pp. 423-446.

Warren, C. (1922), *The Supreme Court in United States History: Vol. I*, Boston: Little Brown.

Watson, D. S. (1965), *Price Theory in Action: A Book of Readings*, New York: Houghton Mifflin Company.

Watson, D. S. (1968), *Price Theory in Action*, Boston: Houghton Mifflin Company.

Weingast, B. R. and Moran, M. J. (1983), 'Bureaucratic Discretion or Congressional Control: Regulatory Policy Making by the Federal Trade Commission', *Journal of Political Economy*, 91, 765-800.

Wemelsfelder, J. (1960), 'The Short-Term Effect of Lowering Import Duties in Germany', *Economic Journal*, 60, 94-104.

索　　引

三、 宪法、暴力和宪政秩序

理查德·E. 瓦格纳 vii

前　言

在《联邦党人文集》第48篇上，詹姆斯·麦迪逊*先描述了弗吉尼亚州和宾夕法尼亚州的立法机关多次违反本州的宪法，之后得出这样的结论：“把对政府权力的限制仅仅写在羊皮纸上，还不足以使我们的政府逃避集权的威胁，集权可能会慢慢地侵蚀宪法的规定，使一小撮人聚揽了政府的所有权力。”麦迪逊总统非常明确地认识到，仅仅把宪法的规定、要求和限制用语言清晰地表达出来，还不足以保证人们遵守这些规则。那么，怎么样才能保证人们遵守宪法的规定呢？抑或这种保证是人力所不及的？

孩子们常玩一种叫“石头、剪子、布”的游戏：几个孩子一同出手，如果一个出的是“布”，另一个出的是“石头”，那么出“石头”的孩子就输了，因为“布”正好把“石头”包住。但是，如果一个孩子出“剪子”，另一个出“布”，那么出“布”的孩子就输了，因为“剪子”恰好可以把“布”剪碎。此外，出“剪子”的孩子会输给出“石头”的孩子，因为“剪子”遇到“石头”就会锛了剪刀口。我在这本书里所讲的主题和这个

---

* 即美国第四任总统。——译者

游戏很相似;羊皮纸可以包住枪炮(这里指政府),但是枪炮也可以让羊皮纸化为乌有。由此看来,宪政秩序的稳定性似乎更多地依赖于如何恰当地组织政府,而不是依赖于在羊皮纸上阐明了哪些原则和学说。

本书探讨宪法的强制性和持久性问题,首先考虑宪法条文极少是自我强制实施的,然后谈宪法条文的外在强制力之所以可能,是通过对立的利益结构发挥作用的。而这一认识并没有任何看不起阐明各项原则的意思。因为,妥善地对政府利益进行安排,与在羊皮纸上阐明良好宪政秩序的各项原则,此二者是相互补充的,至少,这是我下面要讨论的一个主题。

我要对维克多·范伯格和卡伦·I. 沃恩致以诚挚的谢意,他们对本书讨论的问题提出了广泛的宝贵意见。查尔斯·K. 罗利对本书最早的手稿提出了详细的评论,这些评论让我清楚地认识到,还有许多问题需要深入下去。林德和哈里·布拉德利基金会慷慨资助了我的学术研究,对此我也要致以特别的谢意。

1 1. 导言

在过去的200年里,经济学理论所要理解和解释的问题是,在复杂的人类社会里(在没有秩序观念和权威思想提供一种秩序时),如何看待存在于这个社会里的有秩序的经济生活。市场经济是一种互相协作的模式,社会的所有参与者互相合作,但这种互相协作与合作是社会中的人在一套特定的制度框架下,按照各自的计划和安排追求各自不同的目标时,无意识地达到的结果。这一制度框架的基本内容是有关财产和契约的原则。我在这里讲到的经济学知识是被证实了的，社会主义在世界范围内的崩溃就是明证。这一崩溃毫无疑异地证实了亚当·斯密所言不虚，斯密提出的“天赋自由体系”具有诸多良好特性。今天，我们把这种体系叫做市场经济。

民主的程序和民主的制度在哪些方面能与这种天赋自由体系相契合呢？相对于独裁政府而言，民主政府看上去有诸多优点，因为民主政府似乎会向老百姓提供个人自由，而个人自由在专制政权里找不到一点儿存在的空间。然而，近期发展起来的公共选择理论却揭示出，在民主政体和市场经济之间存在着多个方面的相互对立的可能。此二者之间的对立很可能引起对自由和繁荣的侵蚀。平心而论，公共选择理论并不是一种全新的理论发明。这种理论所阐述的观点重新阐述了联邦党人和反联邦党人在美国立宪时期相互争论的观点。[①] 在这里，人们清楚地认识到，政府表现出了浮士德式交易的行为方式(Ostrom，1984)：在人类事务中，政府使用极不光彩的手段，即对另一些人使用强制力。政府支持不正当手段的原因似乎在于，只要目的是为了“善”，灵活而谨慎地运用恶的手段才能达到“善”
果。很显然，人人都能理解，在达到善的过程中，恶也将随之增长，并 2
将表现出对自由的不断侵蚀。

对宪法持支持态度的联邦党人和对宪法持反对态度的反联邦党人都认识到了，在建立政府的权威的过程中，确实存在着浮士德式交易的特点。他们之间的分歧仅仅在于对交易的信念不一样：由政府通过合理地使用权威加以遏止的恶，与由政府使用权威不当而产生的恶之间，存在着一个相对的平衡。倾向于平衡的哪一端往往由这

---

① 斯多林(Storing，1981)对反联邦党人的思想做了一个全面的回顾；其 1985 年的著作包含了部分反联邦党人的文献。

些人的信念决定。汉密尔顿在《联邦党人文集》的第一篇中就提出了一个问题:“人类社会有没有能力通过思考和选择建立一个好政府,或者说,人类社会是不是永远注定只能依赖于突发事件和强制力量来建立政府?”汉密尔顿很谨慎,但他得出的结论是肯定的,尽管漫长的人类历史证实了人类长期执著于恶与暴力,自由常常被肆意践踏这一事实。

事实上,暴政并不需要走向极端,并不是举起来复枪,挺起刺刀才叫暴政。托克维尔的著作《论美国的民主》(1848)一书中有一章题为《民主国家害怕哪种专制》,也许托克维尔预计到在将来的某个时候,为选民服务将成为国会议员们的主要活动,他向我们描绘了一种民主的暴政。

> “这种暴政,如果以教导人如何长大成人为目的,那它最像父权不过了。与此相反,它力图把人永远地留在儿童时代。它……向人们提供无微不至的呵护,提供对前途的预测,提供生活必需品,逗着他们高兴,控制他们主要关心的问题,指导他们的从业方向,管理财产的继承,……。平等原则为人们准备好了这些权利:它使得人们倾向于容忍上述这些关心,并且经常认为这种关心是对自己有利的。
>
> 当至高无上的权力把社会里的每一个成员都通过这种连续不断的方式牢牢地控制住,并且随意地把他们塑造成想要塑造的人之后,这种无上的权力就会笼罩到社会的每一个角落,通过复杂的、细微的、划一的行为规则覆盖到整个社会,即使最富有
> 3 创造性的人和最有活力的人都无法穿透这个大网……。人们的意志并没有被粉碎,只是被软化了,被弯曲了,被诱导了:人们很

> 少被强制着做某事，但他们却时时刻刻被束缚着无法行动：这种无上的权力并没有破坏什么，它只是压制着人们，使人有气无力，使人两眼无光，使人麻木不仁。这样，每个国家的老百姓都只不过是一群诚惶诚恐的、辛勤劳作的动物，而政府却是手执鞭子的牧羊人”（第 256 页）。

当“政治自由和经济自由”这一思想，以及支撑这一思想的制度，在它们的发祥地开始萎缩时，东欧的大部分地区却将把这些思想和制度发扬光大。这无疑是即将到来的 21 世纪最具讽刺意味的一件事。本文就是要考察最近公共选择理论的一些观点，这些观点极富洞察力地讨论了保持一个在本质上是自由的宪政秩序问题。我的论点将穿过宪政政治经济学领域，沿着两条路径展开，一条以规范辩护的方式向前推进，认为政府的权力应该受到宪法的限制；另一条以实证的、分析的方式向前推进，考察现实中的法律规定和法律程序的操作上的特点。首先需要考察的是市场经济得以运转所必需的制度框架，以及政府在维护这一框架时自身在其中的位置。此后，我们将刻画最近的公共选择理论的部分成果。这些成果探讨了民主过程会怎样破坏使市场经济得以正常运转的制度框架的根基，除非适当的法律为民主过程设计有效的制约。本文的其余部分探讨了对政府施以约束的多种途径，这些途径将基于古典自由主义的原则维护宪政秩序。

2. 社会协作中的经济组织 4

用托马斯·霍布斯的话来讲，没有社会协作的独自一人的生活，一定是“肮脏的、野蛮的，缺吃少穿”的。因为，虽然我们每个单独存在的人都有生产能力，但这一能力是非常薄弱的。即使我们可以构想出一个世界，在这个世界里，人们可以避免来自其他人和野生动物的威胁，但人们总要穿上最简陋的衣服吧；总要有个简单的窝棚住下吧；不求饮食的花样，但总要吃东西吧。鲁滨逊·克鲁索在船只遇难后度过的荒岛生活肯定不会和一个人独自劳作的生活一样，因为鲁滨逊从沉船里找到了大量的物品；这些物品不可能由他一个人的力量制造出来，而是凝结了数百万人的协作劳动，这等于有数百万人为他提供了服务。事实上，任何一个人的单独生活，举个人微薄之力，连我们称之为贫困的生活也过不上，更不用说过得舒适一些。本文将详细讨论我们早已习惯的、处其中而不知其味的生活水平，是怎样通过社会的协作网络取得的。

协作与社会主义

与没有相互协作相比，社会经济生活里的相互协作能够极大地提高我们的福利水平。然而，如何获得这种协作呢？社会主义的做法就是设立一个专门的计划机构，利用这个机构直接组织社会协作。社会主义的这种协作取代了人们之间的竞争，这里所说的竞争正是社会主义者描述为自由资本主义本质特征的那种竞争。

社会主义的崛起，是对市场经济的本质特征——非人格关系的一种反叛。社会主义对国民经济的管理就如同对大家庭的家计管理
5 一样。“各尽所能，各取所需”是一种充满人情味的经济原则，它刻画的是和睦的家庭关系；一般说来，家庭里的资源是按照家庭成员的需要进行分配的，而不是根据这些成员劳作的市场价值进行分配的。社会主义把适合于家庭的组织原则用到了国民经济上。这就要求用计划来取代市场的资源配置过程，由计划部门充当家长的角色。

米塞斯和哈耶克等人从概念上解释了社会主义经济何以不可能运转。在这之后，又有两代人经历了悲惨的和不人道的生活。在东欧社会主义阵营分崩离析之后，这种不可能性才得到人们的广泛接受。[②] 社会主义经济之所以不可能运转，基于两方面的原因，首先是知识问题，其次是激励问题。先说知识问题，任何一个人都没有能力组织复杂社会里的经济活动。以个人之力进行家计管理是可能的，但以个人之力进行国民经济管理却是不可能的。对任何人来说，对国民经济进行计划和组织是一件过于复杂的事情，远远超过其能力所及。社会主义不能解决复杂的经济计算问题，所以社会主义也不可能达到其所宣称的目标，即实现社会协作。在社会主义经济制度下，做家具需要用木料，做纸张需要备纸浆，那么木材应该在这两个行为间如何分配呢？印刷报纸需要用纸浆，做纸袋也需要用纸浆，那么纸浆在这两个行业中如何分配呢？当然，一个社会主义经济里的计划管理者总能对此做出某种分配，但这种分配永远也不可能反映出人们对摇椅和报纸的相对评价。原因很简单，有关这些评价以及这些评价变动的信息，只包含在市场价格中，而不存在于任何其他一种可以利用的方式中。

话又说回来，就收集信息而言，有多种可以相互替代的渠道。可
以就人们想读报纸还是想坐摇椅进行民意测验，但这种民意测验包 6
含了太多的不准确性，有效的决策需要把握具体的细节，但这种民意测验并不能提供所需的细节。举个例子，若民意测验表明，人们明年想多读些东西而不是多坐一会儿摇椅，这种民意测验又有什么用呢？

② 见哈耶克(1935)收录的论文，这些观念是奥地利经济学派的核心思想。关于奥地利学派的经济思想是如何进入美国的，可参见沃恩(Vaughn)即将出版的著作所做的引人入胜的描述。

你可能认为，应该以此为基础重新分配木材，从家具制造中调拨一部分用于纸浆制造，但这只是在总量层次上得出的结论，对具体的生产决策不起作用。就纸浆的生产来说，计划必须决定纸浆的生产数量、在哪里生产；一年的生产计划还要决定给报纸印刷业提供多少纸张，给图书业提供多少纸张，更不要说给哪些图书和哪些报纸提供多少纸张，以及在哪里和何时生产了。由于制定国民经济计划需要获取和使用大量精确的、细致入微的信息，而这一切远远超出了人类的能力，所以，把国民经济当作一个大家庭的生计来管理是根本行不通的。③

接下来谈激励问题。人们常常把社会主义社会描绘成人性化的、慈爱的社会；在这样的社会里，社会协作与利己主义的竞争相比占了绝对优势。这一特点在民主社会主义和社会民主国家的特征中清晰地存在着。不管人们给社会主义画什么样的肖像，社会主义都必然用某种形式的集体决策取代个人选择。即使集体决策以民主的形式组织起来，大范围的集体决策还是会倾向于演变成寡头政治，并只为某些特殊的利益集团服务。④ 比如说，应该为整个社会生产多少汽油呢？如果在市场经济条件下，生产汽油的数量将由愿意买汽

---

③　事实上，现实中的社会主义实验还是在某种程度上利用了市场价格。这表明，没有市场，组织社会协作是不可能的。各种版本的“市场社会主义”要求对资本品实行集体占有。它们的一种没有根据的信念是，消费品的市场价格可以用来对资本品定价，从而克服了困扰社会主义的一个难题——没有市场就没有足够的知识来协调社会生产和社会协作。然而，区分资本品和消费品只是为了理论分析的便利，而不能用于具体目的。比如说，一辆汽车是资本品还是消费品呢？如果把它用于商业目的，有人会说它是资本品；而如果个人使用而不用它获利，则有人说它是消费品。但是，如果这些个人是为自己获利而把汽车用于商业目的，这部车又该如何界定呢？在现代经济中，几乎所有的东西都是资本品，因为在一段时间里它们都提供服务。

④　这一论题在勃兰特·德·茹弗内尔的著作（Bertrand de Jouvenal，1961）里得到了精彩有力的论述。

油的消费者的出价，以及其他的石油使用者（如塑料制品的生产商）的出价决定，社会上的每一个人都对汽油的生产具有影响力。如果人们在度长假时开车较多，增加了对汽油的需求，那么市场竞争会自然而然地把石油从塑料行业配置到汽油行业上来。

但是在社会主义经济中，会有某一专门机构掌握上面谈到的重新分配资源的权力，这种权力是极有价值的，人们会竞相争夺这种价值带来的好处。需要大量使用塑料制品的生产商可能会费尽心机游说计划的制订者，让他们拒绝生产更多汽油的要求。蔬菜种植大公司由于需要建大棚的塑料薄膜，也会加入游说者的行列，它们会要求计划的制订者不要为度长假的人们提供不必要的长途旅行所需的汽油，只要不把石油转向汽油生产，塑料的价格就不会上扬，从而蔬菜 7
种植业的成本就不会上升。

社会主义无法阻止人们争夺稀缺资源。它所能做的仅仅是设置一个权力机构，该机构有权影响争夺的结果。在市场配置资源的情况下，争夺的赢家就是那个公开出价最高的人；而在社会主义条件下，最后的赢家却是那个暗地里出价最高的人。当然，有时也会公开讨论价格——到底采取哪种方式，由这个出价最高的人和计划制定者的亲疏关系决定。社会主义体制究竟是极权的还是民主的，这在一些方面也许很重要，但无论是哪种情形，当把国民经济当作大家庭的家计生活来管理时，社会主义的集体决策带来的结果，都是仅对特殊利益集团施惠的寡头统治。

竞争是确保协作的过程

经济学家力图解释这样一个根本性的矛盾现象：在私有产权、自由签约、自由合作的制度框架下，“竞争”怎么竟然是组织大范围社会

“协作”的最有效率的过程。如果我们每个人都把想要得到的东西用单子列出来，那么，把这些单子上的物品加起来，其数量将远远超过整个社会的生产能力。事实上，有些人的需要能够得到满足，有些人的需要则不能得到满足。人们之间的竞争是不可避免的，最具感染力的乌托邦式的说教也不能改变这种状况。但是，在以私有产权、自由签约、自由合作为特征的法律和道德框架下，却能够比任何其他的社会组织形式更好地满足人们的需要，因为它能驾驭个人利益，使其为社会协作服务。

市场经济是组织社会协作的一个竞争过程。虽然有许多真实的、有组织的市场的例子，但对大多数经济学家而言，“市场”是一个抽象的名词，代表发生在社会生活里、人们互相交换产品和服务的关系网络。比如说，柑橘市场不是指一块特定的场地，而是指有些人种
8 柑橘，有些人卖柑橘，另外还有些人要吃柑橘。柑橘市场仅仅是指一个复杂的交换关系网络，通过这个网络，人们进行无数的选择和交易，导致了柑橘的种植、挑选、分销、出售以及消费等等。

市场价格在交换关系网络中，为组织协作起到了关键性的指针作用。如果种出来的柑橘比人们想吃的柑橘少，价格就会上涨，利润也会增加。这会鼓励现有的种植柑橘的人扩大产量，同时也鼓励其他人开始种柑橘。其他人改种柑橘的原因很可能是，他们原来种植的那些水果不如种柑橘的利润丰厚。利润呈增长趋势的生产地区将吸引新的投资者；而利润的下降趋势将阻止投资。

资本主义利用人们对个人利益的追求产生社会福利。生产出的产品的价值还没有投入品的价值高，会引起厂商的亏损；这样的生产不会持续下去。相反，能带来巨额利润的产品一定是产品的价值远远高于投入品的价值，这样，生产这些产品的行业将扩张。不仅如

此，基于相同的原因，资本主义制度鼓励发明创造，鼓励开发新产品，
从而通过交易使双方的收益都有所增长。于是，洗衣机取代了搓衣 9
板，面包机取代了擀面和揉面团，具有自动清洁功能的烤箱取代了擦
洗用的钢丝绒。

3. 市场经济及其制度框架 10

价格、市场和资源配置

市场经济是通过竞争过程保证社会协作正常运转的一套制度安排。通过竞争过程产生的价格既是决策的知识来源，又是决策的激励来源。经济学说史中有大量的分析，致力于解释特定的价格模式，比如说，为什么一磅黄油的价格是一磅棉花价格的两倍？为什么一名管道工每小时的工资水平是一名机械工人每小时工资水平的两倍？对价格模式的这种解释，使得人们能够更清晰地理解经济协作是怎样产生的，更清晰地理解试图取得这种协调时可能出现的失败。

市场价格代表的是经济过程的参与者进行交换的条件。这种复杂的协作关系之所以可能，即在于某些已发展完善了很多年的制度在支撑它。这些制度中最主要的就是私有产权，与之相联系的还有自由签约和自由合作的原则。当人们在以私有产权、自由签约、自由协作为基本特征的制度框架下联系在一起时，他们将不由自主地倾向于形成有凝聚力的、相互协作的经济行为方式，即使这种协调关系不是某个人或某个机构有能力通过计划取得的，但通过这种特定的制度框架却能够完成。经济生活就如同一部无人指挥的、自我协调的交响乐。亚当·斯密曾经指出，这种自发的协调就好像是一只看

不见的手在操纵的结果。有些带有神学倾向的早期经济学家实际上认为上帝牵引着看不见的手，把自然神学扩展应用到了社会现象
11 上。⑤ 但大多数的经济学家都对自然主义的解释感到满足，认为没有必要引入上帝。

价格是社会制度的产物

经济学家已经深入地研究了由市场产生的价格是怎样由价格衍生出的知识与激励来达成经济上的协调的，但这些价格本身却来源于社会制度；这些制度为管理经济过程参与者之间的经济关系提供了规则框架。那么，从分析的视角看，哪个因素最为重要呢？肯定是那些规则和制度，我们要研究这些规则和制度是怎样演变的，它们是怎样协调人们之间方方面面的活动的。请注意，这里谈的协调恰恰产生了可观察到的价格和数量。但是，这些价格和数量仅仅构成分析问题的背景，因而只具有次要意义，只是那些最为重要的事物即管理社会关系的规则带来的后果或副产品。

从上述观点可以看出，我们关注的首要对象是协调人们之间的那套规则，其中的关系包括两方面的内容，一是这些规则产生和消亡的过程，二是这些规则造成的各种各样的结果。⑥ 价格和数量仅能引起人们第二位的关注。事实上，价格和数量并不是由人们的选择

---

⑤ 例见维纳(Viner，1972)。

⑥ 人们最近对宪政的政治经济学表现出来的兴趣，主要集中在规则与秩序的问题上。“秩序理论”一书就是这样。英语世界的读者可能还不熟悉这种理论，它实质上是宪政经济学的德国版本，关注的主要是人类和人类组织从事经济活动的制度框架。关于一位立国者在这方面的论述，可以参见欧肯(Eucken，1952)；关于最近对“秩序理论”和宪政经济学相似性的论述，可以参看莱波尔多(Leipold，1990)和范伯格(Vanberg，1988)的著作。

决定的。这就是社会主义不可能运转的一个推论。人们所能选择的是协调人们之间关系的规则和制度。“经济”和“政体”不过是两个抽象的名词而已，就好像我们说“市场运作”和“政府失败”一样，并不能告诉我们什么。我们的基础分析对象是那些构成社会的个人，这些人通过协调他们之间的关系的规则网络被相互联系起来。

协调人们之间关系的规则起源于我们所生活的这个伊甸园中存
在的稀缺性。正因为有稀缺性，人们之间争夺有限资源的斗争即使 12
能被抑制，但绝不可能被彻底清除。然而，稀缺性带来的这一结果可以通过我们称之为“竞争”的协作过程得以缓解。政治经济学就是研究社会怎样解决稀缺性问题的学问。在研究由稀缺性引发的冲突是怎样得以缓解的过程中，若能把协调人们之间关系的规则由以产生及变化的过程与在一套特定规则下人们进行的活动区别开来，那将是富有启发意义的。

资本主义、社会主义和财产

仅仅从形式上说，描述社会主义经济和资本主义经济的制度特征是比较容易的。资本主义经济以私有产权、自由签约和自由协作为基本特征。而社会主义经济以公有制、以计划取代合约为基本特征。然而，这对上述这两种制度来说，都是相当粗浅的描述。

例如，在私有产权下，一位既有农田又有果园的土地所有者可以把自己的土地转变为带有商业中心的住宅小区。而邻近的一位土地所有者发现，由于身边的农田被改建为住宅小区，原来的草地变成了人行道，产生了水土流失问题，使自家的农田经常被淹，田地发挥不出肥力。那么，允许这位受到侵害的土地所有者就土地遭到破坏一事提起诉讼，是不违反私有产权原则的。因为，在这个案例里面，开发商损害了另一个土地拥有者的财产权。

但是,我们设想另一个案例,有一种稀有的蠕虫,仅仅在准备建成住宅小区的土地上繁殖,在这块土地之外找不到这种虫子。这种蠕虫没有任何商业价值,消灭这种蠕虫也不会降低周围农田的肥力。然而,有人提起诉讼,阻止开发商把农田建成住宅小区,理由是这种蠕虫是一种濒临灭绝的物种,宣称消灭这种蠕虫会在精神上和感情上给他造成伤害。

13 还有另外一种情形,城市规划委员会做出裁定,这块土地必须保持现状。否则它会在房屋密度、车流量,空地面积等方面作出规定,使土地所有者开发这块土地无利可图。这个案例和上面提到的有关蠕虫的案例都表明了这样一种倾向:私有产权原则向共有或社会主义产权原则靠拢。因为,共有产权常常体现出集体的态度或集体的考虑,尽管在现实操作中它只包含一部分占据主导地位的人的意志,但从道理上说,共有产权应该体现所有人的意志。城市规划委员会就是一个例子,它把某些所有权授予一个集体组织。在濒临灭绝的蠕虫一例中,如果放纵人们起诉,那块土地的产权就会被授予任何一个想提起诉讼的人。

财产制度反映了社会主义和资本主义的区别,私人所有权和集体所有权只是在思考财产制度时提出的便于分析的分类。现实生活中存在的财产制度往往是这两种极端的混合物。从前,共产党国家里包含有私人所有权和可让渡的所有权;而在西方资本主义国家里,也有许多共有的和社会主义的财产形式扎根在资本主义的制度里面。事实上,当代公共选择理论的一个主要贡献就是深刻地揭示了民主的政治过程和资本主义经济中自由财产制度之间的张力(矛盾)。社会民主的某种表现形式可能是社会的自然发展过程。以私有产权和自由签约为基础的自由经济可能没有能力抗拒民主政治。⑦ 一旦认识到这一点，我们就能看出，当代公共选择理论的文献是把早已在美国立宪时代就反复弹唱的老调旧曲新唱了。 14

4. 社会的两难选择和宪政秩序 15

从丛林到公民社会：霍布斯的逻辑

自由秩序的基础是私有产权、自由签约和自由合作，由自由秩序产生的经济成功是怎样得到保证的呢？这种制度框架是怎样得以建立并得以维系的？经济学家在分析法律在社会秩序中的地位时，常常使用的一个主要模型就是社会的两难选择模型。这个模型首次由布什（Winston Bush，1972）提出，后来由塔洛克（Gordon Tullock，1974）和布坎南（James Buchanan，1975）加以发展，我们还可以向上一直追溯到霍布斯。

这个模型有一个简单的、由两个人构成的情形，设想这两个人都能在两种行为方式之间做出选择。一种行为方式是承认并尊重另一个人的自由和财产。另一种行为方式是不承认，也不尊重，而是侵犯对方的自由和财产，并且这种行为方式是有利可图的。这样，两个人都会面临一个选择，要么约束自己的行为，尊重另一个人的权利；要么侵犯对方的权利。这个模型的基本特点已广为人知，参见图 4.1。每个参与者都可以在两种准则之间做出选择。“交易”体现的是通过财产和契约制度约束个人行为，“掠夺”体现的是不对自身施以任何约束。

---

⑦ 雅赛（Anthony de Jasay，1985）认为：“国家最终将掌控宪法”（第 93 页）。

16

		B	
		交易	掠夺
A	交易	200，100	10， 160
	掠夺	220， 20	30， 40

图 4.1 从霍布斯丛林到公民社会

图 4.1 反映出了两个参与者之间天然的不平等状态。如果两人都选择交易行为，则 A 的收益净值是 B 的两倍。但是，如果两人不采取交易行为，而是肆意地掠夺对方，相信掠夺是有利可图的，则 A 的收益净值会下降 85%，降至 30，B 的收益净值下降 60%，降至 40。[8] 两个参与者都会因掠夺而遭受损失，只是由于 A 在一开始就比 B 有优势，他从市场中获利较多，所以在掠夺中也会损失较多。如果一方采取掠夺行为，另一方遵守交易原则，那么采取掠夺行为的一方将比他采取交易行为时获利更大，而采取交易行为的一方将比他采取掠夺行为时损失更大。尽管最好的结果是双方都采取交易的行为而不采取掠夺行为，然而，对 B 来讲，只有采取掠夺行为，他的收益净值才会高于 A 的利得。

社会两难选择模型把霍布斯的设想具体化了。霍布斯认为，社会的所有参与者在避免战争的情况下一定比卷入战争的情况下生活幸福。在模型中，双方如果都使自己不卷入掠夺，比双方都卷入掠夺收益净值更大。如果管住自己，不卷入掠夺行为之中，就能够撤销为防止掠夺而采取的种种防范措施，从而把所有的精力都投入到贸易和

---

⑧ 掠夺的成本由以下两部分构成：一是从以贸易为目的的生产转变为为获得他人财产所需付出的努力；二是从生产转变到保护自己的财产不被他人侵占所需付出的努力。

交换里去。具体说来，双方都采取交换行为，其结果就代表了一个财产私有的世界；而双方都采取掠夺行为，其结果就代表了一个财产共
有的世界。另一种表述方式是，双方采取交易的方式代表的是一个企 17
业自由的世界，而双方采取掠夺行为代表的是重商主义的约束体系。

在本文中，我们将会看到，参与双方避免相互掠夺，转而采取互相交易的方式相处，是参与者签订合约的结果。根据霍布斯的说法，参与者把权力授予某个君主，这个君主自己可以不受合约的约束，而且可以获得其他所有人由于签约带来的部分乃至全部收益。当代研究宪政政治经济学的学者试图解释，如何才能让这些收益由参与者本人获得。为了做到这一点，必须找到摆脱这种困境的其他方法，而不走把权力授予君主的老路。因此，社会的两难选择模型就被用来说明政府是怎样从契约中诞生的，这就是契约国家的起源。

诸如迈克尔・泰勒(Michael Taylor，1976)和罗伯特・阿克塞尔罗德(Robert Axelrod，1984)这样的学者，发表了大量的文献，力图来解释有秩序的合作是怎样从社会的两难选择环境中产生的。这类文献的基本思想是，在重复博弈的环境里，如果参与博弈的人都不知道博弈何时结束，那么，采取合作的态度便会增进理性的利己主义者的利益。否则，即使博弈是重复进行的，不合作的态度也会占上风。简单地说，为了保证合作的持续，每一个参与者都会采取“以牙还牙”的策略，即：对方合作，我也合作；对方不合作，我也不合作。

社会的两难选择——一个具有启发意义的故事

我们应该注意到，社会的两难选择模型并不是对产生公民社会的某一具体过程做出的符合历史事实的解释，而是在不考虑特定的历史事实本身的情况下，人们为了捕捉到人类社会生活中某些固有

的、永久存在的特征，而精心设计出来的一种符合逻辑的构造。这一
18 模型没有解释秩序是如何从无秩序中产生的，而是指明了一些问题；要保障有效率的经济秩序，就必须处理好这些问题。我们所说的那种基于契约建立起来的政府，纵观整个历史，即使不是完全没有，也是寥若晨星。甚至美国的立宪过程也远远不是在一片祥和、一致同意的环境下完成的。事实上，美国 1789 年的宪法就推翻了当时已经落后的十三州邦联宪法。因为，十三州联邦宪法里有一条修正程序：必须经由各州的立法机构的一致同意，才能修正宪法。1787 年，国会指定了一个委员会修改十三州邦联宪法，该委员会起草的新宪法只由 13 州中的 9 个州批准，就可以修正宪法。而且，许多政府显然是从征服中产生的。无论如何，用普通的解释标准衡量，契约理论表现得很差劲。

此外，无论在理论上还是在实践里，具体情形都要比社会的两难模型复杂得多。阿克塞尔罗德提出的以牙还牙的实验依据的是二人博弈。在二人博弈的环境里，一个人违背先前签订的协议或合约立刻就能被另一个人发现。但是在现代社会里，情况绝不会这么简单。博弈的一方可能会遭遇没有预料到的结果，比如说，一个苹果园的产量低于果农本来设想的数量。毛病出在哪里了呢？可能是苹果树老了，或者是天气不适，或者是其他自然力量造成的。即使所看到的这种结果是由其他人的不道德行为造成的，是因为有人偷了苹果，也不知道是谁干的。不知道是谁偷了苹果，以牙还牙的策略就没有了用武之地。立刻也就有必要成立某个机构，专门负责调查和实施。当然，这种机构也会带来大量的问题。

提出了一个解释秩序起源和秩序得以维系（而不是混乱）的方案，并不是社会的两难选择模型的真正价值所在。该模型的价值在

于描述了社会生活中永恒存在的张力，这一矛盾正是我们所生活的这个伊甸园表现出的特点之一。这一张力就是：当人们在人类关系 19
中尊重核心的财产原则和契约原则时，大家就都会从有序的协作关系中获益，但与此同时，违反财产原则和契约原则的机会和诱惑也会增加。如果这种破坏得不到控制，社会协作中形成的很多约定将丧失。可见，控制破坏又可能带来新的破坏。⑨ 由此看来，从隐喻的角度来考虑，与其把宪法解释为一部社会契约，还不如解释为一套规则或制度，这些规则和制度产生于需要加以分析和阐释的社会发展过程，它们在强化秩序的同时也阻止了混乱。换句话说，社会两难模型的价值并不在于它的解释力，而在于它那富有规范意义和启发意义的说服力。

我们可以合乎情理地认为，几乎没有人会有意识地迅速移居到现在的黎巴嫩或南斯拉夫，或移居到两次大战之间的阿根廷。在两次大战之间的时期，阿根廷迅速脱离了第一世界，而加入到第三世界之中。然而，类似于此的退步的确发生过。大多数人都一直生活在暴政之下，如何获得自由与繁荣，如何维持自由与繁荣，这些问题并不容易回答。一个孩子从爬行到站起来走路的进步并不是一个自然的、自动的过程；同样，我们所祈祷的自由与繁荣，以及人类的长存也不是一个自然的、自动的过程。相反，有些孩子似乎会倒退，又重新爬行，而另一些孩子似乎永远也学不会走路。从人类历史上看，大多数时期都没有宪政秩序，人们都未能得到和维持自由与繁荣。

在霍布斯解决社会两难问题的方案里，作为最高权威的君权凌

---

⑨ 正如拉赫曼(Lachmann,1971)指出的："每个社会系统都总是受到相互冲突的多种多样的利益的损害，因而它不得不依赖制度建立起秩序，以保护自身不受社会空间变形的损害。社会空间的变形威胁着社会系统的生存"(第 91 页)。

驾于整个社会之上。身处最高权威的地位上，下述的分配方案对他有极大的诱惑，即从人们协作的收益中分绝大部分归自己享用，而只给其他那些参与协作的个人分配很少的部分，这些收益只要略大于人们之间互相仇杀带来的收益即可使他们满足。与此相反，洛克的方案认为，人们有一种自然的社会化倾向，人们都是希望和平相处、融洽生存的，只不过每个人都自然而然地偏向于自己的利益和事情。在这种情况下，问题就变成了参与者如何能够从协作中为自己获得收益。这样，为了维持个人的权利和社会的秩序，就建立起了政府权力。

20 然而，仅仅建立起政府权力还不足以保证个人权利不被侵犯，也不能保证参与者从社会协作中获得收益。一方面，政府可能没有能够保护个人权利，使之不受侵犯；另一方面，政府可能为了某些人的权利积极地充当一种工具。怎样构建政府才能使之有效地保障个人权利，同时使自身不成为侵犯个人权利的工具？自由的宪政秩序一旦得以建立，怎样才能使之长期维持下去，以抗衡只能预警却不能消解的社会两难处境？这是宪法条文的强制执行者——法官的任务吗？抑或需要恰当地设计一个能够控制制度的关系网络，当出现种种势力可能使宪法精神荡然无存时，有一股反方向的强制力会占上风，驱散这些势力。

21 5. 公共选择与公共政策的市场

公共选择、自由贸易与保护主义

公共选择理论非常有助于我们理解维持自由宪政秩序所遇到的

种种困难。作为一个例子，我们来看一看维持自由贸易体制的问题是多么不易。[⑩] 事实上，国内贸易体制和国际贸易体制有一些显著的相似之处。人们通常认为，在大多数情况下，国际自由贸易体制都将增进经济福利。与此相同，人们认为在国内也是如此，自由企业经济中人民的生活水平，一般高于计划经济或重商主义经济中人民的生活水平。相似之处是，对于国际贸易和国内贸易来说，如何维护自由贸易这一问题有着相同的总体结构。相同的结构框架使人们能够理解国际自由贸易和国内自由贸易的优点，也使人们能够理解限制自由贸易的诸种力量。

人们一般认为，民主政体是市场经济的自然的政治性补充。经济层面上的贸易自由很容易被人们认为是与政治层面上的参与自由互为补充的。然而，越来越多的公共选择理论文献对这一普遍信念提出了质疑。当代公共选择文献正在以各种各样的方式告诉人们，重商主义经济体制是怎样成为民主政治体制的“自然”结果的。民主政治制度不会自然地创造并维持国内的自由贸易，只有当现有的宪 22
政博弈规则对政治结果起限制作用，阻止了民主制度所具有的自然的重商主义倾向时，民主政治制度才会维持国内的自由贸易。

为了叙述的方便，我们设想一个经济体可以分割成100个相同规模的利益集团。这个孤立国家的内部经济结构划分为100个相同规模的行业。假设该经济体是以竞争方式组织起来的，所依据的是这样一条法律原则，即“竞争不是侵权行为”。利益集团政治模型与寻租理论认为，这些相互竞争的利益集团是在一片竞争的海洋里意

---

⑩ 罗利、托尔贝克和瓦格纳(Rowley，Thorbecke，Wagner，1993)曾以整部书的篇幅探讨这个问题。

图抢占得以自保的小岛。其中一条便捷的道路就是各个行业进行企业联合。

成功的企业联合将产生垄断租金，每一个行业内的成员都能获得部分垄断租金。若只有一个行业能做到这一点，那将为该行业的成员带来最好的结果，也就是可以以垄断价格出售产品，而以竞争价格购买原料。然而，一个行业的情况是这样，所有行业的情况也是这样。每一行业的成员都处于相同的情况：若在竞争性的经济中是个垄断者，自己的情况会更好。

分析到这里，显然就会出现囚徒困境。社会的所有成员生活在竞争性的、由制度构成的秩序框架里，要比生活在极端的重商主义秩序框架里得到更多的幸福。在前者那里，竞争是合法的；在后者那里，重商主义的制度则具有等级社会的特征。在具有等级社会特征的制度下，某一行业的现有成员有禁止新成员进入该行业的能力。无疑，在任何一个现实环境里，都有创造新产品的问题。在极端的等级社会里，需要永远把经济体划分为100个地盘。在这样的环境下，要想推出传真机以躲避邮政垄断几乎是不可能的事情，因为传真机终将落在这100个排外地盘内的某一个之内，这些地盘在传真机出现之前就已经存在了。

23 任何利益集团的代表在努力影响立法时，都有两种选择。一方面，它们可以努力促成于己有利的市场限制；另一方面，它们可以在其他利益集团寻求于己有利的市场限制时从中作梗。前一选择我们称之为“重商主义的”政策，而后者我们称之为“竞争性的”政策。一个利益集团如果遵从竞争性的政策，其做法中往往包含着浓重的从公众利益出发的气息，这样做，大部分利益将为其他人得到(Olson，1965)。一个利益集团即使阻止了另一利益集团主张的重商主义限制，也只能从中获得极小的利益份额，大部分利益将被另外那98个利益集团获得，也就是说，它们可以坐收渔翁之利。

换句话说，任何利益集团的成员或者把资源用于游说寻租，以促成于己有利的市场限制出台，或者把资源用于阻止其他利益集团的游说行为，无可置疑的是，采取前一种做法比采取后一种做法动力更大。因为反对其他利益集团“重商主义”政策的结果是增进了公众的福利，大部分利益都白白流失到搭便车的其他利益集团手中。当然，我们可以从搭便车的利益集团受益这一事实出发，来理解自由竞争环境下经济过程参与者的两难处境：就所有参与者而言，在自由竞争环境下要比在重商主义环境下生活得好；但是，就单个参与者而言，他们有促成于己有利的市场限制出台的动力。结果，整个经济就变成了重商主义经济。

事实上，在民主环境下，寻租的结果不会是一种完全避免了竞争的经济。在立法市场之内，会有一个利润最大化的市场限制数量出售给出价最高的竞标者。⑪ 某一项市场限制的价值，会随着市场限制供应量的增加而降低。比如说，多个乳牛场主成立了一个卡特尔，这便是对市场的一种限制，其价值会由于对挤奶机征收关税或实行进口配额制而降低，尽管对挤奶机征收关税或实行进口配额制对国内挤奶设备生产商是有利的。

经济过程的参与者很可能会承认，从抽象的层面上说，他们在竞 24
争的秩序之内要比在重商主义的秩序之内生活得好。但是，这么说就提出了一个问题，即如何把这一制度性的秩序或宪政秩序保持下去，不让它遭受由现时政治过程所产生的强大力量的侵蚀。在考察

⑪ 特别参见麦考密克和托利森(McCormick and Tollison,1981)的著作。

市场关系时，人们清楚地看到了签约后的机会主义和代理成本，当市场关系变为政治关系和宪法关系时，这些问题就无处不在了。参与者可能都同意这样一条规则，即：竞争不构成侵权行为。但是，经过一轮又一轮的博弈之后，有些参与者就会想办法修改这一规则，使得竞争在某些特定的情形下成为侵权行为。其实，寻租理论只不过是一系列的变奏曲，其主题就是，竞争在许多情况下都是侵权行为。

如何维护国内的自由贸易体制，抵制现时政治的侵蚀力量，提出了一个维护宪法的问题。对于如何维护宪法，至今还没有找到令人满意的解决方法。这方面的文献认为，有两种途径可以达到维护宪法的目的。[12] 第一种途径是利用外在的力量来维系，依靠权力的集中形成最高权力来管束那些试图违反宪法契约的行为。其代表就是美国最高法院享有宪法的最终仲裁权，由此便产生了大家所熟悉的霍布斯式君权的问题。这种君权本身将不受制于宪法，相反，一个凌驾于规则之上的君主，可以通过授权形成另一套规则，声明新的规则具有宪法的特征，而违反原有的规则。第二种途径不是指定外部的权力来主持公道，而是寻求政治体制内的某种构造，只需依据这一相互制衡的体制构造，政治体制内各利益主体将按照追求自身利益的原则运转，自然而然地达到维护宪政秩序的目的。然而，并没有一个很简单的方法来完成这一使命，但可以肯定的是，美国的宪政秩序在最初设计时已显而易见地体现了寻求合理宪法构造的努力。

25　寻租和利益集团的竞争

和公共选择理论一样，寻租理论常常被应用于孤立的国家。对

---

⑫　详细的讨论见瓦格纳（Wagner，1987）。

某一个政治体的考察,实质上是在脱离其他政治体的情况下进行的。我们可以从概念上构造国际经济,把它想象成一个个孤立国家的联合体。在有许多非孤立国家的情况下,它所导致的国与国之间的经济秩序可以从国内政治过程和政治压力表现出来。国际经济秩序产生于各种国内政治制度的相互作用。国际贸易可以被看作是由国内政治驱动的。这样,有关国际经济秩序改革的问题,就不能与有关国内政治秩序改革的问题截然分开了。

这里,我们来考察一下关税和贸易限额。毫无疑问,关税是一种货物税。同样,贸易限额也可以被看作是一种税。有人表述过一个一般性的观点,即任何管制都可以理解为赋税的等价物。我们设想一个简单的双边贸易模型:美国对进口的日本轿车课以关税,部分关税将被转嫁到购买日本汽车的美国消费者身上,这部分消费者现在只能以较高的价格买到日本轿车。部分关税得由日本人来支付,销售价格提高的同时出口量下降;除去关税,日本车在美国的售价其实是降低了。另外,关税造成的日本轿车进口量减小和价格提高,为与日本汽车竞争的产品供应商提供了租金,当然与日本汽车展开竞争的主要是美国国内的轿车生产商。事实上,在很多情况下,人们游说政府课征关税,正是因为有可能获得这种租金。

要想全面研究在什么环境下政府会征收关税,以及会征收多高的关税,得等到人们提出一种内容更为丰富的政治过程理论的时候。[13] 对国内没有的产品课以关税,以及对国内已有的产品课以关税,二者情况不同,对它们进行区分是很有意义的。以咖啡为例,美

---

⑬ 这方面的说明性文献,见马吉、布罗克和扬(Magee, Brock, and Young,1989)以及巴格瓦蒂(Bhagwati,1988)的著作。

国国内并不生产咖啡，而对咖啡课征关税或施加限额就是对国内没
26 有的产品征收关税的例子。为什么会征收这种关税以及为什么会征收这么高的关税，需要从税收的政治经济学的角度去思考（瓦格纳，1990）。以对咖啡的关税为例，这种税是某种其他税的替代物。一般说来，政治上的强势群体能够较为有效地抵制课税，相比之下，政治上的弱势群体将会缴纳更多的税。咖啡关税的上升将遭到国内咖啡进口商的反对，但是该集团的反对力量要比国内采矿利益集团的力量弱，不征收咖啡关税会使采矿利益集团得到的资源耗竭补贴减少。无论如何，与其他货物税相关的咖啡关税，将反映出不同的生产商集团所能够组织起的反对力量的相对强度。

当被征收关税的进口物品国内也能生产时，我们就需要考虑另一些问题，考虑关税会在多大程度上影响国内生产商的财富。此时，一般来讲，与进口产品展开竞争的相应的国内生产商，有把该进口产品的关税维持在较高水平上的动力。正如上面提到的，对进口汽车征收关税将为国内轿车生产所需的零部件创造出租金。和前面一样，这种关税的税率将取决于不同利益集团为争取于己有利的立法而愿意出价的相对强度。只是在此时，与进口商品竞争的国内生产商才会积极地支持征收关税。

我们设想这样的一种情况：决策过程是由一些具有适当知识、并且以公众利益为取舍标准的人士做出的。在这种情况下，几乎不存在进口限额、关税以及其他贸易限制。若存在贸易限制，就说明传统分析中存在一些局限性。公共政策研究中所用的公共选择方法，使我们能够更清楚地理解这些现象在政治上受欢迎的原因，以及阻止出现这些现象的困难所在。利益被集中，成本被分散，决策常常由少数议员做出，或者至少是由他们监督政策的制定，而支持这些议员的

选民(这里的选民亦包括捐助者)从全国的角度看并没有广泛的代表性。

采用这种推理思路得出的结论似乎是,即使由于某种原因碰巧存在国际自由贸易体制,也没有理由认为该体制会存在下去。而寻租过程也就是获胜的利益集团把资源从败退的利益集团手中分配到自己手中的过程。无关税的世界似乎只不过是这样一个世界,在这
个世界上,货物税、税收特权等被一种真正没有歧视的、无所不包的 27
税基所取代了。[14]

6. 模糊性、可解释性以及宪法的失效 28

游戏、规则与宪法

唐纳德·麦克洛斯基(Donald McCloskey,1985)提醒我们,我们的思考在很大程度上借助于隐喻和类比。在宪政政治经济学里,用得较多的类比是把宪法比作游戏规则。足球比赛是由参与者之间一整套有序的关系构成的。在比赛中,人们在一套规则的约束下,各自追求自己的利益,于是,秩序就产生了。无论进攻的队是选择奔跑或过人的动作,也无论防守的队是选择快攻或阻挡对方对后场的进攻,这些动作都是他们根据自身利益的计算采取的理性行为。但是,在真正的比赛中,这些行为要受到足球规则的限制,如不能伤害对方球员、不能以手持球以及避免不必要的冲撞。

---

[14] 利用相似的分析方法,罗利(Rowley,1992)讨论了政府提供的法律服务,瓦格纳(1989)论述了福利国家提供的多种多样的服务。

游戏的规则是由游戏的参与者制定的，参与者可以不时地修正这些规划。裁判由参与者选出，目的是为了保证规则的贯彻，只不过相当于是游戏参与者的代理人。很显然，裁判的作用是使规划得以贯彻，而不是制定规划。宪政政治经济学认为，塑造政治参与者之间关系的规则类似于上面讲的游戏规则。宪法就是一套规则，规则限定了构成社会的个人之间的关系。在社会中，每个人都在这些规则的约束之下寻求自身的利益。再来看游戏，玩游戏和选择游戏规则是两个不同的过程。宪政政治经济学的文献也做了类似的区分。某一时期之内的政治活动类似于玩游戏，而牵涉宪法的政治活动类似
29 于游戏规则的选择或修正。

把政府与游戏的裁判员做一类比有着重要的含义，即政府和裁判员的角色都是代理人，即规则由参与者选择，政府和裁判员保证规则的贯彻实施。这里，政府和裁判员都不会制定或修正规则。从理论上讲，政府并不是权利之源，而是人民运用自身权利的表现。宪法的创立或修正，并不是政府的行为，而是一些人构建政府或调整政府的行为。立宪政体存在的理由是，政府受到普通民众的人权和财产权的限制，而且，政府本身不能成为人权和财产权的赋予者，也不能成为对这些权利施加限制的仲裁人（McIlwain，1947）。假如有三个人，如果其中两人采取行动想夺得第三人的财产，但从法律上却行不通，那么，这两个人虽然构成了政治上的多数，可以假借政府代表大多数人利益的名义，但由于法律规定了不能这么做，他们还是达不到目的。否则的话，政治上的多数人可以对少数人实行专政，那么政府就成了民众权利的赋予者而不是民众运用自身权利的反映了。

事实上，社会生活中的规则远比足球比赛的规则来得复杂。普通的比赛都有明确的时间限制，这一场的结束和下一场的开始是有

清晰界定的。一场一场的比赛并不是持续不停地进行下去，人们可以在没有比赛的时候改变规则，把改变了的规则用于以后的比赛中。然而，社会生活是连续的，一刻也不会停止，宪法规则的改变有点像是正在打比赛的时候，比赛的规则变了。牵涉宪法的政治活动和某一时期之内的政治活动同时进行。事实上，人们总是可以要求在将来的某个时候明确修订宪法。这种推延增加了不确定性。人们不知道具体的改变将会如何影响自己，于是，便扩大了改变规则达成一致意见的可能性。

但是，大多数的宪法修订不是明确地通过修正案，而是隐含地通 30
过解释法令和宪法条款而发生的。当然，有些宪法条款是不容解释的，如：美国总统必须在 35 岁以上；再比如每个州都要有两名参议员。然而，第五修正案涉及的剥夺私人财物以充“公用”的条款，却很难从字面上解释清楚。同样，普通比赛的规则中也会出现因解释带来的麻烦。比如说，比赛中不允许“不必要的冲撞”，或“有损运动员形象的举止”，做出这些规定是为了增进全体球员的利益。不仅对于政治上的宪法来说，而且对于普通的体育比赛来说，都存在着如何维护规则、防止人们通过解释修正规则的问题。

通过解释来修正宪法

裁判员有必要在许多特定的场合下解释如何运用规则，这一必要性是不是意味着裁判员必须参与修订比赛的规则呢？如果真是这样的话，体育比赛与政治活动之间的类比就难以成立了。选择规则的运动员与仅仅执行规则的裁判员之间的概念上的区别，就成了没有关系项的概念。运动员或许已经在赛前选择了一套规则，但规则实际上是什么却要根据裁判员的解释而定，也就是说，裁判说规则是什么，就是什么。

举个例子，美国的宪法有一条款（第一条，第八节）规定，议会有权征税，但条件是，所得到的收入将只用于“提高全体民众福利”的活动中。该条款带来了一种可能性，即税收可能用于提高部分民众的特别福利。在这方面，威廉·尼斯坎南认为：“美国的宪法没有为联邦福利计划提供明确的权利”（William Niskanen，1986，第 352 页），他接着指出，这些计划的宪法“权力”是由最高法院在 1936 年创造出来的。[15] 与此相似，理查德·爱泼斯坦认为，大部分的转移支付计划是违反宪法的，因为它与第五修正案中反剥夺的条款相违背（Rich-
31 ard Epstein，1985，第 306—329 页）。[16] 这两个例子的要点是一致的：转移支付计划使政府看上去是一部分民众利益的同党，而去损害另一部分人的利益，这种做法违反了建立美国宪政秩序所依据的那些原则。这种做法使得政府成为权利的赋予者或权利的剥夺者，而不仅仅是民众运用自身权利的反映。

但是，区分提高全体民众的福利与提高部分民众的福利是不是那么轻而易举呢？例如，转移支付计划是不是一定违反宪法第一条第八节或者同时违反第五修正案呢？当然，我们完全可以使转移支付计划适合于多数人向少数人施以负担的模式，很显然，这种做法是与宪法的规定相违背的，但是为了另一部分人的利益，把福利从一部分人转移给另一部分人，或者相反，把损失从另一部分转向这一部分人，福利计划有没有必要这么做？这种决定是怎样产生的呢？

---

[15] 见 United States V. Butler，297 US 1 (1936)。

[16] 相关讨论可见西格恩（Siegan，1980），罗利（Rowley，1992），以及发表在格沃特尼和瓦格纳（Gwartney and Wagner，1988）汇编的论文集里的，Roger Pilon，Richard A. Epstein，Gale Ann Norton，Peter H. Aranson 等人的论文。

难道真的没有可以想象得出来的理论依据，为一些转移支付计划的合理性作辩护，说明这些计划反映了民众运用自身的权利，因而与法律所要求的、通过这些计划提高全体民众的福利水平相一致吗？在有关帕累托最优再分配方面的文献中，有学者认为存在这种可能性，⑰提出把转移支付计划看作公共产品。这些学者认为，较富裕的群体通常认为，缓解贫困很重要；但是，存在于富裕群体中的搭便车现象阻碍了他们通过市场过程有效地实现他们的愿望。有些政府提供转移支付的计划因此就可以不被看作损害另一部分人的权利的活动，而可以看作是这样一种活动，这种活动符合民众的权利，并且帮助人们从市场交易活动中开掘出更多的潜在收益。

由此，福利计划或转移支付计划可以用两种相互冲突的解释加以理解：

1. 这种计划为一部分人的利益而剥夺了另一部分人的利益。 32

2. 这种计划并没有损害任何人的利益，而是提供了一种公共产品，该产品可以克服放弃转移支付计划带来的市场失灵。

看来要区分开上述两种解释并不是件容易的事情。似乎只要能够真正提高所有人的福利水平，转移支付计划就会被所有人赞同。如果真是这样，只要出现有人反对的局面，就说明这种计划并没有如其所称的那样提高所有人的福利水平。

然而，从搭便车的角度来看，人们说同意或者反对是不是足以值得信赖？实际上，只要表示出来的态度能够减轻自己的税务负担，有些人就会采取心口不一的做法，即说的和想的恰恰相反，有些人宣称

---

⑰ 最初由霍克曼和罗杰斯（Hochman，Rodgers，1969）发起，帕索尔（Pasour，1981）对此进行了深入的研究。

并没有从转移支付计划中获益，这种表态不能作为接受该意见的基础，另一些人宣称该计划符合全民受惠的准则，这些人的表态同样不足以相信。在搭便车的人中，嘴上称是、心里不然的人不在少数。他们会辩解道：只要表示出的态度能够减轻自己的税务负担，表态同意转移支付计划的人同样不值得信赖。因此，有些人便认为，尽管一些人提出了抗议，一些转移支付计划确实满足了“公共产品”或“全民受惠”的要求。

现在，我们来看看“夏威夷房屋管理局诉米德基夫”一案。审判结果支持夏威夷州 1967 年通过的土地重新分配方案。[18] 我们来考虑一下法院对该法令的全体一致的裁决。根据该法令，夏威夷的私人土地所有者被要求向佃户出售多种财产，从而把他们的佃户转变为土地所有者，减少土地所有者的人均土地面积。仅仅从表面上看，这项裁决就很难与第五修正案的要求相符。第五修正案不仅要求剥夺私有财产需要给以公平的补偿，而且要求必须为公共使用。夏威夷的土地重新分配后为私人所用，并不是为公共使用。

然而，这一结论也受到了质疑。建构一个合情合理的论点并不
33 难，可以说土地重新分配不但满足了公共目标，而且，一些类似的计划也是宪法所要求的，完全没有必要求助于那些在米德基夫案例中实际使用的含糊其辞的论点，说什么夏威夷当时的土地所有制是寡头卖主垄断模式，需要加以废除。我脑子中想到的是美国宪法第四条第四节，该节保证了州政府具有共和形态。我们需要建构的一个论点是，土地所有权高度分散的社会将使得公民品德或共和国公民

[18] 案件编号是 104 S Ct 2321 (1984)，顺便说一句，这一决定推翻了第九巡回法庭一致同意的观点，巡回法庭的审判结果认为夏威夷的做法是违背宪法的。

的品德得到更加深入的滋养，它们是民主过程正常运作的基础。这一论点并不难建立，而且与某些为人称道的美国思想传统颇有共同之处。因此，米德基夫案例中所支持的土地重新分配的形式就是实现公共利益的手段，而不是为了个人获利，因为它还表现为努力保证夏威夷州具有共和形态。

在这类例子里，为了维护宪法，法院的判决过程需要第三方对两个都宣称自己有理的主张做出选择。由于在这类场合，法官必须对不可观察的条件进行选择，他们做出裁决时的余地就相当宽泛，因为证据不可观察，就无须担心误判。事实上，赌注越高，人们就越有动力投入更多的成本来找出能产生共鸣的、貌似合理的理由，使裁决结构于己有利。当然，也会引起关于特定的法律条文如何应用的争论。所以，部分解释和裁决的过程是必要的。但是，有没有可能判断一个特定的法庭判决在什么时候代表了宪法所要求的合理解释，虽然是合法的，什么时候对法律的修订或修正是公正的？由于我们没有理由能够比第欧根尼更成功地找到公正的人选，这种判断看来是不可能的。[19]

选择裁判员的过程

如果建立公正和理智的能力仅仅由机灵和利害关系的大小决定，那么似乎就有理由想知道究竟有没有检验的标准可以用来区分
解释宪法的行为和修正宪法的行为。是不是对这个人来说是对宪法 34
的合理解释而对另一个人来说就是违宪的修正呢？我们再回顾一下

⑲ 梅西(Macey,1986)认为，即使各种法律是促进私人利益的工具，它们也必须置于公共利益的框架之下。因此，法院用平实的语言解释对法律能够制止国会的某些寻租倾向。

前面对宪法的执行过程和在有组织的体育运动员执行比赛规则的过程所做的比较。[20] 一个特定的裁判员可能与一个处于劣势的队，或者是客队穿一条裤子，在判罚时偏向弱队以增加该队的获胜机会。由于存在这一可能性，如何使裁判员或法官把自身的行为局限于执行规则而不是制定规则呢？尤其是，不可克服的判断因素总是不可避免地要运用解释，而"解释"总是会把制定规则和执行规则这两者本来在概念上很明确的区分弄得模糊不清。

即使解释不可避免，我们还是可以合理地认为裁判员并不制定规则，而是仅仅执行参与者事先赞同的规则。但是，这一看法合理的原因，与参赛者遵守裁判员实际做出的裁决没有任何瓜葛，也与我们将裁判员实际做出的裁决和参赛者事先同意的或意欲遵循的规则进行对照比较没有任何关系。相反，这一观点的合理性来源于参赛双方同意的过程，裁判员正是从这一双方同意的过程中被选择产生的。裁判员不仅由参赛者的同意而选出，而且还要得到持续的确认。如果参赛者对保留裁判意见不一致，那就意味着该裁判员被看作是一个规则的修正者，而不是规则的执行者。

换句话说，如何把合理的解释和通过"解释"做违反宪法的修正区别开来，这个问题可以从程序上加以非实质性的处理。在普通比赛中，有两个结构性因素使我们有理由说"裁判员是在执行运动员确定的规则，而不是修正运动员确定的规则"。第一个因素是，裁判员是由比赛的运动员一致同意选出来的。这个因素在两个因素中无疑是比较重要的一个。在政治法律活动中，这一条意味着应注意选举法官的政治过程。第二个因素是，对以前的选择进行审查和重新认

---

⑳ 进一步的详细讨论，可见瓦格纳(Wagner，1987)。

定的程序。运用到法官身上，这一条件并不要求直接选举法官或者 35 对法官的任期有所限制。只要有对法官弹劾的权力，那么终身任职或任期到退休年龄为止都与审查和重新认定的程序相符合。事实上，以上提到的双方同意的原则要求少数人的弹劾就能奏效。例如，假如认为选举人数中三分之二的人同意就实际上已经达到了两方同意的局面，那么只要同意弹劾的人数超过全体的三分之一就应该使弹劾生效。[21]

7. 内生的政治与法律过程 36

福利经济学与公共政策的探讨

20 世纪上半叶的后期，在经济学领域出现了福利经济学，表明经济学家很有兴趣系统地、形式化地，就好的或人们想要的政府政策必备的特征谈谈自己的看法。当竞争的市场经济模型正在被人们刻画得越发精致的时候，福利经济学致力于探讨这样一种观点的局限性，该观点认为，在市场经济条件下，要使某些人的福利状况更好而不使另一些人的福利状况更差是不可能的。福利经济学认为，有多种市场失灵的模型，如垄断、外部性和公共产品，所有这些情况都使得市场过程的参与者不能从市场交换中获得全部的潜在收益。于

---

[21] 有人可能认为，这样的少数人弹劾（就是少数人不同意就可使提议无效，与多数人同意可使提议生效是互补的。——译者）即可使弹劾生效的规则会引起太多的弹劾，因为不同的利益集团各有自身的利益，他们利益集团的压力表现在现存的法规上，它们会给国会带来巨大的压力。但是，合理的多数规则所代表的双方同意原则首先将减小压力的范围。其次，少数人弹劾即可生效的规则的确会使弹劾变得容易一些，但作为一揽子计划的补充部分，合理的多数通过规则会降低利益集团参与立法过程的程度。

是，政府就有责任让市场过程的参与者实现这些潜在的收益。[22]

从根本上说，好的政府政策的问题是弄清市场失灵的根源和类型的问题。人们假设（通常是暗中假设，而不是明确假设）这些知识会被用于好的目的，正如竞争性经济过程模型所描绘的那样。在这种情况下，通过正确的政府行为，好的知识将足以保证这些知识达到好的结果。换句话讲，福利经济学代表了一种有依据有步骤地进行社会改革的方法，而要想确保改革取得成功，就得向改革当局提供有根据的论点和证据。在福利经济学里，改革当局占据着很高的地位，
37 即使没有被当作全知全能的神来看待，也被理所当然地假定为具有仁慈的品性，一门心思致力于建立一个好政府。于是，福利经济学的目的就是努力阐明好政府所需具备的条件。

公共选择学派把改革当局的地位降到普通人的位置上，该学派并不否认仁慈品格的存在，但它认为所有人都特别偏爱属于自己的东西。既然假定在政治领域内同在经济领域内一样，安排人类事务时自利是最高原则，所以，公共政策的制订也就与激励的协调一致问题有关。因而，政治过程及其在公共政策中的种种反映就是内生的，是需要由经济解释加以说明的。其结果就是取消了福利经济学研究的对象。一旦认为政治活动的结果主要由约束政治过程的规则决定，福利经济学就难以自圆其说，至少与它构造的传统的理论框架有矛盾，因为福利经济学研究的对象已不存在了。政治对经济活动的干预将遵循经济逻辑，而这种逻辑与福利经济学的命令是不相干的。

---

[22] 我们需要注意到，福利经济学的发展是在自由主义框架内进行的，与自由主义相行不悖。该学派把个人偏好当作评价的标准，试图找到政府协助个人以达到双赢的途径。在该学派的学者看来，没有政府的参与，政府与个人的收益都将受到损害。当然，正如罗利和皮科克（Rowley and Peacock，1975）所指出的，福利经济学后来偏离了自由主义的立场。

广而言之,一项特定的政策措施与福利经济学的命令到底有多符合,并不在于这些学者的理论分析的说服力,而在于利益集团想花多大的代价办成这件事。

公共选择与改革的宪法重心

在政治过程和经济过程合二为一的条件下,学者们是否还有兴趣创造出一个更美好的世界?这也正是汉密尔顿在《联邦党人文集》第一篇中提出的问题。在仁爱的专制主义被抛弃后,宪政政治经济学就成了人们进行反思和选择的学术领域。虽然宪政政治经济学承认政治活动产生的结果是经济逻辑的产物,不是可以随意选择的,但它断言,构成政治秩序的规则是可以随意选择的。或者,至少它断言,如果有适当反思和选择的余地,那就必须在宪法的层面,而不是 38
在当下的政治层面进行反思和选择。

然而,这一主张也是有问题的。同样的经济学逻辑,公共选择学派的学者应用于当下的政治活动中,也能够应用于有关宪法的政治活动之中。因而,有人会反驳说,政治活动的内生化和公共选择革命带来的仁爱专制君主的被取消,使宪政政治经济学也同样变得在逻辑上不自洽。毫无疑问,若选择的结果运用于一系列比赛,而不是仅仅运用于一场比赛,人们达成某种一致意见的余地就肯定比较大。而且,宪法的选择比一般的政治选择产生的影响更久远,人们能够通过得到于己有利的宪法修正或裁决来增加现有的价值。换句话说,无论我们讨论的宪法程序是对宪法的修正还是司法裁决,宪法选择都不会使寻租的政治活动无效,而是使这类政治活动所下的赌注增大。

既然把政治活动看作内生的,那么政治经济学可能出现逻辑不自洽,这就需要判断什么是外生变量。一种可能是把生物的或基因的因素视为外生变量，这种做法使我们无法在适当的范围内反思和选择宪政秩序。原因就是所有关于宪法规则的言论和观点都将由生理意义上的自利心理所决定，因而选择本身必然是一种幻觉。这样的世界与凯恩斯(1936)所描绘的那个世界恰恰相反。凯恩斯说："与思想观念潜移默化的影响力相比较，既得利益所具有的力量被严重地夸大了。"(第383页)。理查德·韦弗(Richard Weaver，1948)的说法更平和一些，他只是说，思想具有深远影响力。

把思想和利益作对比，并认为它们是两个相互竞争的解释方案，
39 这很正常。把利益的重要性看得更重一些，就意味着把思想对社会过程的影响力看得轻一些。所以，把思想和利益看作互补的因素，认为它们代表了相同的事物可能更合理一些。这样一来，自利将不再是生理上的冲动，而是由个人建立起的思想观念。如果自利是由个人建立起来的东西，那么尽管政治活动是内生的，知识在影响选择的结果方面也就占有了重要的地位。这样，汉密尔顿在《联邦党人文集》第一篇中提出的问题就能得到肯定的回答，尽管必须恰当地理解宪法，才能为培育这种活动提供肥沃的土壤。

40 8. 思想意识、利益与宪政的秩序

思想意识是使利益正当化的理由

一般说来，经济学家似乎动不动就拒斥思想意识，认为思想意识不重要，往往只把思想意识看作是一道薄薄的屏障，用以阻止利益的入侵。然而，乔治·华盛顿就是在追求个人幸福这种利益时，听任自己流血至死。为什么呢？因为他被一种思想意识所支配，后来人们认

识到那是一种对疾病和治疗的相当古怪的信念。当前人们对思想意识所做的经济学分析就是把思想意识当作使某种欲望和行为合理化、正当化的理由。这样做的结果是使这些经济学家中的大多数都认为自己拒斥马克思主义,但事实上他们却吸收了马克思主义的核心思想。

另一种我认为正确的看法是,思想意识并不是无足轻重的东西,不是一盆汤里漂着的几片菜叶,而就是汤本身。思想意识指涉的是人们对现实世界的本质,以及正确做法的本质所持有的基本信念。[23]就社会生活而言,我认为,现在存在着两种基本的思想意识,这和托马斯·索厄尔(Thomas Sowell,1987)所说的很相近。在美国制定宪法的时候,则只有一种思想意识,就是索厄尔所说的“受制约的”人性观。尽管联邦党人和反联邦党人之间存在着激烈的争论,这种争论主要存在于经验领域,他们认为不同形式的政府在抑制外族入侵、控制国内独裁和党派纷争方面可能具有不同的能力。

在过去的 200 多年里,人们对人性和自利的一般理解已有了明
显的转变。这种转变使 1787 年制定出的原则直接运用到我们这个 41
时代时出现了很明显的局限。在制定美国宪法的那个时候,自利这种倾向是人类堕落以后原罪里所具有的基本特征,人们不会对此产生怀疑。原罪存在于每一个人的一切行为之中,它无所不在,同样,当人们制定宪法时,也自然认识到权力具有天生的趋向腐败的性质。事实上,如果不假定自利主宰着政治活动,政府默许的掠夺是一种严重威胁,那么美国宪法的许多条款就会显得没有意义。对分权的详尽表述、对权力监督和平衡的众多渠道是美国宪法的显著特点,这些特点证明了宪法中暗含的一种假定:即政府很容易成为掠夺的工具。

㉓ 正如米塞斯(Mises,1957)指出的:“一个人的观念反映出他的趣味所在。”(第 138 页)

后来创生出的《权力法案》进一步证明了这一假定的存在。例如，第一修正案包含这一假设，即国会有可能剥夺新闻自由、信仰自由和言论自由。如果没有以下这一基本假设，第五修正案的最后一个条款就变得不可理解了，这个假设是，若不作这条限制，民主政府就会剥夺私人财产而不予相应的补偿，甚至获取私人财产之后不只是用于公益，而且用于自利。

在1787年上帝还活在人们的心中。那时候，宪法权力背后的基本思想意识是，人类从天国堕落到凡间后无处不在。[24] 加尔文教派对詹姆斯·麦迪逊的影响是无可置疑的，尤其是对他理解人性，以便如何运用技巧约束住人性，都有显而易见的重大影响，其中直接的联系可能是约翰·威瑟斯庞（John Witherspoon）。此人是一个苏格兰的改革派牧师，后来成为了普林斯顿大学的校长，他是麦迪逊最为尊敬的师长之一。[25] 在古典悲剧里，无所不在的原罪被完美地表达出来，强调悲剧发生的缘由就是人物性格中包含的无法超越的缺陷。

42 宪法与悲剧

对悲剧的经典理解能够很完美地说明宪法规则所具备的功能。例如，正是李尔自身性格中所包含的虚荣心，导致他听任自己被女儿里根和多纳里尔的花言巧语摆弄得是非不辨，拒斥不愿拍马逢迎的

---

[24] 这一思想观念的一个重要的方面，就是奥古斯丁（Augustinian）所说的双城体系（天上之城和地下之城），它在肯定了道德上的善确实存在的同时，避免像古典政治学那样主张利用人的善的本性来治理国家（可参见例如 Graham Walker，1988）。

[25] 关于麦迪逊（Madison）和威瑟斯庞（Witherspoon）之间的关系，可参见斯科特（Scott，1982，第15页）。关于麦迪逊的更一般的讨论，可参见道恩（Dorn，1988）的著作。

女儿考狄利娅。如果李尔有一种非凡的自制力，管得住自己不被里根和多纳里尔的佞言所迷惑，就不会导致他的死亡。这里，虚荣心是人类性格中永存的不可改变的品质之一，而它确实会带来灾难性的后果。要避免这种灾难，就需要有一种外力来控制人们对奉承沾沾自喜的自然心态。如果李尔在准备把他的王国分给他的后人时，违反常规，对取悦于自己的女儿不予恩惠，看上去就有些不太正常，如同生理上出现了机能障碍，但不管怎么说，这么做能够遏制更大的恶。生活中包含的悲剧观直接暗含在宪法的观念之中，这就是约束行为的规则对于防止出现恶的结果是必不可少的。这种约束还暗示，有时必须放弃显得很有诱惑力的机会。

然而，在现在，原罪已不再被人们看作是一种无所不在的生活状态了，只是有时被用来描述特定的行为或特定的人物。古典意义上的悲剧已丧失了它原本的含义，而仅仅和形形色色的个人的不幸际遇等同起来。该隐(Cain)杀死亚伯(Abel)，雅各(Jacob)欺骗了以扫(Esau)本是隐喻人性中共有的品性，对四个人的缺陷做一般意义上的陈述；但现代人不这么看，他们只是认为恶能够在特定的场合下表现出来。如果宪法的规则只是阻碍了人们运用权力来行善，那么宪法的规则就毫无存在的意义，因为不能因此说权力必然会被人滥用。有些人可能会做坏事，但坏事能够在媒体和国会的调查之下大白于天下，有了这些监督曝光的程序，我们可以假设，立法机关不会做错事，至少不会有意做错事，因为它将是(或它能够被人们设计成)权利和重新安排权利的公正源泉。

如果在过去200年里，隔一段时间就做一次公民投票，要求投票人回答这么一个问题：你认为自己是因堕落从天堂下凡的天使，还是从林子里进化而来的猿猴，我们可以肯定，认为自己是从猴子变来的人所占比重在过去的200年中持续增加。[26] 现在人们在看待原罪时，只把它与极少数的特定情况下的行为联系起来，或者用原罪来描
43 述这种特定行为。这样，就没有理由阻止人们追求各种善，因为人性中并不存在普遍的、永恒的缺陷，而宪法保护人们不受这种缺陷的困扰就成为无稽之谈。宪法作为约束政治家的力量已不如从前那么有力了，因为做恶的癖性已不再被视为人类灵魂中特有的东西。因此，一些在人们看来既为人们所需，又对人们有利的事情，偏偏由于宪法的限制，使政府不能去做，这让人有些不可理解。我可以肯定，人们现在普遍认为政府应该总是利用一切机会为老百姓做好事，在这里，似乎并没有人们普遍感到的悲剧特征，也没有浮士德的讨价还价植根于利用政府权力做好事的过程中。至多只是存在某些特例，比如权力被滥用，但这不过是特例而已，而且我们通过读报纸、看电视了解到，我们有办法对付这些滥用权力的特例。

1887年，克利夫兰(Grover Cleveland)以宪法为依据，反对向遭受干旱的得克萨斯州农民提供种子援助(Warren，1932，第90—91页)。尽管寻租在宪法奠立人的心目中是很自然的事情，我认为他们已经认识到"善行"可能会导致民主政治结构内部的变质，这一切都将以悲剧的形式发生。这可以从考察克利夫兰行使否决权之后的立法程序看出，这一程序现在已经有效地取消了宪法对国会预算权的控制。[27] 起初，宪法拒绝把老百姓的税款拨付给某一特定的人群使

---

[26] 根据索厄尔(1987)的分类，我们猜测，相对于持受约束观的人而言，持不受约束观的人在数量上明显上升了。关于这二者的区别，我从布赖特(Breit，1973)有关克拉伦斯·阿普雷斯(Clarence Apres)的讨论中，借用了堕落的天使和进化的猿猴之间的区别。

[27] 关于宪法限制政府提供这一类转移支付的功能受到侵蚀的讨论，可参见沃伦(Warren，1932)的著作。

用，作这种规定的目的是为了抑制寻租行为的发生。无可否认，这类
法规导致了某些不幸事件的发生，例如农民受到干旱的侵袭却得不
到政府的援助。到了后来，有一种观点渐渐占了上风而且大行其道，
这就是“需要就是需要，不知道法律或宪法为何物”。宪法对国会拨
款权的限制因此而遭到侵蚀。在这个案例里面，宪法规则或宪法的
补救功能就体现在，对看起来公平的做法（政府提供援助）说“不”。
宪法就是要使之可能，使之成为必需。这么做的结果可以避免“民主 44
的悲剧”。这与李尔王的故事很相似，如果李尔做出理智的选择，他
和考狄利娅的死是可以避免的。

与上面的讨论相关联，我们来分析两个近来发生的、由陪审团判决的民事侵权案件。[28] 第一个案例的经过是这样的：两个人乘着热气球航行，显然遇上了风暴。着陆时，连同气球一起掉进了一家自助洗衣店，气球卡在一个大烘干机里面，立时爆裂了，把烘干机炸碎，烘干机的碎片如同炮弹片一样射伤了这两个倒霉鬼。两人起诉烘干机的生产厂商，结果得到了 885 000 美元的损害赔偿金。另一个案例是，某人决定参加一场本地公路赛跑。他显然意识到自己并不在跑得最快的选手之列，没有机会被拍照，也没有机会得到媒体的报道。于是他在自己的背上绑了一台电冰箱。结果，他赢得了人们关注的目光。然而，比赛开始不久，绑住他和电冰箱的皮带滑落了，冰箱和这位选手都摔在了地上，冰箱砸伤了人，骨断血溅。选手对比赛的组织者、冰箱的制造商和皮带的生产商提出起诉，陪审团商议的结果是原告得到了 100 万美元的赔偿金。

无论是一般情况还是特例，上面这两个案例都说明习惯法依赖

---

[28] Andresky，Kuntz，和 Kallen（1985）也做了如是报导。

于文化与观念。基本上可以这样讲，习惯法是社群价值观的体现。但这并不一定是件好事。无论习惯法依赖还是不依赖社群价值观里的善，从上述具体案例里反映出来的价值观都是没有道理的。有人做了蠢事，由此遭受不幸，人们却拿其他人的付出为做傻事的人开脱。事实上，这么做的结果是给人们以后的行为提供了坏的榜样，最终带来更多的不幸与痛苦。《三只小猪》早期版本的故事是这样的，前两只小猪，有一只用干草造房子，另一只用树枝造房子，都被大灰狼吃掉了，这就是他们的结局，都不能在原地再盖房子了，罗伯特·福斯特（Robert Frost）可能已经注意到这一点了。只有第三只小猪，用砖块来盖房子，结果活下来了。但这个故事后来被篡改了，新的版本上说，那个有远见的小猪从中斡旋，救了前两只小猪的命，结果三只小猪皆大欢喜，把大灰狼做成了晚餐。我们的文化使这种荒唐的故事大受欢迎，这种文化在很大程度上受到了索厄尔所说的不受约束的人性观的影响。[29]

45 从统计学的观点看好与坏

在悲剧意识消亡之前，人们就已经看到，任何规则都将产生出混合着好与坏的结果。坏的结果，比如说前例谈到的遇到干旱却拒绝援助的方案，将被人们接受，因为不这么做就必然导致采用不同的规则，从而产生更为糟糕的后果。悲剧意识使人们不能依据情境伦理的理论，零碎地做出选择，而要求固守规则以免受到缺陷品德造成的损害。

㉙ 事实上，这些陪审团的判决被烘干机制造商、皮带生产商的上诉推翻。但对坚持市场高效、政府低效的人来说，这似乎很成问题，因为最初的判决是普通公民根据习惯法做出的，结果却由于依法授权的司法机构的介入而被推翻了。

在悲剧意识逐渐势微的过程里，我们注意到一个很有意思的现象，即统计学也表现出了相同的悲剧意识。假设有人提议修建防洪工程。公共产品理论（以林达尔定价模型为代表）认为，到底建还是不建，要通过测算修建工程的经济效益和不修建工程的经济效益来决定，[30]但是第三方得不到模型里所用的成本和收益数据，反而暴露出他们自己是参与集体选择过程的当事人。得不到有关偏好和成本的数据，谁也无法计算出林达尔所说的均衡。然而，也可以这么认为，如果当事人同意分担工程所需成本的具体方案，那么林达尔模型可以用来描述这一情形的特征。

但是，全体同意为搭便车和市场失灵提供了操作的空间。如果
我们看到人们已经对某些项目的融资取得了一致意见，我们可以说
效率已经得到了提高。但是，没有取得一致意见并不代表提出来的
项目是缺乏效率的，因为不能达成共识的原因可能是搭便车造成的。
关于搭便车的讨论揭示了这样一个事实，即本来是对大家都有利的
事情，人们却常常不抓住机会。降低一个群体里同意的程度就需要 46
减弱对一致同意的要求。这时，搭便车现象便减少了，人们就能够更
加充分地把握互利的机会。但同时，强制执行就成为可能，因为人们
可能会被迫出资，尽管该项目对他们来说是划不来的；而这意味着，
虽然这个项目是缺乏效率的，可由于取胜的联盟能获利，偏偏缺乏效
率的项目能得到批准。因此，这里存在着强制执行与搭便车的相互
交易。当投票规则所要求的通过比率* 放得宽松一些，搭便车现象
就减弱一些，但是放宽通过比率会增加强制执行的程度。反之，当投

---

[30] Holcombe (1980)详细考察回顾了公共产品的主要模型。

* 如某项议案，有三分之二的人同意便算通过。——译者

票规则要求的通过比率严格之后，搭便车的现象就严重了。

仅仅观察到一项具体项目不能实施并不能够证实搭便车的假说，因为很可能这个项目本身就是不值得去做的。同样，我们看到政府出台了某项规定，但这并不说明搭便车现象已经被克服了，因为它很可能是强制执行的结果。换句话讲，在这里如同在检验假说的理论中一样，存在着两类谬误。一是搭便车谬误，它是指某项法规本身是有效率的而且是公正的，却不能得以出台。二是强制执行谬误，它是指某项法规本身缺乏效率，或者是不公正的，但却得以出台。这种统计学的表述有一个很有意思的特征，即完美是难以企及的。一种错误回避得越充分，其结果是损失更大，因为回避一种错误的同时使得另一种错误发挥得越充分。如果宪法规则只包括投票规则，那么就可以把这种统计学的表述理解为相当于布坎南和塔洛克(1962)提出的最优投票规则模型。在这种情况下，投票规则就变成了一种抽
47 样规则，因而也就可以探索宪法规则和统计学之间更为复杂的关系。无论如何，我们关注的都是规则所表现出的性质，而不是规则所产生的一个个特定的结果。

48

9. 复合共和制

奥斯特罗姆(Vincent Ostrom)在《复合共和制的政治理论》(1987)一书中指出，美国的宪政秩序是基于拒斥一条原则而建立起来的。这条原则是，政府对国家的管理需要集中最高权力。如果存在最高权力的集中，那就意味着存在某种机构，连宪法也拿它没办法。如果最高法院是解释宪法的最后仲裁机构，那么它本身就无法受到宪法的制约，因为最高法院说宪法是什么，就是什么(Tullock,

1965)。我认为,麦迪逊在《联邦党人文集》第51篇中说得对:“在共和政体里,立法权必须占有支配地位。”纯粹从宪法条文上讲,在美国的法律框架里,国会可以挤压最高法院的权限,可以把最高法院的预算削减到只够支付法官薪水的水平,而且还可以弹劾法官。至于总统,国会拥有宪法赋予的权利,通过两次使用弹劾权,推举一位国会议员到总统的位置上。㉛

单一同质的共和国

在一个单一的共和国里,议会将占据最高权力的位置,因此议会扮演宪法代理人的角色。这样,最高法院就是一个由国会授权的独立机构。无疑,与其他一些独立机构,如联邦能源委员会、联邦贸易委员会、州际商业委员会等相比较,最高法院有些不同。对最高法院成员的任命没有任期限制,但对其他机构成员的任命却是有期限的。 49
即便如此,比如说,14年任期和终身任期不一样,但二者对任期的折现值没有什么影响。把司法部门作为议会的一个代理机构,无论在过去还是现在,正如兰德斯和波斯纳(Landes and Posner,1975)描述的,都和简单共和国的基本原则相一致。在一个单一的共和国里,共和国所具有的弊病将不复存在,这一弊病就是:议会既是权利之源,同时又是权利的消灭者。至少,只要议会是由单一代表的代表制选举出来的*,而且在国会里按照大多数原则运转,那么就能摆脱上

㉛ 无疑,只有当国会里每一个成员的利益都足够一致,从而每一个成员都能相对协调地采取行动时,才有可能做到这一点;而且,由于结构上的原因,需要有很高程度的一致同意,才有可能做到这一点。

* 这里所说的单一代表制是指无论选区的面积大小和人口多少,一个选区只选出一名代表的选举制度。——译者

述的弊病。议会的武力总是能够吹散法律规定的一纸空文，单一的共和国无法摆脱最高权力的集中，结果集权的拥有者成了霍布斯所说的宪法的保护人。

然而，反联邦党人认为，只要共和国足够小，而且是同质的，共和国的弊病就能够克服。虽然反联邦党人是古典自由主义者，认为政府的根本任务是捍卫个人自由，但他们相信，培育共和国的美德对取得自由是必不可少的，并且，这种培育的效果在小的、同质的共和国里要比在大的、非同质共和国里的效果好。阿哥里帕(Agrippa)认为："没有一个疆域广大的帝国能够根据共和国的原则管理起来，这样的一个政府将蜕变为一个专制的政权，除非它是由小的州组成的邦联"(Storing,1985;第235页)。布鲁特斯(Brutus)认为，只有在小的共和国里，代表制才是有意义的："代表这个词意味着，那个被推举出来的人或机构，应该能够召集推举人开会……。一个人或几个人根本就不可能体现数量庞大的选民的感受、观点和特点"(Storing,1985;第124—125页)。一些反联邦党人甚至认为，州的规模会大得失去小共和国的特性；在这种情况下，州应该被划分成更小的单位。

在一个小的相对而言是同质的共和国里，公开讨论的问题一般都是全体公民所关心的内容。人们互相之间都有联系，并且能够有意义地参与公民生活。政府官员和他们管理的人民之间没有任何隔
50 阂。反联邦党人相信，积极参与公民生活有助于编织关爱与互助的纽带，而这对守护公民自由的政权将起到维护作用。在此，我们需要注意，1790年的时候，美国的13州总共只有将近400万人口。与此类似，今天的瑞士，人口不足700万，组织成26个州，其政府规模和200年前美国政府的规模相差不大。

在大的共和国里,人海茫茫,人们之间互相匿名地生活在一起,寡头统治也随之出现。当共和国的规模逐渐变大,每一个人都变得越来越不重要,对参与政府活动越来越失去兴趣,因为每一个人的分量变得越来越微不足道。人与人之间密切联系的关系被非人格化的和徒有形式的关系所取代,行为背后体现出的道德品质无可挽回地堕落了。争取特定利益的政治活动逐渐主宰了公民生活,公共事务逐渐置身于寡头政权的控制之下。

小共和国里的派性和专制

联邦党人并不相信共和国的规模小了就能够真正维护公民的自由。麦迪逊在《联邦党人文集》第 10 篇中说,派性深深地根植在人类的本性之中。任何政治活动只要没有达到一致同意,就会产生异质性,而在此之前,则是同质的。例如,一个完全由农民组成的小共和国,会发现自身根据种植作物的种类不同和土地的数量不同而分裂成许多派别。联邦党人认为,要有效地控制派别之争,就需要创立扩展的或者说是复合的共和国。通过建立复合的共和国,可以消除极权的存在空间,取而代之的是一套相互制约的、捍卫宪法制度的政治体制。

复合共和国的一个要素就是创立联邦制政府。一个州的议会可能会是掠夺和寻租过程的参与者。在一个简单的共和国里,根本找不到任何补救措施来消除共和国表现出的弊端。然而,在一个复合的共和国里,一旦政府利用违宪的权力做某些事情,另一个法庭将会抵制这种行为。无疑,有人会认为,至少从事后的眼光来看,宪法制
定者在构思上存在着一定的缺陷,即宪法给予联邦政府更多的权力 51
去限制各州的行为,而各州限制联邦政府的权力却相对较少。各州

的行为是否违宪由联邦法院说了算，与此相对应，似乎联邦的行为是否违宪应该由各州的法院来裁决。如果真要这样，就要允许某些州的议会或最高法院来否决联邦议会和法院的裁决。[32] 然而，在美国的宪法体制里，联邦的行为是否违宪是由联邦法院来裁定的。这表明，联邦政府是对自身行为做出裁定的法官，这和麦迪逊强调的立国的核心原则南辕北辙。[33]

立国者们还意识到，联邦这个无所不包的政府单位，将自然而然地在大大小小事务上起到决定作用。他们设计了两种补救措施来弱化这种无须人力推动就能获得的支配权。一种意义相对较小的补救措施是把联邦的权力分割成三个部分，分别由立法机构、执法机构和司法机构来承担。另一种意义较大的措施是把立法机构分成"不同的分支*，即使不同的分支在功能上，以及在依赖社会方面的本质相同，还是要利用不同的选举方式和不同的行动原则，使立法机构的不同分支之间几乎没有什么关联"(《联邦党人文集》，第 51 篇)。由于立法机关在共和政体里处于支配地位，立国者们认识到，立法机构的基础必须成为任何有关维系宪法的讨论焦点。

美国的宪政秩序采取的是一种从选区中选出单一代表的代表制，这对我们思考从选区中选出多个代表的代表制如何维系宪政秩序也是有借鉴意义的。因为在比例代表制下，有理由思考也可以思考立法机关能够在多大程度上成为一般民众公正无偏的代表。比例

---

[32] 这一论争是由尼斯卡南(Niskanen，1978)提出的。

[33] 尽管这非常符合麦迪逊的愿望，即用国民形式的政府来取代当时存在的联邦形式的政府，只是因为人们强烈地反对派国民形式的政府，才希望把新形式的政府称为联邦政府。参见戴蒙德(Diamond，1961)。

* 例如参议院和众议院。——译者

代表制到底在多大程度上能够反映出它所代表的选民的偏好和价值取向固然是有疑问的,但在单一代表制下,甚至连这种可能性都没有。

威克塞尔在公共选择领域的遗产 52

在公共选择领域做研究的学者里,对如何利用立法机构维持宪政秩序的问题做出重要贡献的学者是威克塞尔(Knut Wicksell,1896)[34],他提出了一种令人非常感兴趣的方法。简言之,威克塞尔提出,在立法的过程中,需要立法机关以较高的同意通过才是合理的,这一比例的范围是75%—90%。他还主张任何拟议中的支出计划都必须附有如何为该计划筹款的建议,因为不了解支出计划的成本,就不可能合理地判断拟议中的计划是不是值得去做。区分以下两点具有重要意义,一个是驱使威克塞尔建构宪法的“核心原则”,另一个是他在19世纪末20世纪初为瑞典提出的“特定的制度提议(Wagner,1988)”。威克塞尔为宪法建构的核心原则是私有产权的自由主义准则;根据这一准则,政府不是公民权利之源,而是公民权利的保护人。事实上,这一原则可以从制度上以多种不同的方式加以运用(Backhaus,1980)。

威克塞尔假定,瑞典是一个相对而言公民同质的国家。这一相对同质性表明,比例代表制,同时伴有几个但不是太多的政党,使得在瑞典这个国家里产生出的代表能够更贴近地代表民众各不相同的偏好。这样,近乎全体一致通过的规则表明,国会正在考虑的措施将提高全体公民的福利,而不是提高在选举中胜出的多数人的福利,同

㉞ 威克塞尔在法的政治经济学上的核心思想在布坎南(1987)那里得到了阐述。

时损害其余选民的福利。进而言之，瑞典的君主制表现为执行机关，可想而知，执行机关能够以企业家的身份发挥作用，其命运将依赖于它自身有多大的能力有效地执行议会通过的计划。

这样的讨论在美国就有些不同。有人提出的建议是，更多地采用高比例通过的规则，是否采用这样的规则，部分取决于接受不接受一致同意原则的特性。这些的一致同意原则特性是由布坎南和塔洛克(1962)阐明的，但是威克塞尔最先发现的。然而，把一致同意原则
53 引入到美国国会，并不意味着美国的政治制度呈现出威克塞尔化倾向。因为，美国国会内的基本一致同意的原则，并不等于几乎所有老百姓也一致同意。在各个选区只有一名代表的制度下，议会甚至连代表绝大多数老百姓偏好的能力都没有。因此，议会要具有代表性，就需要采用各个选区选出多个代表的制度，即需要采用比例代表制。正如美国的立国者们认识到的，在这种情况下，需要单一共和国没有的一些东西。不管怎样，威克塞尔和美国立国者们都认识到，制宪过程将受到参与者利益的驱使，最后的结果将决定于在宪法范围之内产生的利益关系。

54 10. 被动性、主动性以及宪法的制约

起制约作用的宪法

在一个社会里，很多人都相信自己是从猴子变来的，而在另一个社会里，大多数的人相信自己是从堕落的天使变来的。在这样的两个社会里，宪政秩序表现出的问题在一些重要方面很不一样。在大多数人相信自己是从猴子变来的社会里，人为地对政府权力施以限

制或设置屏障以提高公共福利的思想几乎没有市场。设置一套法律制约来约束处理公共事务的官员，这样做似乎没有什么道理。因为，生活在这个社会里的公民并不认为某种恶的要素植根于人性中。如果这么来看问题，那么所有对政府权力的限制所起的作用只能是，当政府有机会为公民做好事时，宪法却横杀出来使政府无所作为。[35]

在人人认为自己是从猴子变来的社会里，制约（“自然的”制约除外）的观念显得格格不入，相反，认为宪法是为政府追求善行提供机会的观念却大行其道。据说西奥多·罗斯福就说过这样的话：“总统可以随心所欲地做他想做的任何事情。”除了受到自然的竞争限制而外，字里行间没有透出一点受约束的意思。在我看来，那时候的宪政秩序必须去迎合总统的这种感觉。有关宪法制约的大多数讨论都力图把某种被动性强加在政治家头上，例如，力图规定他们只能做某些非做不可的事情，或力图阻止他们做某些事情。但是，在一个人人认为自己是从猴子变来的社会中，能够为人们所接受的宪法框架与其说是要强加被动性，还不如说是允许政治家享有充分的行动自由， 55
而只受自然约束的限制，如合理设计的竞争。

比如说，我们来看一看那些参与政治活动的人们。在一个选区只产生一名代表的制度下，通常会实行两党制。当占优势地位的思想意识是索厄尔说过的受制约的人性观时，两党都能够认识到，政府具有浮士德所具备的内在的恶德，两党都赞成有限政府的原则。两党的成员都持有索厄尔的制约观，于是把这种观念贯彻到他们的政治活动中去。现在，随着时间的推移，两党所持的观念发生了分歧，

---

[35] 关于把宪法的制约作为一种强制制约的论述，可以参看以布伦南和布坎南（Brennan and Buchanan，1980），麦肯兹（McKenzie，1982），以及李和麦肯兹（Lee and McKenzie，1987）为代表的论著。

其中一个党的大部分成员认为应该对政府持不加限制的不制约观。而持制约观的人则主要隶属于另一个党。持不制约观的党认为，需要的不是对政府做出限制，而是给予更多的机会让它提高公民福利，他们追求的是社会民主方案和创造更多的公共财富。那些脑瓜子灵活、精力旺盛的人，以及那些持不制约观的人，发现在政府里做事正对他们的胃口，使他们的冒险家性格和胆大妄为找到了恰如其分的归宿。然而，持制约观的人可不这么想。也许，自然是偏心的，自然选择的过程逐渐趋向于不断扩展政府职能。

自然的限制和人为的限制

这里，我们再到威克塞尔那里去看一下。在威克塞尔给瑞典提出的具体建议里面，有一点很值得我们关注，这就是其中缺少限制政府的意识。威克塞尔根本没有列出一个清单，告诉政府什么是它不能做的。在威克塞尔的心目中，政府可以做它愿意做的任何事情，政府所受的限制完全是“自然的”限制。这些限制不是人为赋予的，而是政府内部组织自行产生的。财产法和合同法对人们的行为有所制约，这是事实。同样不假的是，这样的一些制约与其说是“人为的”限制，倒不如说是“自然的”限制。威克塞尔认为，财产法和合同法并不是人们刻意制造出来专为限制人们行为的；它们应该被看作是自然的一部分，就如同人们的行为受到重力的制约，而重力就是一种自然赋予的限制。[36] 对威克塞尔来说，政府需

---

[36] 例如，人们一般把财产权制度看作是自由不可或缺的要素。但实际上，财产权是对自由的限制，原因是，财产权给予了公认的财产所有者以自由，而对其他所有人施以限制。然而，财产权一般被看作是自然的权利，而非人为的权力。关于这方面的论述，可以参见罗利和瓦格纳(Rowley and Wagner，1990)的论著。

要被安排在当时存在的财产法之中。理查德·爱泼斯坦(Richard
Epstein,1985)坚持认为,公法和私法不应被看作是相互分离的,而
应该把公法看作是私法的一个子集。我个人认为,威克塞尔已经 56
完全接受了这一思想,不管怎么样,这一思想始终贯穿在威克塞尔
的精神之中。

威克塞尔设想的政治家是积极主动的、富有企业家精神的政治家,他们像私人企业家那样,想尽各种办法向公民提供服务。这些政治家可以是议员,也可以是君王。他设想的政治家,除了受到宪政秩序的"自然"限制之外,并不是被动接受的、只能在限定的框框里行事的政治家。在一本很有意思的文集里,鲁道夫·西克尔(Rudolf Hickel,1976,第 20 页及随后各页)区分了"企业家式国家"和"税收国家"。"税收国家"一词来源于约瑟夫·熊彼特的一篇文章,而"企业家式国家"来源于鲁道夫·戈德希德(Rudolf Goldschied)几篇文章的题目。这里并不是讨论戈德希德反对熊彼特的地方(二人的分歧焦点在于,对在一次世界大战期间积累起来的奥地利公债,以及区别由此出现的两种不同政府模式,即税收国家和企业家式国家提出了不同的处理方法)。但是,应该指出,熊彼特所说的税收国家将无法在属于私法范畴的普通财产法和合同法之内运作,而只能根据一套完全不同的公法运作。相比之下戈德希德提出的"企业家式国家"则将在财产法和合同法的框架内运作。

当然,要使宪政秩序具有企业家式国家的特性,可以构想出很多种具体的做法。如上所述,"企业家式国家"的观念仅仅是一条一般的双方自愿治理原则,它在处理公法问题时,把公法视为私法的一个组成部分,而且侧重于造就积极主动的政治家,而不是将人为制造的

条条框框加在政治家身上。以威克塞尔为例，他为企业家式国家提出了一套具体的概念，在这一套观念里，君王为议会提供服务，而且想方设法提供更多的服务。按照这一思路，另一种组织政府的办法就是把公司原则引入到政府之中。直到1787年，公司的组织形式还
57 十分原始；但是，200年过去了，公司获得了长足的发展，公司已经成为组织大规模合作活动的一种工具。

58 11. 这是宪政秩序的一致性原则吗？

威克塞尔提出的政治体制是把帕累托原则运用到政府身上(Hennipman，1982)。威克塞尔的政治体制和美国的政治体制，是运用常见的古典自由主义自治原则的两个实例。从理论上讲，有无数种运用这一原则的方式。但是，任何将这一原则付诸实际的努力都将面临一致性问题。例如，在运用自由主义原则的过程中，把财产法和合同法与根据多数原则运行、由单席位选区选举产生的单一共和国相结合，就会出现不一致性。在这样的宪政秩序下，共和国的弊病得不到有效的遏制。一旦无法消除这种不一致性，市场秩序的双方自愿原则就会与政治秩序的非双方自愿原则发生冲突。市场的参与者就会利用政治秩序谋取私利，使他人蒙受损失。同时，政治活动的参与者也将利用政治权力为一些社会成员谋取私利，而使所有其他人蒙受损失。

企业家式国家和私有产权

从威克塞尔到企业家式国家的思想，再到经济计算理论的思想似乎只有很短的一段距离。这里，企业家式国家只是经济过程的众

多参与者之一。[37] 经济计算理论认为,要想使生产结构有效地反映
个人的价值评价,个人赖以进行选择的制度性规则就必须以财产原
则和合同原则为基本特点,就必须建立所有权,对资源的使用就必须 59
征得所有者的同意。关于经济计算的论争原先是针对社会主义和中央计划展开的,但有关经济计算的含义具有非常一般的意义。对于任何拟议中的经济行动都可以做出以下这两种断言:(1)该经济行动将增加价值;(2)该经济行动将不增加价值(或者反而减少价值)。经济计算理论解释说,必须在以双方自愿为基础的制度下,才能做出这两种断言。美国的立国者们早已认识到,当代的公共选择学派的学者也重申,多数人裁定的民主秩序与双方自愿的制度体系相距十万八千里。

当然,必须把双方自愿的原则和这一原则的任何具体运用区分开来。例如,可以构造出许多具体的做法来实现以企业家式国家为特征的宪政秩序,如上所述,“企业家式国家”仅仅是一种观念,具体而言是双方自愿管理原则中的一种,该原则基础等同看待公法和私法,不把二者截然分开。而且,不是把被动强加给政治家,而是关注如何去造就积极进取的政治家。

事实上,通过市场过程提供公共产品的实例相当多。这一现象似乎意味着,在政府内部,并不存在必然的或者固有的原因,使所有权和资本市场缺失空位。正如斯宾塞·麦卡勒姆(Spencer MacCallum,1970)提出的,酒店、娱乐场、公寓楼以及商场都是根据财产法

---

[37] 事实上,大多数财政学学者认为这种威克塞尔式的理想不具有可行性,从而采取拒斥态度,更不用说除可行性之外而因其他理由拒斥威克塞尔的观点了。例如,曼恩(Mann,1937)把威克塞尔的这种理想称为:“完全靠热情建立起来的幻想,在现实中找不到任何与之相类似的东西”(第 276 页)。

和合同法、通过市场过程运作的共同消费的组织。

例如，酒店提供的公共产品有垂直升降电梯、停车场、道路清洁和保安。同时，人们消费的私人服务有居住的房间、餐饮以及医疗。正如可以对街道和人行道的资源配置提出许多问题一样，对走廊和电梯的资源配置也可以提出许多问题。上述的这些公共产
60 品，人们都可以使之清洁或不清洁，明亮或不明亮，在修造的过程中使之质量较高或不高。所有这一切都是在对资源的使用进行选择。同样，城市和酒店都为人们提供各种空地，都要做出自己的选择，城市要选择把多少资源用于公园这样的公共消费；酒店要选择把多少资源用于大厅这样的公共消费。城市和酒店都要组织对公共消费物品的供应。酒店既要提供诸如治安、火警、卫生、娱乐和运输这样的公共服务，也要提供诸如客房、餐饮和购物这样的私人服务。

酒店与城市，二者之间的相似之处

此外，酒店或公寓楼与城市之间似乎并不存在本质的区别，只不过酒店的组织形式一般说来是公司，而城市则不是。城市、酒店、购物中心和公寓楼都要根据公共产品理论提供各种各样所谓的“公共”服务。无论城市和酒店之间的不同点看起来多么像是制度上或组织上的不同点，可是它们都要提供许多人共同消费的服务。但是，城市和酒店分属不同的所有权安排形式。

城市和酒店之间，或者市政公司和私人公司之间，当然可以从所有权的安排形式之中找到一些显著的不同。城市是非个人所有的组织，是一种消费合作社。由于人们居住在城市里，城市居民获得的是一种不可转让的所有权份额。这种所有权份额是不可让渡的，离开

这个城市，城市居民就必须放弃他的所有权份额。不存在所有权份额的转让市场，城市居民必须同时既是城市资产的所有者，又是城市利用这些资产提供的服务的消费者。

正如布坎南(1965)指出的，城市和俱乐部之间存在一些明显的相似之处。根据相同的思路，桑斯泰尔和波特尼(Jon Sonstelie and 61
Paul Portney,1978)解释了如何把一个社会根据公司的构成原则组织起来，并且深入研究了这种组织方法的优越性。城市之间通过提供居所和公共服务相互展开竞争，于是，从根本上看，城市和酒店、公寓楼或购物中心很相似。城市将按照公司的形式组织起来，由股东提供股本。城市的运作，和酒店、购物中心一样，由经理班子去具体操作。在这样一种竞争性的公司环境里，委托—代理难题和其他市场环境里所面临的这一问题一样，困扰着这种组织形式，因为城市是按照公司的形式组织起来的，其制度框架与其他公司完全一样。

但是，当城市是按照民主制组织起来，而不是按照公司形式组织起来时，委托—代理关系赖以运行的制度框架就有非常重要的不同。城市若按照民主制组织起来，居民由于居住在城市里就成为城市的所有者，其所有权是不可让渡的。在存在资本市场的情况下，公司所有权将在所有者之中产生一致同意的倾向，这是德·安吉洛(De Angelo,1980)和马科夫斯基(Makowski,1983)的观点。然而，在不存在资本市场的情况下，就不可能出现意见一致的局面。若不存在资本市场和可转让的所有权，所有者之间就有可能发生冲突，因为所有者之间形成的优势联盟将侵吞其他所有者的财富。不同的城市居民兼城市资产所有者，会对公共产品和公共政策有不同的偏好，因为公共选择会带来不同的财富转移机会。

作为公司的城市

当城市被称为市政公司时，“市政”这两个字就把这类企业和其他企业区分开来。市政公司是非股份制企业，是非赢利性的合作社，具有不可转让的所有权份额。在这个方面，市政公司与各种互助协会非常相似；但是，互助协会可以转变为股份制公司。最近几年，有
62 很多互助储蓄贷款协会已经转变为股份制公司了。与此相似，从理论上讲，似乎并不存在不能把市政公司转变为股份制公司的道理，因此，有些人购买由市政公司提供的服务，同时并不成为公司股东，这完全是有可能的；而目前的城市居民则必须同时既是消费者又是所有者。把市政公司转变为股份制公司将把这两种身份区分开来，同时将把城市转变为在某种意义上类似于提供客房的酒店[38]。城市将代表一块土地的共同所有权，这与酒店在所有权方式上是一样的。人们将在所有权方面深入研究。这样，城市和酒店的区别就会消失。

有许多方法能够使城市转变为公司，每一种方法都会带来不同的分配结果，会使城市居民的权利成为一种可让渡的权利，使“市民”成为“会员”、“消费者”或“所有者”。正如城市居民的权利可以在股份制公司里加权那样，市政公司里的所有权份额也可以被加权，权数的大小根据所缴纳税款的相对数量来确定。另一种办法是，不管城市居民财产的多寡，我们假定，一人一票的投票原则要求每一个人享有相同的所有权份额。不管怎么说，根据现有的公司治理理论以及公司运作原理的某种扩展，总能找到治理城市的某种当代办法。这种办法具有很多封建早期契约式政府具有的特点，只是能够适合现

[38] 关于城市和酒店之间相似性的论述，可以参见麦卡勒姆(MacCallum,1970)。

代社会的技术和生活而已。

这种契约式治理颇有价值的特征之一就是创造出了一套制度框架来适应扩张或收缩的政府。正如一个公司可以吞并另一个公司一样，一个城市也可以吞并另一个城市，从而取代了城市之间只能合并或联合的规则。这样，一个城市就可以出售其自身的一部分，一种会由此创造出适应城市范围扩大和收缩的制度框架。这种制度框架更 63
能与财富的创造相适应，而不是与通过寻租转移财富相适应。当然，还有一些其他形式的企业家式政府可以研究，但无论其形式如何，它们都将把公法当作为私法的一个组成部分来看待，因此，在政府行为规则的框架里，公法的私法化将表现为帕累托同意原则的扩展。[39]

12. 结论 64

亚当·斯密以后发展起来的经济学关注的主要是，社会是如何通过财产权和合同权所体现的那套规则实现组织和协调过程的。它研究的是，在没有组织者的前提下，社会为什么有时是有秩序的，有时是无秩序的。经济被概念化为一个自行组织起来的关联网络。这些原理并没有应用到政府身上。部分原因可能是政府规模较小而且是君主制使然，所以当谈到政府时，如何建立和维持井然有序的关系这一问题从来没有引起过人们的关注。当政府的首脑是国王或女王时，人们可能很自然地会把政府想得十分具体，十分拟人化。政府的决策非常类似于一个家庭或一个公司的决定。经济学家一般认为，

---

[39] 而且，正如范伯格(Vanberg，1982)指出的，这种一般方法无疑与奥托·冯·吉尔克(Otto von Gierke 研究社区的形成时所使用的方法相一致。

公司是一个人说了算,政府在决策方面可能与公司只有一步之遥。

然而,对公司以及一般组织的理论研究,正在从等级观念转移到多中心的观念上。这一转向尤其在研究规模很大、很复杂的组织时最明显。人们认识到,一个人是不能引导或控制大公司的活动的。大公司不是被想象为一个有才智的人,而是被想象为一个由各种规则和关系构成的网络。公司各种各样的活动是参与者在这些规则的框架内追求各自利益的结果;公司的相对成功部分取决于规则之间的协调性。

65 同样作为组织,适用于公司的也适用于政府。没有任何一个"政府"可以听命于某一个人,实际上,人们之间形成了多中心的、高度复杂的关系网络。这些人与人之间的关系受到规则和习俗的影响,被集中起来,被人们称之为"政府"。但是,政府并不是与其他人背靠背,或者完全分离开来的,就如同一个是公,一个是私,泾渭分明,互不浸染。把政府想象成拟人化的东西,某种像利维坦怪兽或其他什么简单化的东西,并不能帮助我们理解它。事实上,政府仅仅是一个抽象的名词,是一套关系和规则体系;人们在这一体系之内实现自己的计划,追求各自的利益。

人们常常把关于宪政秩序和控制的问题归结为如何设计出一套合适的锁链,锁住政府这头巨兽。然而,生活告诉我们,精力充沛、大胆、富于冒险精神的人总是易于出人头地,这是长期的,不可改变的现实。这引导我们建立充满活力的、富有企业家精神的政治理念,反思过去被动的、对政治家施以种种限制的政治学思路。政治家很自然地要想出台新的法律,就如同药品制造商总是希望开发新药一样。药品制造商受到竞争的"自然"限制,互相之间尊重对方的权利,因而很可能由于新药的预期利润不如人意而拒绝开发某种新药。这二者其实是一回事。但是，如果药品制造商受到人为的限制，例如，政府限制每年推出的新药的数量，那就完全是另一回事了。

在这篇文章中，我的研究吸收了自由主义哲学的一般理念，在自由主义的基本倾向下，来研究宪法对政府的制约作用。我的研究指向的是一种全新的政治生活，它把政治家看作是积极主动的、富有创造性的人，把“政府”看作是多中心的复合体——一个没有协调人，但却协调得很好的关系网络。这里讨论的是一个与以往国家的政治理论很不一样的新思想，这一思想非常严肃地对待国家概念，深入探讨不同的政治规则和政治过程会以何种方式支持或妨碍这一理想的实现。委托一代理理论能够恰如其分地应用在国家的政治理论之中。委托一代理理论是针对公司而发展起来的，它研究的是所有权形式和订约过程对所有者共同财富的影响。在这方面的文献里，人们假设公司的管理者有义不容辞的义务来增进股东的共同利益。同时，人们认识到，管理者会在多大程度上这么做，并不仅仅取决于道德劝诫，而且还要受制度环境对企业家激励的影响。与此类似的观点完全适用于考察国家的制度结构。

（朱泱泱　校订）

参考书目

Andresky, J. , Kuntz, M. and Kallen, B. (1985), 'A World without Insurance?' *Forbes*, 136, 15 July, 40-43.

Axelrod, R. (1984), *The Evolution of Cooperation*, New York: Basic Books.

Backhaus, J. (1980), 'The Pareto Principle', *Analyse & Kritik*, 2, No. 2, 146-171.

Bhagwati, J. N. (1988), *Protectionism*, Cambridge: MIT Press.

Breit, W. (1973), 'The Development of Clarence Ayres's Theoretical Institutionalism', *Social Science Quarterly*, 54, September, 244-257.

Brennan, G. and Buchanan, J. M. (1980), *The Power to Tax: Analytical Foundations of a Fiscal Constitution*, London and New York: Cambridge University Press.

Buchanan, J. M. (1965), 'An Economic Theory of Clubs', *Economica*, 32, February, 1-14.

Buchanan, J. M. (1975), *The Limits of Liberty: Between Anarchy and Leviathan*, Chicago: University of Chicago Press.

Buchanan, J. M. (1987), 'The Constitution of Economic Policy', *American Economic Review*, 77, June, 243-250.

Buchanan, J. M. and Tullock, G. (1962), *The Calculus of Consent: Logical Foundations of Constitutional Democracy*, Ann Arbor: University of Michigan Press.

Bush, W. C. (1972), 'Individual Welfare in Anarchy', in G. Tullock (ed.), *Explorations in the Theory of Anarchy*, Blacksburg: Center for Study of Public Choice, pp. 5-18.

De Angelo, H. (1981), 'Competition and Unanimity', *American Economic Review*, 71, March, 18-27.

De Jasay, A. (1985), *The State*, Oxford: Basil Blackwell.

De Jouvenal, B. (1961), 'The Chairman's Problem', *American Political Science Review*, 55, June, 368-372.

De Tocqueville, A. (1848), *Democracy in America*, New York: Harper and Row.

Diamond, M. (1961), '*The Federalist's* View of Federalism', in G. C. S. Benson (ed.), *Essays in Federalism*, Claremont, CA: Institute for Studies in Federalism, Claremont Men's College.

Dorn, J. (1988), 'Public Choice and the Constitution: A Madisonian Perspective', in J. D. Gwartney and R. E. Wagner, (eds), *Public Choice and Consti-*

tutional Economics, Greenwich, CT: JAI Press, pp. 57-102.

Epstein, Richard A. (1985), *Takings: Private Property and the Power of Eminent Domain*, Cambridge: Harvard University Press.

Eucken, W. (1952), *Grundsätze der Wirtschaftspolitik*, Tübingen: J. C. B. Mohr.

Gwartney, J. D. and Wagner, R. E. (eds) (1988), *Public Choice and Constitutional Economics*, Greenwich, CT: JAI Press.

Hayek, F. (ed.) (1935), *Collectivist Economic Planning*, London: George Routledge and Sons.

Hennipman, P. (1982), 'Wicksell and Pareto: Their Relationship in the Theory of Public Finance', *History of Political Economy*, 14, No. 1, 37-64.

Hickel, R. (1976), *Die Finanzkrise des Steuerstaats: Beitraege zur Politischen Ökonomie der Staatsfinanzen*, Frankfurt: Suhrkamp.

Hobbes, T. (1962), *Leviathan*, ed. by Michael Oakeshott, New York: Macmillan.

Hochman, H. M. and Rodgers, J. D. (1969), 'Pareto Optimal Redistribution', *American Economic Review*, 59, September, 542-557.

Holcombe, R. G. (1980), 'Concepts of Public Sector Equilibrium', *National Tax Journal*, 33, March, 77-88.

Keynes, J. M. (1936), *The General Theory of Employment, Interest, and Money*, New York: Harcourt Brace.

Lachmann, L. M. (1971), *The Legacy of Max Weber*, Berkeley, CA: The Glendessary Press.

Landes, W. M. and Posner, R. A. (1975), 'The Independent Judiciary in an Interest-Group Perspective', *Journal of Law and Economics*, 18, December, 875-901.

Lee, D. R. and McKenzie, R. B. (1987), *Regulating Government*, Lexington, MA: D. C. Heath.

Leipold, H. (1990), 'Neoliberal Ordnungstheorie and Constitutional Economics, *Constitutional Political Economy*, 1, Winter, 47-65.

MacCallum, S. H. (1970), *The Art of Community*, Menlo Park, CA: Institute for Humane Studies.

McCloskey, D. N. (1985), *The Rhetoric of Economics*, Madison: University of Wisconsin Press.

McCormick, R. E. and Tollison, R. D. (1981), *Politicians, Legislation, and the Economy*, Boston: Martinus Nijhoff.

Macey, J. R. (1986), 'Promoting Public-Regarding Legislation through Statutory Interpretation: An Interest Group Model', *Columbia Law Review*, 86, March, 223-268.

McIlwain, C. (1947), *Constitutionalism: Ancient and Modern*, rev. ed. Ithaca, NY: Cornell University Press.

McKenzie, R. B. (1982), *Bound to Be Free*, Stanford, CA: Hoover Institution Press.

Magee, S. P., Brock, W. A. and Young, L. (1989), *Black Hole Tariffs and Endogenous Policy Theory*, Cambridge: Cambridge University Press.

Makowski, L. (1983), 'Competition and Unanimity Revisited', *American Economic Review*, 73, June, 329-339.

Mann, F. K. (1937), *Steuerpolitische Ideale*, Jena: Gustav Fischer.

Mises, L. von (1957), *Theory and History*, New Haven, CT: Yale University Press.

Niskanen, W. A. (1978), 'The Prospect for Liberal Democracy', in J. M. Buchanan and R. E. Wagner (eds), *Fiscal Responsibility in Constitutional Democracy*, Leiden: Martinus Nijhoff, pp. 154-174.

Niskanen, W. A. (1986), 'A Constitutional Approach to Taxes and Transfers', *Cato Journal*, 6, Spring, 374-452.

Olson, M. (1965), *The Logic of Collective Action*, Cambridge: Harvard University Press.

Ostrom, V. (1984), 'Why Governments Fail: An Inquiry into the Use of Instruments of Evil to do Good', in J. M. Buchanan and R. D. Tollison (eds), *Theory of Public Choice, II*, Ann Arbor: University of Michigan Press, pp. 422-435.

Ostrom, V. (1987), *The Political Theory of a Compound Republic: Designing the American Experiment*, 2nd ed., Lincoln: University of Nebraska Press.

Pasour, E. C. Jr (1981), 'Pareto Optimality as a Guide to Income Redistribution', *Public Choice*, 36, No. 1, 75-87.

Rowley, C. K. (1992), *The Right to Justice: The Political Economy of Legal Services in the United States*, Brookfield, Vermont and Aldershot, England: Edward Elgar Publishing.

Rowley, C. K. (1992), 'The Supreme Court and Takings Judgments: Constitutional Political Economy Versus Public Choice', in N. Mercuro (ed.), *Taking Property and Just Compensation: Law and Economics Perspectives of the Takings Issue*, Boston: Kluwer Academic Publishers, pp. 447-464.

Rowley, C. K. and Peacock, A. T. (1975), *Welfare Economics: A Liberal Restatement*, London: Martin Robertson.

Rowley, C. K. and Wagner, R. E. (1990), 'Choosing Freedom: Public Choice and the Libertarian Idea', *Liberty*, 3, January, 43-45.

Rowley, C. K., Thorbecke, W. and Wagner, R. E. (1993), *Trade Protection*, Fairfax, VA: George Mason University Press.

Scott, J. (ed.) (1982), *An Annotated Edition of Lectures on Moral Philosophy by John Witherspoon*, Newark: University of Delaware Press.

Siegan, B. H. (1980), *Economic Liberties and the Constitution*, Chicago: University of Chicago Press.

Sonstelie, J. C. and Portney, P. (1978), 'Profit Maximizing Communities and the Theory of Local Public Expenditure', *Journal of Urban Economics*, 5, April, 263-277.

Sowell, T. (1987), *A Conflict of Visions: Ideological Origins of Political Struggles*, New York: William and Morrow.

Storing, H. J. (1981), *What the Anti-Federalists Were For*, Chicago: University of Chicago Press.

Storing, H. J. (1985), *The Anti-Federalist*, Chicago: University of Chicago Press. (This is a one-volume abridgement of Storing's seven-volume *The Complete Anti-Federalist*.)

Taylor, M. (1976), *Anarchy and Cooperation*, New York: John Wiley.

Tullock, G. (1965), 'Constitutional Mythology', *New Individualist Review*, 3, Spring, 13-17.

Tullock, G. (1974), *The Social Dilemma: The Economics of War and Revolution*, Blacksburg, VA: Center for Study of Public Choice.

Vanberg, V. J. (1982), *Markt und Organisation: Individualistische Sozialtheorie und das Problem Korporativen Handelns*, Tübingen: J. C. B. Mohr.

Vanberg, V. J. (1988), 'Ordnungstheorie as Constitutional Economics', *Ordo*, 39, 17-31.

Vaughn, K. I. (1985), 'Economic Calculation under Socialism: The Austrian Contribution', *Economic Inquiry*, 18, October, 535-554.

Vaughn, K. I. (forthcoming), *Austrian Economics in America: The Migration of a Tradition*.

Viner, J. (1972), *The Role of Providence in the Social Order*, Princeton: Princeton University Press.

Wagner, R. E. (1987), 'Parchment, Guns, and the Maintenance of Constitutional Contract', in C. K. Rowley (ed.), *Democracy and Public Choice: Essays in Honor of Gordon Tullock*, Oxford: Basil Blackwell. pp. 105-121.

Wagner, R. E. (1988), '*The Calculus of Consent*: A Wicksellian Retrospective', *Public Choice*, 56, February, 153-166.

Wagner, R. E. (1989), *To Promote the General Welfare: Market Processes vs. Political Transfers*, San Francisco: Pacific Research Institute.

Wagner, R. E. (1990), 'Fiscal Principle, Fiscal Politics, and Consumption Taxation', in Manfred Rose (ed.), *Heidelberg Congress on Taxing Consumption*, Heidelberg: Springer-Verlag, pp. 247-269.

Walker, G. (1990), *Moral Foundations of Constitutional Thought: Current Problems, Augustinian Prospects*, Princeton, NJ: Princeton University Press.

Warren, C. (1932), *Congress as Santa Claus*, Charlottesville, VA: The Michie Company.

Weaver, R. M. (1948), *Ideas Have Consequences*, Chicago: University of Chicago Press.

Wicksell, K. (1896), *Finanztheoretische Untersuchungen nebst Darstellung und Kritik des Stuerwesens Schwedens*, Jena: Gustav Fischer.

索　　引

四、 自由与国家

查尔斯·K.罗利

致 谢

我非常感谢林德和哈里·布拉德利基金会长期以来对我的研究的资助。我也感谢约翰· M. 俄林基金会为我提供了差旅费；感谢自由基金公司对我于 1991 年 12 月主持的在南卡罗来纳州的查尔斯通举办的研讨会的资助，那次研讨会的主题是《“生命、自由、财产”与民主的限度》。自由基金公司对 1992 年在多伦多举办的关于德·托克维尔著作的研讨会也提供了大力支持。我还要感谢以下各位给予的建设性意见，他们是诺尔曼·巴里、马克·布劳格、詹姆斯·布坎南、罗伯特·艾登、道格拉斯·金斯伯格、罗伯特·希格斯、简·纳维森、埃米利奥·帕奇科、阿玛蒂亚·森、戈登·塔洛克、夏洛特·特怀特、埃德温·韦斯特和凯瑟琳·兹科克。尤其要感谢瓦格纳对我在学术上的建议与支持。我还要感谢洛克研究所对我提供的高效服务，很快为我联系了手稿打印。本文是对《社会选择理论》一书“导论”部分的修改与扩展，该书已于 1993 年 4 月由爱德华·埃尔加公司出版。

1. 导言 1

随着苏联的解体，其共产党政权也随之崩溃，这一现象向全世界宣告了社会主义的终结，宣告它不再是一种可行的政治和经济组织方式。在西方世界，只有极少数的狂热分子还在坚持以公有制的计划经济来取代市场经济，充当经济组织的适当框架。一场残酷的试验到头来产生的仅仅是贫困和奴役，使绝大多数人身受其害，其证据是清晰可见的。

社会主义的死亡并没有与西方世界中的一场古典自由主义思潮的复兴结伴而行。要知道，古典自由主义思想传统曾经在19世纪为欧洲和北美大多数地区的人们带来了经济进步和个人自由。当社会主义业已成为过去，取而代之的是另一种暴政，一种并非强制的、不易被发觉的，但仍然会导致暴政的社会民主制的威胁。

公共选择学派发现，在民主环境下，大多数人的民主会催生重商主义的经济，这是很有创见的发现。今天的这种重商主义经济氛围，并不比亚当·斯密时代的重商主义气氛逊色。在这样的经济环境里，普通民众只能得到极少的经济利益，而少数人却所得甚丰。在这样的经济环境里，个人的自由受到限制，其经济权力受到侵犯。美利坚的立国者们早已警觉到，政府所具有的浮士德式的野心一定会暴露出来；也就是说，为了达到他们能够做到的善（维持国内秩序），不惜使用邪恶的手段（凌驾于个人之上的强制）。立国者们认识到，浮士德式的交易必不能长久。历史已经证明，他们的判断无误。

2 然而，就是在当代，为数不少的人吸收了18世纪后期思想家的理念，把它变了个模样，热衷于寻找社会工程学的解决之道。他们认为，由于经济内在的力量产生周期性的冲击，使社会运转的链条在很短的时间里出现错位，因此就需要社会工程学进行矫正。他们在很大程度上受到20世纪经济学家的影响，从社会选择理论的原理中获得教益。但是，他们所信奉的经济学家几乎完全忘记了17世纪后期和18世纪的政治经济学，正是在此基础上，古典自由主义哲学才得以生长。本文的目的就是追溯社会选择理论的发展史，找出其中谬误，汲取其中教训，以古典自由主义思想加以回应，为有勇气寻找自由的人们指引一条通向自由的道路。

2. 社会选择理论的方法 3

社会选择理论关注的是个人与社会之间的关系，更具体地说，它研究如何把个人的利益、判断、福利加总成社会的福利、社会的判断和社会的选择(Sen，1987C，第382页)。社会选择理论的出现可以追溯到18世纪法国两位贵族思想家那里，一位是博尔达伯爵(1781)，另一位是孔多塞侯爵(1785)。然而，他们的思想被人们遗忘了大约150年；直到1958年，布莱克才把它们重新发掘出来。布莱克早期的一篇关于单峰偏好的论文(1948)，与公共选择理论的早期思想关系最密切，他同时还点燃了阿罗的灵感，让阿罗能够开始社会选择理论的研究规划，并最终发现了著名的"不可能性定理"(Black，1985；Tullock，1991；Rowley，1991)。

不足为怪的是，早期社会选择理论基本上采取了这样的思路，认为是理性选择公理引导人们做出了个体选择，而且，到20世纪中期，理性选择公理已成为相当复杂的需求和效用理论的基石(Hicks，1939)。那么，在什么样的程度上，个人的理性选择行为可以应用在由个人组成的社会理性选择上？如果理性选择公理包含的诸条陈述之间存在矛盾，研究社会选择的学者应该怎么办？如果事实表明，进行社会选择的可接受方法并不存在，学者们又该怎么办？这些问题是些重要的问题，在公共选择理论研究计划的起始阶段就引起一批最优秀的学者的关注，并由此引发了对“集体偏好能否加总”问题的研究。

4 社会选择理论研究计划的第二阶段是探索伦理学、经济学以及国家理论的关系，把经济学、政治哲学和伦理学整合在一起，试图在可替代的、有时甚至相互矛盾的社会目标里找到基本原理和政策建议。研究社会目标时遇到的问题，只要深入进去，是极有趣味的，而且会做出重大成果；但它们也是意义重大而且相当复杂的问题，往往是跨学科的，从而被其他人看作是对本学科的叛逆或不忠。这要求学者们认识到自己所在学科的局限性，一定要对问题可能涉及的领域持谦逊谨慎的态度，因为他们正在从事的研究，正在关心的问题曾经吸引了人类最优秀的头脑，从柏拉图、亚里士多德，甚至他们的先辈就开始了。阿兰·哈姆林（Alan Hamlin，1986）在1987年1月3日的《纽约时报》上讨论社会公正时向我们提出了一个及时的告诫。在这次讨论中，詹姆斯·托宾声称：“再也没有比一个哲学家学了一点经济学，成了半吊子经济学家更危险的事情了。”罗伯特·诺齐克对此的回应是：“除非这是个对哲学一窍不通的经济学家。”然而，专攻一门学科或另一门学科来解决问题似乎更可能劳而无获，而不太可能顺利地揭开这困惑了人们数千年的最重要的难题。

本文将对社会目标的讨论提供一些新鲜的思路，在20世纪一半以上的时间里，人们在经济学和政治哲学领域，对社会目标问题展开了自由开放、生机勃勃的讨论。本文包含了对功利主义伦理学、契约主义伦理学和社会正义伦理学的探索，其中每一种伦理学现在都仍然是受到广泛尊重的道德哲学。

然而，即使马克思主义的道德体系日益显现出不容置疑的衰落态势，其主要对手，即古典自由主义伦理学，还是遭受了学术界越来越强烈的攻击。令人惊讶的是，这些攻击甚至主要来自于这样一些学者，他们曾一度是古典自由主义的坚定拥护者，现在却变节背叛，主张采用更灵活、更舒坦、更实用的新道德体系（Gray，1998a， 5
1988b；Nozick，1989）。我作为一名古典自由主义的不懈拥护者，在本文中将主要透过古典自由主义这个清澈的透镜，来回顾相互竞争的几派道德哲学，并从古典主义这一重要视角出发，重新审视社会选择方面的文献。

从现在看来，尽管很可能像约翰逊所说，“邪恶的日子已经过去”（Johnson，1983），我们还是需要不断提醒自由的人们，警惕是自由永恒的代价。要想让20世纪大多数时间里发生的历史悲剧，在弥漫着自居为社会工程师的致命自负的某个未来专制的世纪里不再重演，一种健全的道德体系就是必不可少的（Hayek，1988）。

3. 阿罗社会福利概念中的“困难” 6

毫不奇怪，第一个希望从形式上根据个人偏好推导出获得社会选择机制的尝试发端于完善计划经济的意图。阿罗毫不掩饰地承认，最初驱使他研究这一问题的动力来源于把经济均衡理论、统计方法和社会决策整合在一起的研究计划。阿罗著名的“不可能性定理”使他名至实归。这条定理毫不含糊地表明了阿罗的研究计划将彻底失败。鉴于这一点，令人较为惊讶的或许是，阿罗从来没有放弃过他对经济计划的信念，认为经济计划正是宣传社会主义政策纲要的基础。

阿罗第一次接触社会选择问题是在1946年，他当时在写一篇论文（不久便放弃了），试图完善希克斯的一部名为《价值与资本》

(1939)的专著。他当时遇到这样一个问题:一个企业,有好几个所有者,每一个所有者都在最大化各自的预期收益,但每一个人对未来的预期不同,于是,希望就一系列投资项目进行表决,利用多数票的办法来解决不同偏好的问题。在这里,阿罗意识到一个潜在的有关企业理论的问题,即人们之间的偏好不具有传递性。他当时没把偏好排序的问题当回事儿,没有继续研究,而是当作麻烦事儿略过去了。但是,不知怎么搞的,1948 年,他又关注到了这一问题,这一次是有关政治的问题,把政党按照左右顺序自然排序。在这种情况下,多数票规则确实反映了不同选择方案的社会排序。阿罗发现,这一洞见已被布莱克在他 1948 年发表在《政治经济学杂志》上的论文率先提出了。于是阿罗毫不迟疑地改变了其论文题目,态度非常认真地重新开始了一项研究计划,并终于写出了 1950 年的著名论文和 1951
7 年的专著《社会选择与个人价值》。

阿罗的研究起点是社会福利函数,该函数在 1938 年就由伯格森引入了经济学。伯格森的社会福利函数是一个决定社会福利的一般形式的实值函数;函数值"依赖于可能影响福利的各种变量"(Bergson,1938)。正如阿玛蒂亚·森指出的(Sen,1987c, 第 382 页),伯格森把他的社会福利函数限制在个人方案的(n 元)单一集合里,只关注单一侧面问题,没有顾及到线侧面间的一致性这一额外要求。萨缪尔森(1947)在提出他自己的新福利经济学时,也陷入了伯格森受限的范围里。然而,阿罗不再重复上述老路,而是把社会福利函数定义为这样一种函数关系,该关系规定,在任意给定的 n 元个人偏好排序中,只有一种社会偏好排序有可能得出伯格森社会福利函数。

阿罗小心谨慎地向前推进,他只给出了四个条件,所有的社会福利函数都应该满足这四个条件;然而,他的不可能性定理表明,同时满足这四个条件的社会福利函数不存在。这一结论特别令人吃惊之处在于，提出的条件这么少，而且这些条件本身有一种易产生错觉的合理性。这清楚地表明，从个人层次的理性选择过渡到社会层次的理性选择，中间有多么大的距离。

阿罗提出的第一个条件(条件 U)要求，社会福利函数的范围必须涵盖所有在逻辑上可能的 n 元个人排序，意思是社会选择要包括所有个人的选择。这一条件要求，无论个人的偏好排序恰巧是哪一种排序，社会福利函数都必须有能力确定一个社会排序(R)。第二个条件(条件 P)要求，如果社会中所有的个人都认为两个选项中前者优于后者，那么一致同意的严格的个人偏好必须在同样严格的社会偏好中反映出来。这一条件是受到广泛赞誉的帕雷托原理的最弱形式。

第三个条件(条件 I)要求，只要个人对某两个选项的偏好排序 8
没有发生变化，即使他对其他选项的偏好排序发生了变化，也不改变社会对这两个选项的偏好排序。这一条件说的是偏好排序独立于其他选择，只与当前的选项有关。第四个条件(条件 D)要求，在社会上不存在一个能力巨大的个人，能力大到无论其他人的偏好排序是什么，只要这个人认为 X 优于 Y，则社会就认为 X 优于 Y。这一条件被称为非独裁条件。

阿罗不可能性定理指出，如果社会上个人的数量是有限的，而且，如果可供选择的社会状态不少于三个，那么就不可能找到一个社会福利函数，能够同时满足条件 U、P、I 和 D。这一定理为社会选择理论提出了重要的研究纲要。

有一点很重要，虽然阿罗不可能性定理提出了一个否定的结论，但阿罗的贡献不能看作是消极的贡献。对于那些继续相信个人偏好能够被有效加总的人，根据各自的口味，他们会把阿罗提出的条件一个个地抛弃，或者提出其他的公理来达到个人偏好能够加总的目的。而对于其他不相信个人偏好能够被加总的人，比如我吧，不对集体选择过程持乐观态度，这样，阿罗不可能性定理就为市场过程提供了明证，而且，鼓励人们力求把公共选择的范围限制在最低限度的有限函数(Nozick，1974)。

阿罗本人也认识到了社会选择中的独裁本质，他在陈述其不可能性定理时(1950)说：

> 如果我们排除了个人之间效用的可比性，那么，想要成功地根据很多个人偏好排序，把个人偏好过渡到社会偏好，只能通过强制或独裁的方式来进行。

9 这种对社会选择非自由本质的清晰认识，完全未能使从事社会选择理论研究的大学者们摒弃社会工程学的冒险。这种社会工程学，正是以哈耶克称之为“综观全局的幻想”为基础的(Hayek，1973)。对很多学者而言，阿罗的以下一段话很有吸引力。阿罗说，只要根据阿罗不可能性定理，为个人标准多添加一些限制条件，那么社会福利函数终将是可能的。本文第四部分就讨论这一问题。

10 4. 克服阿罗加总困难的各种可供选择的方法

阿玛蒂亚·森(1987c)一针见血地指出，在详细回顾社会选择问题之前，必须对相关概念做出解释和澄清。第一个问题是有关“社会偏好”的阐释。在阿罗那里，社会偏好被定义为 xPy(x 严格优于 y)的关系。这一关系对于多种解释都是可以接受的。例如，它可以被当作一个判断来解读，即社会处于 x 状态优于社会处于 y 状态。这一判断可能来自于某一个人，也可能来自于制度性加总判断的过程，比如说投票机制。另外，它还可以被当作其他判断来解读，例如，只要对(x，y)进行选择，x 也只有 x 必然被选中。此外，还可以被解读为这样一种判断，即：在任何包含 x 的集合里进行选择，y 必然不被选中，无论该集合是否包括其他的选项。阿罗的定理适用于上述解释中的每一种，但它们定义的是很不一样的加总问题。

第二个问题是关于个人偏好排序的解释。第一种解释是个人偏好排序反映个人幸福度的排列，于是加总问题就是“幸福度”的加总。第二种解释是，比如说，一个委员会在做决策，各个委员们对事物有着不同的判断，把这些判断加总起来就形成了一个总的判断，这里的加总就是对判断的加总。这一委员会成员的判断可能与各自的利益有关，也可能无关。第三种解释是，以政治选举为例，个人的投票可能反映出个人的利益或政治信仰。在每一种解释里，阿罗的定理都 11
成立；然而，每一个结论的具体内容都很不一样。

阿罗本来的研究目标是在理论上帮助伯格森和萨缪尔森为新福利经济学推导出社会福利函数，但他的定理恰恰揭示了，社会福利函数的方法行不通，沿着早就受到拒斥的个人间效用可比较的路数走下去不会有结果(Robbins，1932；1938)。尽管阿罗不可能性定理取得的成功仍令一些人抱有怀疑态度，没有能够让所有人满意，尽管这一定理在某些方面会导致危险的建构主义，但它却使人们重新认真地检视社会福利判断的基础。

在重新考察社会选择的基础时，一条路径是集中探讨集体理性的要求，并试图弱化社会选择必须赖以存在的社会排序具有的三个特征，即完整性、反身性和传递性。例如，人们已经证明，如果社会严格偏好的传递性得以满足，那么阿罗提出的四个条件都能得到满足，也就不存在什么不可能性定理了(Sen，1969；1970a)。当这种准传递性条件与不受限制的范围、独立性、以及帕雷托原理相结合时，就会把社会选择过程限定在寡头集团的范围里(Sen，1970a)。当这一寡头集团里有不止一个人时，只要有人认为 x 优于 y，那么社会就认为 x 优于 y，或 y 一定不优于 x 就将成为社会选择。如果寡头集团所有成员一致同意 x 优于 y，则 x 优于 y 必然成为严格偏好的社会选择。在一种极端情况下，寡头集团只由一个人组成，这就成了阿罗所说的独裁情形；在另一种极端情况下，寡头集团包含了社会里的所有个人。

准传递性向社会的所有成员提供否决权，可以预料，这会造成非常广泛的社会冷漠，社会排序缺失会反映出这种情况。即使不要求准传递性，只要给定非循环性的条件，再给定其他几个条件，也能够得出与上述相同的结论(Sen，1987c)。能不能补救社会福利函数，产生出一个不同寻常的结果，依赖于在多大程度上寡头集团接近于阿
12 罗所说的个人独裁条件，或者，依赖于社会在多大程度上对加总结果漠不关心。阿玛蒂亚·森(1987c)指出，面对许多放松社会选择所要求的集体理性条件，阿罗不可能性定理表现得很有韧性，不大受到影响。

第二条路径是重新考察社会排序必须包含所有个人排序的条件。放松条件 U，使社会选择不一定包含所有人的排序，此外，放松产生不可能性结果的范围条件(这里的范围条件是说，社会排序有可能包含部分个人排序，而不是全部个人排序)。因为很显然，个人偏

好有很多种结构，都能使集体选择过程产生出一致的社会选择。最值得注意的是，布莱克(1984)已经证明，只要个人偏好呈现单峰偏好，而且投票人是奇数个人，在多数原则下，会出现具有传递性的社会偏好，该社会偏好恰恰出现在投票人偏好分布的中位数上。阿玛蒂亚·森(1969)证明出，如果社会偏好的强传递性被严重弱化，以致要求“不存在偏好循环”，并存在一个“多数获胜者”，那么连投票人必须是奇数这个条件也可以抛却。阿玛蒂亚·森(1966)还证明，某些价值约束——比如说，三选一，这个一分别是“不是最好”、“不是最差”、也“不是中等”——会产生单峰偏好。

尽管人们还是倾向于要让社会选择涵盖所有人的偏好，但还是有理由乐观地认为，当选择对象只是很少的几个，当需要照顾到复杂的平衡时，人们有可能避开偏好的循环(Sen, 1987c)。但是，总的说来，特别是就福利经济学问题而言，人们已证明，偏好的传递广泛存在，几乎存在于任何社会状态之中(Schofield, 1978; McKelvey, 1979)。这些结果运用在多维问题空间时，对多数原则特别有破坏性。有些人认识到，社会选择将包含所有人的偏好这一条件作为控制偏好的一种机制，其作用是有限的，但这些人中几乎没有谁对政治决策的主要手段——多数裁决机制本身提出过质疑。

第三种力图克服不可能性定理的方法是放松社会选择必须二者
择其一这个条件。如果选择函数可以弱化一致性条件，那么阿罗不 13
可能性定理就可以改写成阿罗可能性定理(Schwartz, 1970, 1972; Plott 1973)。有一种放松一致性条件的做法是，通过假设把偏好循环转化成无差别的类。然而，这一公式化的办法在三选一过程中通常会违反独立性条件(条件 I)。比如说，大多数人的偏好表明 x 优于 y，这在(x, y)里二选一情况下存在确定的加总结果 x 优于 y，但在(x, y, z)三选一的情况下，即使大多数人认为x优于y，仍然可以把y选作无差别类的一个成分；这显然和条件Ⅰ相冲突。这是违反标准约束一致性的切诺夫条件（Chernoff condition）的，即违反标准收缩一致性条件。这种摆脱阿罗加总困难的方法和上一种办法一样，也必然会造成广泛的社会冷漠，使社会选择机制瘫痪。

第四类办法是对阿罗提出的独立无关性选择这一条件发难；该条件在不可能定理里起到了重要的作用。利特尔（Little，1950）和萨缪尔森（Samuelson，1947）都不同意阿罗的这一条件。他们认为，寻求任何形式的数据概集之间（intra-profile）的一致性都是不必要的，福利经济学需要的只是准排序，这种排序仅仅依赖于数据概集之内的一致性。阿玛蒂亚·森（1987c）强烈反对这一论点，宣称数据概集之间的一致性在个人偏好与社会选择的关系上很重要，不是可有可无的。萨缪尔森等经济学家惯于暗中借助于对数据概集的评估做出非常复杂的福利经济学判断。鉴于这一点，阿玛蒂亚·森的告诫很中肯，特别有助于保护不那么了解情况的人免受专家要的花招的损害。

在数据概集之内保持一致性这个条件，意欲避开阿罗的加总困难；但无论如何，这个条件太强硬了，通常包含了单一数据概集保持中立这个条件。这后一个条件要求，在给定的数据概集里，如果任何对(x, y)的排序都和对(a, b)排序相同，那么，确定地形成$x R y$的任何个人排序的结合都是形成$a R b$的充分条件。

如果阿罗的条件Ⅰ可以放弃不要，就可以把每一个人的地位用
14 来为不同社会状态排序，从而做出社会选择。阿玛蒂亚·森（1987c）
指出，博尔达（1781）用他自己的评价办法，通过给不同的排序以权重，引入了一种违反条件Ⅰ的决策程序，以取得总的社会排序。根据

需要排序的社会状态的数量，个人的地位不同就可以赋予人们的选择以不同的权重。这不是一种有说服力的排序机制，因为可供选择的社会状态的数量是给定的，这与真实世界的情形很不一样。而且，这种选择机制通常特别容易受到不诚实的参与者的操纵。

当投票人“言不由衷”地进行投票，以实现某些个人偏好时，投票程序很容易受到操纵。吉巴德（Gibbard，1973）和萨特思韦特（Satterthwaite，1975）分别独立地提出，每一种非独裁的、至少有三个不同结果的投票机制必然会受到操纵。公共选择理论的学者并没有因受到挫败而止步，他们继续改变社会选择机制的条件以期能够避开不可能性定理。特别是，有人提出，无防范的策略机制能够产生出一种均衡，使由衷的投票行为和不由衷的投票行为对结果没有差异。我认为，这是一种过分曲折的论证方法，所依据的是严格限定的假设，离真实世界相当远。我们需要留意的是，不要让特殊情况下的反例转移我们的注意力，不去注意一般定理所具有的令人不舒服的隐含意义。科学工作者，还有道德哲学家，都经常会为了保护自己的研究工作免遭逻辑缺陷的毁灭性打击，抓住一根救命稻草死也不放。

5. 观点之间的对立 15

“观点”曾经被熊彼特定义为“分析前的认识行为”（1954，第 41 页），在索厄尔那里被定义为“在个人建构理论之前形成的感知或感觉”（1987，第 14 页）。它是个人对系统或有机体如何运作的一种感知。它与奎因和威利（Quine and Villian，1970）提出的“信念的网络”概念比较接近。根据奎因和威利的见解，相反的证据在个人的信念体系里仅仅被看作是一个对整体无害的、可以被包容或转化的反例。索厄尔有力地论证了(1987)信念不但能提供理论发展所需的原初洞察力,而且在个人面对诸多不断发展的理论作出最后选择时,也发挥着重要作用。也许,再也找不到像在公共选择理论这里的情况,不同的观点如此明显地影响着理论形成。

索厄尔(1987)提出,根据人类应该受到制约或不应该受到制约来分,可以得到两个从根本上相对立的观点。他认为,这两个观点在对待人类的道德和精神实质问题上,是两个极端对立的观点,每一个观点的背后都包含着对知识的看法,以及对社会和经济政策赖以形成的制度的看法。此外,他还发现,"制约观(constrained vision)"的源头可以追溯到斯密、伯克、汉密尔顿以及哈耶克的观点,"不制约观(unconstrained vision)"的源头可以追溯到葛德文、孔多塞、潘恩、杰斐逊、凡伯伦、拉斯基以及加尔布雷斯的观点。

依索厄尔之见,对"制约观"阐述得最清晰的就是亚当·斯密的
16《道德情操论》(1759)。在这部书里,斯密刻画的人类是高度的自我中心者,只给其他人以道德上的关注。斯密并不是为人类的本性感到羞愧,他是在刻画人类的本性,他认为人的本性就是这样,无需赞誉亦无需贬抑。基本的制约观可以表述如下:

> "大自然已经赋予了人类许多的不幸,于是就不再要求个人负担其他人的不幸,而是要求他专心应对自己的不幸,把自己从痛苦中解脱出来"(第 44 页)。

斯密认识到,如果每个人都以自我为中心,同时"无耻而且盲目"地对待他人,那么社会自身的存在就会处于危险之中。当人们为了

其他人的更大利益而宁可牺牲个人利益时，并不是出于利他的天性，就好像“爱你的邻舍如同爱你自己”。事实上，牺牲个人利益是道德原则在起作用，是追求荣誉和崇高的道德致使他能自我牺牲。而道德因素是人为的，不是天生的；是强加到人们身上的制约，而不是人类天生的完美特质造就的。

到 1776 年，斯密重新修正了他的“制约观”。这时他认为，道德情操只对形成市场过程赖以运转的法律体系是必要的。人类活动对社会产生的经济利益可以看作是，人们对竞争性市场产生的激励与制约做出无意识反应得到的结果。看不见的手引导着大卫·休谟认为是“灵魂卑下、沉溺于肉欲的人类”做出了对国民财富的形成有利的事情。但无论如何，人类的本性是改变不了的。政治制度需要反映出人类不完美的一面。尽管对早期宪法修正问题存在着激烈的不同意见，这一观点从根本上影响了美国的立国者们在起草延续了两个多世纪的宪法时所持的基本观点(Wagner，1987)。

索厄尔认为，“不制约观”在威廉·葛德文的《政治正义论》(1793)中得到了最清晰的描述。葛德文认为，个人美德的本质就是有意识地去做有利于他人的事情。这一美德就是人类的快乐之源。在无意识之间做了有利于他人的事情是没有价值的。根据葛德文的
看法，人类完全有能力在满足个人欲望之前先满足别人。即使有时 17
个人欲望占了上风，根据个人有能力先满足别人的优先原则，人们还是能够不断地满足其他人。

> 无疑，人类确实能够把他们自己的卑下的利益放在其他人的更高级的利益之上，但是，这一种偏向只是各种环境因素结合使然，而不是不可去除的自然界的铁律(Godwin，1793，第 434—435 页)。

葛德文对利用激励与制约手段促成有利于社会的行为大不以为然。他说，这种机制不是弱化了人类自我中心的激励，而是培育了自我中心的品性。他提出，政策的长期目标应该是提出这样的社会纲要，它能教诲人民，致力于提高人们深层的品质，把人们塑造成更有社会责任感的人。孔多塞侯爵也赞同这一看法(1785)。他反复强调，人性并不是天生就被固化了，而是在特定的社会制度下变得堕落和狭隘。这一“不制约观”在卢梭和托马斯·潘恩那里得到了进一步的发挥，并最终孕育了法国大革命。然而，法国大革命以恐怖、断头台和拿破仑·波拿巴的个人独裁为结局转瞬即逝了。艾恩·兰德在20世纪中期的许多年里，用一生中的大多数时间来反击“不制约观”，同时积极宣扬对人类的“制约观”。

索厄尔提出的“制约观”和“不制约观”之争，对社会选择理论产生了意义重大的影响，尽管是以比较缓和的形式。“制约观”已经衍生成了“方法论上的个人主义”这一大类观点。“方法论上的个人主义”可以在大卫·休谟、约翰·洛克、亚当·斯密那里找到悠远的源头，到了20世纪，重振旗鼓，受到卡尔·门格尔、米塞斯、哈耶克、布坎南的大力维护。根据这一派的观点，无论是有意识的结果还是无意识的结果，“政策”都是人类行为的结果。制度被看作是一种机制，只有通过这种机制，个人才能够选择相互作用或相互不作用。因此，从这一观点出发，制度要么是自发演变，而不是设计出来的；要么是
18 由有限理性的个人塑造或形成的。无论是分开来或结合起来进行选择或行动，在选择或行动的过程中，只有一个个的个人是存在的。

与“制约观”相对应，“不制约观”后来演变成了一派被称为“理性构造主义”的大类别。它的早期源头可以追溯到笛卡尔和卢梭。这一派的思想在20世纪的应用可以在现已失宠的马克思主义学者中

找到，还可以在一帮社会民主派的学者那里找到，如萨缪尔森、阿罗、加尔布雷思。“理性构造主义”假设，社会制度是由具有无限理性的政策专家殚精竭虑制造出来的产品。哈耶克指出，这一派的错误假设可以叫做“综观全局的幻想”。这一假设认为，一个聪明人就可以掌握全部的相关信息，而且，一个人的脑子就可以以他掌握的完整信息建构出合乎人们愿望的社会秩序的全部细节。这样，个人的欲望就被降格为手段，而不是康德所说的目的。从这个角度看，制度被赋予了有机体的特征，在里面找不到个人主义的特征。

在我看来，在就有关个人偏好能否加总的问题展开的争论中，理性构造主义显然已占了上风。这就是我为什么从大量文献中脱身出来，不遗余力详细考察这一问题的原因。

6. 理性构造主义、综观全局的幻想以及独裁的社会决策制定者 19

理性构造主义的基本思想最早由大思想家笛卡尔提出。他把理性定义为从明确的前提出发进行的逻辑推断。根据这一思想，理性行为逐渐仅仅指完全由已知的和可以证明的真理决定的行为（Hayek，1973，第 10 页）。根据这一看法，很容易得出结论说，人类仅仅依靠理性就能创造一个全新的社会，传统、习俗、甚至历史本身都不值一提。这一派观点最全面地反映在这样一种观念中，即：社会是由合理设计出的社会契约创生出来的。这种观念的鼓吹者是霍布斯和卢梭，在 20 世纪后半叶罗尔斯的经济哲学里又风行一时。

笛卡尔所说的完全的理性行为，要求参与社会选择过程的每一个人完全了解相关的事实。在现实中，每一个人肯定不知道大多数的具体事实，正是这些具体事实决定人类社会中每个人的行为(Hayek，1973，第12页)。为了方便起见，理性构造主义者忽视这一现实，而是假定充分理解和充分掌握的全部事实已经装在某个人的脑子里了。"综观全局的幻想"就是指这一本质性的错误。这一错误给社会科学带来了严重缺陷。

对大多数决定社会过程的具体事实的一无所知，已经达到无可救药的程度。而且，现有的大多数社会制度之所以呈现出现在的样子，正是这一无处不在的一无所知造成的。大多数控制人类行为的规则，以及规则所支撑的制度，正是适应了个人不可能有意识地关注社会秩序的具体细节才形成的(Hayek，1973，第13页)。道理很简单，我们不能把有意识行为的标准运用在无意识个人行为产生的结果上。

然而，第二次世界大战之后，理性构造主义者似乎专门与经济学作对，兵分两路同时挺进经济学腹地。一条路径由凯恩斯挂帅，进入宏观经济学；另一条由萨缪尔森和阿罗带领，进入新福利经济学。尤其是阿罗，应该对理性构造主义在社会选择理论中占有突出的地位负主要责任。虽然他提出条件D，即非独裁条件，是社会福利函数应该满足的理性条件之一。

在阿罗原先的论文(1950)里，阿罗明确承认，在社会选择过程中，个人具有首要的重要性，强调社会选择必须反映个人偏好一致性的加总结果。阿罗拒斥由独裁或习俗形成的方案，只把投票机制当作加总方法的一个例子并对其做了说明。当然，在投票机制里是找不到理性构造主义的。而且，阿罗还特别小心地解释到，他的论文是在最抽象的一般层次上考察个人偏好加总成社会选择的形式问题。事实上，不可能性定理的强大之处就在于它的普适性，它不是针对某一种加总机制而诞生的。

然而，正因为阿罗的理论具有很强的一般性，阿罗的福利经济学同行们就提出了一个问题：阿罗不可能性定理在现实世界里有可能适用于什么问题？特别是，如何看待个人的作用。早在1952年，利特尔就表示了他的担心：有些针对阿罗定理中集体选择和个人偏好关系的解释是很危险的。特别是，利特尔担心经济学家们对阿罗定 21
理的反应是，赞同形而上学的一致同意说，这种学说是卢梭在1763年（第18页）首先提出的：

> 任何拒绝服从普遍意愿的人都将被社会强制服从。这就意味着自由不是别的，自由是被强制之后才有的。

这样的观点在利特尔看来与黑格尔提出的观点很接近。黑格尔认为，接受社会秩序，或者更直接地说，对国家的服从，事实上仅仅是自我服从。这样，现代专制哲学很可能发端于卢梭的作品：

> 很显然，阿罗提出的难题与卢梭提出的问题有极大的相似性，再一次指出这种方法暗中存在的危险性很有必要（Little，1952，第430页）。

利特尔反对把“普通意愿”、“上帝”以及“超人”等概念应用在社会选择问题上，并且根据他自己的个人主义方法论，仔细区分了价值次序和决策次序。当我们考虑的是价值时，每一个个体都是“独裁”的，也就是一个人说了算，因为它不能把自己和自己的价值体系分开来。当我们考虑的是决策时，根据阿罗的意思，除非全体一致同意，否则只能是独裁的。也就是说，只有在全体一致时，最后的结果才能反映每一个人的意愿。如果没能达到全体一致同意，那么个人就可能要接受与自身偏好背道而驰的决策结果。经过各种意见的平衡，经过一定的讨论程序，那些个人偏好在集体决策里体现不出来的人，为什么会接受集体决策的结果呢？原因可能是，他们预期在将来可能获益，或者他们不愿卷入把他们的意志强加给社会的程序里去。不管怎么说，利特尔很显然把自己置身于这样一些人，这些人认为："民主的精髓必然是某种不利用集体和个人偏好的函数关系加以定义的东西"(Little，1952)。

伯格森(1954)进一步研究了这个问题。他主张，福利经济学的
22 基本取向是(或应该是)，向个体公民就有关社会选择的事务提出专业建议。如果有些政府官员也想得到这类建议，他们将(或应该将)得到和民众一样的待遇。然而，伯格森担心的是，有些人可能会倾向于另一套想法，这可能导致对阿罗定理做出其他解释：

> 根据这一派观点，福利经济学的任务不是向普通公民提建议，而是向政府官员提建议。而且，是提供给政府官员指导他的价值观与他作为普通公民时提供的价值观是不一样的。官员被人们想象成一个或多或少在道德上中立的人。他一生追求的目标就是实施所有其他公民的价值观，这种价值观是由某种集体决策规则产生的(Bergson，1954，第 242 页)。

1967 年，阿罗详细讨论了这种担心，他提出的看法让方法论个人主义的支持者们看了非常泄气。阿罗说，对于单独一个人来说，除了这个人自己的价值观外，没有任何其他标准。然而，我们为什么要

讨论集体价值观呢？一个基本事实就是，每一项有意义的行动都要求许多个体共同参加。根据这一观点，“(对人类社会的)观察告诉我们，所有略有意义的活动从本质上说，都具有作为一个整体的社会属性，而不是个人的属性”(Arrow，1967)。在几乎是不言自明的公理层次上，个人所起的作用太小了，我们对集体价值观体系的需要就无须证明了。既然行动从根本上说是集体行动或人与人之间的行动，个人之间的选择也就必然是集体选择了。

根据这一看法，阿罗认为，福利判断需要由某个人来充当仲裁人。社会福利与社会政策相关，而与任何单个的个人的福利判断和他们的行动没有关系。因此，不能产生结果。基于此，需要给予建议的对象不是普通公民，而是政府官员。这里，官员被想象成了在道德上多少持中立态度的人。不仅如此，官员被想象成在把个人偏好排序转化成社会选择排序方面具有某种全知全能本领的人物。无怪乎布坎南(1983，第 13 页)对这种黑格尔式的主张作出了轻蔑的反应，无比尖刻地问道：在哪里才能找到没有个人欲望的阉人来维持经济 23
系统的运转呢？

我很赞同萨格登(Sugden，1978)把阿罗的解释称作“独裁决策者的范式”。在这里，独裁决策有两个阶段：第一个阶段是选择宪法，需要政府官员把个人的道德信念注入到合适的宪法形式里去(假设在一定程度上顺应了阿罗所说的“合理的性质”)。第二个阶段要求政府官员们根据人们赞同的社会福利函数，对能实施的种种集体行动进行选择。在这个阶段，要求官员在利用他选择的社会福利函数加总个人偏好时，具有道德上的中立性。在这个意义上，不管官员的意图多么良善，他一定是独裁者。就我所知，阿罗并没有对萨格登对他在社会选择问题上的构造主义观点所作的解释做出回应。

不管怎么说，阿罗认为政府官员在社会选择过程中可以发挥非常广泛的作用，有了阿罗壮胆，学者们便实施了一项大规模研究计划，旨在通过扩展集体决策者能够得到的信息范围，避开阿罗定理。反对效用在个人之间的不可比性。

有人很早就试用放松帕雷托条件，并允许个人间效用在有限程度上可以比较(Vickrey，1945；Harsanyi，1955)，然而这一做法并没有影响到主流的福利经济学，而且社会选择理论也没有吸收它(Sen，1987c，第386页)。利用补偿的方式来规避帕雷托条件的做法(Kaldon，1939；Hicks，1939；Scilovsky，1941)，最终未能逃避这样的批评：如果没有得到补偿，这种方式就没有说服力；而如果得到了补偿，这种方式就是没有必要的(Sen，1987c，第386页)。很显然，需要对限制条件做更直接的挑战(Rowley and Peacock，1975)。

人们选定的更直接的路径是，通过使用社会福利泛函，允许使用
24 更多的效用信息。对每一个 n 元的效用函数(每一个人都具有各自的效用函数)，社会福利泛函 F 都会决定一个社会排序 R。这样，阿罗所说的社会福利泛函就是一个特例，其中不变性条件相当于序数效用的不可比性(Sen，1970a)。在基数效用不可比的情况下，阿罗的不可能性定理也是成立的。然而，一旦个人间的效用允许被比较，即使基数效用不可比，只要序数效用可比，阿罗定理就失效了。

1963年以来，人们提出了各种各样的社会福利泛函，所有泛函都是通过个人间效用可比较的方式来解决阿罗遇到的困难。利用罗尔斯提出的按字母顺序编排大小的泛函，以及反映效用加总过程的泛函特别流行。但还有许多其他的泛函(见Sen，1987c，第387页)。这些社会福利泛函通常只有形式上的意义，而不具有经验内容。然而，认为某个社会决策者能够掌握无限的相关信息，也暗含了“综观

全局的幻想”。相比较而言，正如米塞斯和哈耶克反复强调的，市场才是最有希望的解决之道。

7. 知识在社会里的用处 25

在 1945 年，哈耶克就以最清晰不过的语言，为经济学家持有理性构造主义的谬误敲响了警钟：

> 我们在构造一个理性的经济秩序时，试图解决什么问题呢？根据我们熟悉的一些假设来看，答案很简单：如果我们掌握了所有的相关信息，如果我们能够从一个给定的偏好系统出发，如果我们能完全了解可以利用的手段，剩下的问题就只是一个纯粹的逻辑问题。也就是说，对于怎样才能最好地利用现有手段这个问题，答案已经包含在我们的假设里了。……然而，这并不是社会所面临的经济问题……原因就是，经济计算开始时，我们所运用的“数据”就成问题，好像全社会每一个细节的数据都装在一个人的脑袋里；他只要眉头一皱，就可以得到合理的社会政策。事实上，数据是根本不可能被这样赋予的（Hagek，1945，第 519 页）。

哈耶克意见的核心思想被主流经济学家们忽视了大约三分之一个世纪。哈耶克的中心思想是，构造一个理性的经济秩序所必需的知识，从来就没有被集中起来，或者被整合起来，而是分散在众多的独立的个体之中，呈现为零碎的、甚至常常是矛盾的碎片形态。这样，一个社会的经济问题就是知识的使用问题，知识从来就没有被完整的赋予某一个人；因而就需要在两者之间作一个选择：要么把原来分散在孤立个人之中而决策需要的知识，全部集中在一个核心权威那里；要么把这种额外知识，传递给每个人，使他们能够把自己的计划和其他人的计划相协调。

26 哈耶克强调，对这一问题的回答，部分取决于将哪些种类的知识看作是相关的。哈耶克说，尽管科学知识在普通老百姓心目里占有突出地位，但这种知识只能触及这个范围广泛的问题的很小一个部分。那些对个人而言更有意义并且分布在个人之间极为零碎的知识，是有关具体的时空环境的知识。正是在这类知识上的这一分类，每一个人都有优于其他人的地方，“因为每个人都掌握着某些只有他才能加以利用的知识。当然，只有在依赖于这种知识的决策由他做出或取得了他的积极配合时，这种独特的知识才能发挥有益作用”（Hayek，1945，第521页）。在哈耶克看来，用什么方法能够使这种知识得到尽可能广泛的利用，正是我们必须回答的问题。

在哈耶克看来，这种知识天生不会成为统计数据，因此也就不可能以统计数据的形式传递给一个核心权威。而价格体系却可以有效地协调经济体内部不同个人之间的行为。在经济体内部，存在着广泛分布的知识碎片。的确，价格体系的真实功能就是交流信息，除此之外，别无交流的渠道。社会主义专制国家的致命自负，其表现在很大程度上就是否定这一前提。

27 8. 经济学家应该怎么做？

在一篇早期的重要论文里，哈耶克（1937）特别强调了两种均衡之间的差别，一种是给定某单一理性决策者的偏好函数和他面临的限制条件后达到的均衡；另一种是通过许多人之间互动的方式可能达到的均衡。哈耶克认为，后一种均衡“并不是特殊意义上的，即由所谓最优位置确定的均衡”。

布坎南(Buchanan，1973)也强调了两类均衡的区别，一类是市场意义上的均衡，另一类是非市场的、以最优化为标准的均衡，或最优化政治环境的均衡。他写道：

> 社会互动理论，或者说是描绘个人计划互相影响、互相协调的学说，与计划理论很不一样。计划理论讨论的是，一个人们想象出来的全知全能的人，怎么样最大化某个目标函数。在所有方面，后一种计划产生的均衡都是鲁宾逊·克鲁索或其他的单个决策者面对的均衡问题。但是，这不是市场理论，不是真实世界的反映，而是对假想世界的描述。从根本上来讲，产生这一套结果的思路是有误的。从表面看，市场均衡的属性或特征，与计划制定者抛出的最优化的理想均衡之间，似乎是一回事。但是，请注意，影子价格并不是市场价格，影响市场决策的机会成本并不是影响全能计划者进行选择的机会成本。它们之所以看上去是一样的，原因仅仅在于，对相关的量值作客观化处理时，犯了错误”(Buchanan，1973，第 5 页)。

在布坎南看来，米塞斯和兰格争论的中心问题不应该是社会计
算是不是可能。不同制度环境下的决策者所面临的信息不同，足以 28
使市场均衡所具有的属性在非市场的制度结构里不可能被复制。在理想的社会主义经济模型里，“效率”这一概念是通过计划者对边际价值的估计得到的，而不是通过市场的参与者得到的。这一错误的

根本之处就在于，机会成本理论里有一个错误观点，它导致经济学家认为机会成本是客观而非主观的，这种错误在很大程度上是受萨缪尔森（1974）的影响而产生的。

> 当我们把“经济体”理想化为一个全然可数的、全然客观化的、能吸引我们全部注意力的“经济体”时，好像市场本身就应该被理解为一种“机械装置”，就好像一种“类似于计算设备”的机器。这样，在人们根据某种运行标准估价资源的价值时，就可能合理地把市场当作配置资源的方式之一。这难道有什么不可思议吗？（Buchanan，1973，第 7 页）。

早在 1954 年，布坎南就评论了阿罗在讨论班（1951）上用的书《社会选择与个人价值》，而且特别注意到了该书背后广泛的哲学含义。布坎南的评论直接抨击了阿罗提出的理性的社会选择概念，指出：“把理性或非理性当作社会群体的一个属性来看待，意味着社会群体作为一个有机体，是可以和由个人组成的群体分开的”（Buchanan，1974a，第 116 页）。如果真把社会群体当作有机体来看待，我们在研究之初就提出根据个人价值来考察群体理性，这种做法难道在逻辑上不一致吗？

布坎南主张，应该对个人主义方法和有机论方法做出比阿罗所想象的更为鲜明的区分。他认为，如果我们的哲学基础是个人主义，那么个人就是目的或价值的唯一实体。关于社会理性或集体理性的问题，一概不予考虑，因为根本就不存在着社会尺度。如果我们的哲
29 学基础是有机论，那么集体是一个单一的实体，有着它自己的价值排序。于是就可以讨论集体理性的问题，并可以根据集体这一实体自

身的价值排序来回答这个问题。

如果可以做这种区分，那么阿罗不可能性定理显然与私人市场没有关系，因为私人市场是在个人主义哲学的框架里发展起来的。1954 年，还在布坎南写《同意的计算》(Buchanan & Tullock，1962)之前，布坎南就坚持不可能性定理与投票无关，因为投票也是以个人主义哲学为基础的。只有社会福利函数落在了阿罗设定的框框里。究竟为什么要用个人标准来评价非个人主义的方法，这一问题虽然没有困扰绝大多数经济学家，但却困扰着布坎南。

对于那些急不可耐地做政策分析的经济学家来说，布坎南强调方法论上的个人主义，并直截了当地拒斥社会福利函数方法，提出了一个令人不安的问题：经济学家应该做什么？1963 年，布坎南在南部经济协会上做主席致辞时，向经济学家们提出了一个对这一问题的原则性回答：经济学或政治经济学的所有问题都指向人类“互通有无、以物易物、或相互交易的倾向”(Smith，1776)。根据这一见解，市场理论应该是经济学的中心舞台，而不是喧宾夺主的资源配置理论。由此想来，“社会”经济学家把全部精力集中到稀缺资源的配置问题上，显然是把中心问题混淆了。社会经济学家从事的活动，显然不符合给经济学下的定义。

根据布坎南的看法，市场或市场组织并不是我们去完成任何一件事情的手段，而是自愿交换过程的具体制度体现，每个人都以各自的身份参与自愿交换过程。在这一背景下，作为理论家的经济学家观察每个人如何力图实现自己的目的，不管是什么样的目的。那么经济学的疆域就由这种合作性努力的界限所决定。这样看来，说市
场在达到“国家目标”时是有效率的或无效率的，就是一种自相矛盾 30
的说法。

这并不意味着，在布坎南提出的概念体系里，根本不需要考虑效率。个体参与交易的动机是人类交易倾向的源头，这一动机也就是高效之源。这里，我们把效率界定在个人感知范围里，他们从不太喜欢的物品转向更喜欢的物品，并以双方接受的条件进行：

> 根据人的天性，一种“缺乏效率”的制度，或者一种将在很大程度上产生“无效率”结果的制度，是不能存活的，除非利用强制手段来阻止替代制度的出现。(Buchanan，1964)。

布坎南并不回避搭便车问题。当公共的行为特征非常明显时，个人在市场中为了自己的方便，会采取搭便车的做法，不出力还能坐收好处。如果自愿合作不能产生“有效率”的结果，该怎么办？答案必然是通过自愿或至少在终极的宪法层次上，把带有明显公共特征的行为转化为一个共同体或集体单位的行为。在这个意义上，政治上的宪法部分地表现为自交换过程：

> 国家的契约理论以及承袭这一传统的大多数著作，都代表了一种研究的方法，我认为现代经济学也应该采用此方法(Buchanan，1964)。

布坎南认为，经济学研究整个交换关系系统，而政治学研究整个强制关系系统。在经济学内，社会工程师找不到他们的位置；同样，那些向社会工程师提供经济工具的学者也找不到自己的位置。经济学家应该关注的是制度，广而言之，就是关注有组织的贸易或交换行为的自愿参与者之间的关系。

9. 伦理学和经济学 31

在刚刚过去的20几年里,我们看到学者们重新产生了对经济学与道德哲学之间关系的兴趣。这股重新燃烧起的火焰,险些被第二次世界大战后西方在意识形态方面表面上的一致意见,以及实证主义方法论在哲学、经济学、政治学领域的强势地位所熄灭。在很大程度上,对这种兴趣的复兴反映了学者们不愿接受自利行为假设的误导,不愿再接受新古典主义经济学里占支配地位的假设:所有人的脑袋里装的只有狭隘的对经济收益和经济损失的理性平衡,所有的人都是利欲熏心的小人。

对那些已经拒斥主流经济学的极少数经济学家来说,这一反主流的思想传统需要追溯的源头很长,而且同志者甚多,决不孤单,它的思想散布得很广。1962年,丹尼尔·贝尔发表了影响很大的短论《意识形态的终结》。在这本小册子里,贝尔提出,1954年以后出现的社会舆论导致了有关意识形态的争论毫无结果。在所有西方民主国家,从此再也没有意识形态之争了。人们在理智上的努力方向是强化已经存在的和已经达成的妥协,在西欧,它的政治名称是"社会民主主义";在美国,具有讽刺意味的是,它被称作"自由主义"。

这一趋势与强有力的解构主义哲学相呼应。人们认为,所有道德判断里都有根深蒂固的主观论因素,因而不可能依据任何一种哲学理论来构建政治理论(Barry, 1987,第1页)。在这种情形下,狭 32
隘的经济计算成为主导政策分析的方法,新古典经济学取代了道德哲学成为政策评估的工具。

1971年9月,阿诺德·哈伯格在一份非常重要的、阅读面极广的刊物上向经济学同仁发表了一封引人注目的“公开信”，请求人们接受三个基本假设，把它们当作所有应用福利经济学的“常规框架”。这三个假设是：

1. 对一个给定的物品单元来说，竞争性的需求价格可以测度需求者对该物品单元价值的评价。

2. 对一个给定的物品单元来说，竞争性的供给价格可以测度供给者对该物品单元价值的评价。

3. 在评估一个给定行为（如工程、计划或政策）的净收益或净成本时，通常应该把相关群体里每一个人自然增长的成本和收益加在一起，而不考虑这些成本和收益具体增长在哪一个人身上。

从根本上看，哈伯格是在请求研究福利经济学的经济学家普遍接受伯格森的社会福利函数，该函数力图在不考虑收入分配的情况下，把超过竞争性成本的消费者剩余和生产者剩余之和最大化。这样的社会福利函数，在基础层次上拷贝了狭义的功利主义道德原则。这种功利主义，正是1932年罗宾斯对个人间效用可比概念发起责难之前，人们对功利主义道德的理解。在哈伯格的论文里，我们找不到一点影子，能够说明哈伯格认识到自己正在根据一套价值判断提出一种伦理判断；相反，他认为自己的分析建立在这三个自称是简洁、强健、并可长期沿用的三个假设之上。

尽管哈伯格的请求乏善可陈并充满机会主义色彩，但它恰恰落在了一片肥腴的土地上。他的观点为广大的新古典经济学家所接受，这些经济学家把哈伯格提出的三条假设，当作他们进行政策分析时不可或缺的基础。就我所知，对哈伯格的反对意见虽然存在，但很微弱，就如同在新古典政治经济学的黑夜里燃亮的一支蜡烛。

> 然而，如果哈伯格真的认识到，他提出的假设条件里已经包 33
> 含了价值判断，那么他就根本没有勾画出他的假设的价值基础，更不用说试图证明这一价值基础是合理的了。难道这就是福利经济学最终的形式化的结果吗？难道我们真的要像北极旅鼠一样闭着眼睛一头扎入帕雷托的混水里吗？（Rowley and Peacock，1975，第 61 页）。

然而，甚至在哈伯格写作自己的论文时，战后在意识形态上的一致意见就已开始在西欧和美国坍塌，部分原因是人们目睹了社会民主主义的失败。社会民主主义以凯恩斯的原则为教条，试图同时取得高增长和低通胀，以及高就业率，结果都未能如愿。在随后思想更活跃的环境里，道德哲学开始重新萌发，尽管处于主流经济学的边缘，但与占主导地位的功利主义伦理学相对峙的新的伦理学原则已经在发展之中了。

起初，激发社会舆论突然变化的是集体主义政治思想的复活。这种复活既得力于马克思主义和社会主义的左派，也得力于传统主义和反理性主义的右派。起初有些踌躇，但后来对个人主义的思考呈增长态势，而且影响越来越大。对个人主义的思考不仅仅发生在契约主义和古典自由主义的范围里，而且涉及社会正义的伦理学。每一种个人主义的研究纲领都以形形色色的方式放松了狭义的、自利的人的概念，这一概念以其现代的新古典主义的形式支配了功利主义伦理学，“俭朴、单纯、鲁莽，丝毫没有受到什么是善、什么是道德情感等伦理的影响”（Sen，1987b，第 1 页）。

正如阿玛蒂亚·森指出的(Sen,1987b,第3页),经济学有两个完全不同的起源,一是起源于对伦理学的关注,可以追溯到至少亚里士多德的著作,如《尼各马可伦理学》和《政治学》,二是起源于对社会工程学的关注。在前一种传统里,经济学家在研究经济学时,虽然会立即和追求财富打交道,但在深层次上,经济学是和其他学科联系在一起的,其中包括评价和提升更为基础的目标。

34 在这样的一种方法里,把经济学研究和伦理学、政治哲学分开来,经济学就无法存在。首先,人类动机问题与伦理问题息息相关。人们会问:人应该怎样活着?我们发现,一个人在道德上所捍卫的观念,不一定总是贯彻在这个人的实际行为中。但道德上的考虑对人们实际行为的影响绝不是微不足道的。阿玛蒂亚·森(1987b,第4页)把这称为与伦理学相关联的动机观。其次,在评判社会成就时,问题就更大了。在他看来,与伦理学相关的社会成就并不能突然止步于随便哪个地方,比如说"令人满意的效率"。我们对社会成就的评价应该更伦理化一些,并且对"善"持较广义的概念。上述两个问题在现代经济学的大部分出版物中没有得到很好的反映,原因是现代经济学仍然由工程方法支配着。

关于伦理学与经济学关系的讨论,其核心主要集中在两个概念上,一个是自利,一个是理性行为。实证主义经济学把它几乎全部的声望都押在了一个假设上,即一个人所作的选择是与这个人自身的经济利益之间存在一致性的。他们常常把自利定义为对财富的渴望。在经济学的许多领域,虽然有大量相反的证据,根据上述假设建立起来的模型并没有受到拒斥。这丝毫也不会令人感到奇怪,因为狭义的经济自利肯定对几乎所有人都是很有力的约束,尤其是对人们日常参与市场活动影响更大。事实上,在高度竞争的市场上,一个不会在经济上关照自己的人无法生存下来，也就无法把他的其他的自利或利他的感情延续下去。或者因为不会照顾自己，到头来穷困潦倒，也不能使自利或利他的情绪得以保存。从根本上说，上述基本思想就是芝加哥学派为本学派观点辩护的理由，它的实证经济学研究纲领就是以狭隘的自利原则为核心的。

然而，承认在日常市场交易中狭义的经济自利影响巨大，并不一
定就得否认对许多其他人来说其他的目标也很重要。尽管这些目标 35
在常规的私人市场或政治市场上扮演着默默无闻的角色，但它们在制宪的或非市场的决策中却会走到前台。实际上，即使完全忽视许多人所关注的其他社会目标，我们也根本不清楚，把狭义的经济自利原则广泛运用在多元层次的决策行为中，会不会使经济取得财富最大化或帕雷托最优的结果(Sen，1987b，第 21 页)。

在这里，我们把亚当·斯密的两本书一并讨论会有启发意义。一本是《国富论》(1776)，另一本是他较年轻时写的《道德情操论》(1759)。在《国富论》的一段可能是引用频率最高的文字里，斯密提出自爱对管理经济事务有多么重要：

> 除人类以外，别的动物，一达到成年期，几乎全都能够独立，在自然状态下，不需要其他动物的帮助。但人类几乎随时随地都需要同胞的协助，而且要想仅仅依赖他人的恩惠，那是一定不行的。他如果能够刺激他们的利己心，使有利于他，并告诉他们，给他做事，是对他们自己有利的，他要达到目的就容易得多了。……我们每天所需的食物和饮料，不是出自屠户、酿酒家或烙面师的恩惠，而是出于他们自利的打算。我们不说唤起他们利他心的话，而说唤起他们利己心的话。我们不说自己有需要，

而说对他们有利(Smith,1776，I(ii)2)。

这是我们都熟悉的声音。然而,值得指出的是,自爱与个人在普通市场环境里的行为有特殊的关系,但不会产生出形成一个好社会的决定因素。斯密绝没有认为自爱是贸易和商业的唯一驱动力,因为斯密说:“尽管一般所说的审慎原则并不总是控制着每一个人的行
36 为,但这一原则的确影响了每一个阶层里的大多数人。”斯密在《道德情操论》里解释到,审慎是理性和理解这两种品质以及自制的结合。

“自制”这一概念是斯密从斯多噶派哲学中汲取的,在任何一个意义上讲,自制都与斯密提出的自爱或我们提出的自利概念不同(Sen,1987b,第22页)。斯密把审慎看作“在所有美德中对个人最有帮助的美德”,另一方面,“仁慈、正义、慷慨,以及热心公益事业是对其他人最有帮助的美德”(Smith,1759,第189页)。

在《道德情操论》一书里,斯密费了许多笔墨来谈同情,这一概念的确是斯密道德理论里不可分割的一部分:

> 不管人有多么自私,在人的天性里都显然存在着某些本能。这些本能使得他关注其他人的命运,并且使得他人的幸福对他是必不可少的,尽管他从其他人的幸福中得不到什么东西,而只是看到其他人幸福自己也会觉得快乐(Smith,1759,第1页)。

斯密所用的同情一词,并不只局限于为遭受厄运或不公正待遇的受害者感到难过,而是扩展到了更大的范围:“即表现出我们作为同类共有的任何感情”(Smith,1759,第5页)。同情是把自己放在另一个人的位置上去思考,去感受,体会另一个人的喜怒哀乐,无论

对方遇到的是好运还是厄运，都去分享他的感受。

斯密对道德判断的形成方式有自己的见解。他认为同情在其中占有极其重要的地位。他所说的同情是一种运用想象力的同情行为。就如同“移情”一样，它使得一个人不但理解另一个人所处的环境，而且使得他通过其他人的眼睛看到了自己的行为（Wilson，1976，第 74 页）。我们学会假想出一个旁观者，一个公正的、对我们自己的行为动机了如指掌的旁观者，他能看到我们自己的行为。在某些情况下，这个公正的旁观者允许我们追逐狭隘的自身利益。在另外的一些情况下，则不允许我们这么做。上述不同情况的区分将由我们每一个人决定。

如果审慎和同情的确是存在于我们大多数人的头脑里，至少我 37
个人相信它们的确存在，那么主流的新古典主义经济学则好像是误解了斯密的观点。为了利己或（和）利他的动机，个人将拥抱那些超越狭隘经济计算的感情，并希望这些感情融入良好社会的规则和制度中。他们愿意在政策之争中向前推进这些感情，使人们的心中不单单有冷漠的经济计算，而且还涌动着理想主义的热情。

10. 功利主义伦理 38

尽管当代的功利主义者把这一派的源头追溯到亚当·斯密和大卫·休谟（Mises，1962；Friedman，1962）那里，但是，如果把为政府的激进和积极作用辩护的学说，同苏格兰启蒙运动中那些谨慎的、以怀疑论见长的学说相提并论，肯定有某种生涩的或误导人的东西（Barry，1987，第 19 页）。尽管边沁提出的效用等于快乐的等式遭到当代大多数功利主义者的反对，但人们讲起功利主义伦理，还是要把开山贡献归于边沁的著作《道德与立法原则导论》(1789)。

事实上,正是边沁为功利主义确定了核心思想,直到今天仍对哲学层次上的功利主义有着影响。其核心思想是:

1. 个人幸福应被看作是道德行为的最终目的。

2. 每一个人都是平等的,不应给予不同的个人以不同的权重。

3. 社会行为的目标应该是总体效用的最大化(或者用边沁著名的话来讲就是,“增进最大多数人的最大幸福”)(Welch,1987,第770页)。

上述与边沁和詹姆斯·穆勒有关的原则,首先被边沁冠以功利主义的名称,但直到1820年代,约翰·斯图亚特·穆勒才重新发现了它,并使之为世人所知晓。此后一直到20世纪末期,功利主义哲学不但主宰了经济学,而且支配了道德哲学和政治哲学。

39 与早期的功利主义者一样,边沁认为,人是一种追求快乐的动物,于是增进快乐或幸福理所当然应该成为衡量道德上的“善”的标准。然而,边沁有志于把他的功利主义以科学的系统的形式表达出来。他认为,对所有人而言,快乐是没有差别的,于是就可比,可以量化。他用数学方法作暗喻,提出所谓“幸福计算法”,以说明快乐是具体的、精确的。边沁特别关注惩处,即抑制人们追逐快乐的行为。他认为,惩处应置于立法者的控制之下,以法律来制约人们对快乐的追逐行为。他将功利主义伦理放在与天赋自然权利和自然法哲学相对论的位置上,从而引入了实证主义的法律传统。直到今天,这一传统仍主导着西方法学思想。

詹姆斯·穆勒,尤其是他的儿子约翰·斯图亚特·穆勒,系统地阐述功利主义伦理,使之成为激进主义的经济和政治纲领。这一纲领的基础是这样一种教条式的信念:加总个人的自利行为将增进所有人的利益。今天，对自利概念系统化的扭曲做一拨乱反正，将是科学的一项任务。在过去，皇权、贵族和宗教联合起来促成了这一扭曲。那些认为民主政府在支持公众利益时具有全知全能、公正品性的人，犯了一个根本性的错误。哲学上的激进主义者有一个主要思想，就是认为只有通过民主的代表制度才能清除贵族的腐败，而这一代表制度将由“知识分子”精英们来主导。尽管这一派的思想并没有取得它的近期目标——创生出基础性的政治联盟，但它的思想长期产生的影响可谓是极为深远，尤其是对 20 世纪的经济学。

原汁原味的功利主义作为一种道德原则，可以看作是以下三个条件的组合。

1. 福利主义要求，某一状态的好坏仅仅是该状态效用信息的函数；
2. 加总一排序原则要求任何一个状态的效用信息都只能用该 40
   状态所有效用的总和来评价。
3. 结果至上原则要求任何选择，无论是行为、规则还是制度的选择，将最终由状态的好坏来决定。

上述三个条件中的第二条被罗宾斯(1962，1938)在 1930 年代有效地驳斥了。罗宾斯指出，用基数表示效用或效用在个人之间可比的概念是成问题的。受到罗宾斯的挑战后，主流福利经济学家手中握有的功利主义伦理的残留物，就只有帕雷托最优标准了。什么是帕雷托最优状态呢？当且仅当社会上任何一个人的效用提高只能通过减损其他人的效用来达到时，这一社会状态我们就称为帕雷托最优状态。这是一个极其严厉的限制条件，应该能够减弱许多声称要坚持这个条件的人影响社会政策的愿望，但正如我们将要证明的，情况并非如此。

帕雷托标准抓住了上述第一个条件（福利主义）的一个方面，认为，对个人效用的一致同意的排序就足以成为整个社会对相关状态的排序。该标准相当于第三条（结果至上主义），因为，社会选择被要求满足帕雷托最优状态。即便如此，对社会状态进行的帕雷托排序仍然是局部的排序，而不是完整的排序。帕雷托标准在被严格加以运用的同时，必须被视为一项保守的伦理标准，因为它为那些主张维持现状的人提供了理论（Rowley and Peacock，1975，第 10 页）。帕雷托标准要求的是什么呢？只要一个人持反对意见就足以使福利问题变得含混不清，使我们无法取得清晰的政策判断，这就是帕雷托最优标准！要知道，对特定的变革取得一致同意，除非在私人市场上，在真实世界里是很难见到的。

即使在帕雷托标准严格定义的范围里，功利主义福利经济学家
41 也常常对应该赋予个人以什么作用意见纷纭。对于方法论上的个人主义者而言，只有个人自己才能对个人的幸福做出判断（儿童与疯子除外）。然而，大多数经济学家还是响应了精英主义的号召，以哲学激进主义者的态度宣称，专家（其实就是他们自己）会比其他人更清楚什么是超值需要，什么是非超值需要。在功利主义的伦理观中，家长作风是一个重要的要素。在政策制定的某些方面，尤其是教育、医疗和环境等方面，在帕雷托标准的范围里，经济学家竞相把自己的偏好强加给普通市民。

有些经济学家对帕雷托标准的局限性不满意，于是便对由卡尔多（1939）、希克斯（1939）提出的，由西托夫斯基修正的补偿原则抱以希望。按照这个原则，既然不能使人人都同意某一变化，那么同意变

化可以通过购买取得，只是变化后的受益者把变化后的受损者失去的利益悉数补足。这样，补偿原则就不可能错了（至少这样能保证人们心甘情愿地去补偿）。然而，我们几乎没有或根本没有必要来郑重其事地启用这一原则。这里，变化之所以能够实行下去，仰仗的是带有假设意味的推测，补偿原则可以得到满足。然而，现实世界的情况与此完全不一样。

首先，如果补偿不是立即能够实现的而是潜在的，受损失的个人很可能不同意变化。如果把变化强加在他们头上，则违背了方法论上的个人主义所倡导的个人至上的伦理观念。其次，潜在的补偿会遇到希克斯提出的一个问题，即知识是如何被利用的。所谓的“专家们”如何才能取得每一个人真实的偏好信息，要知道，每个人都有撒谎的动机，这使得他们所说和所想常常是两码事。“专家们”如何能找到受政策变化影响的确切人群？其成本是多高？实际上，功利主义经济学家们在为自己提出的政策建议辩护时，采用潜在补偿原则是一种最为卑鄙的手法。补偿原则应用很广，在我看来，普通公众对这一原则虽然高度信任，却谈不上对它的理解，因此，补偿原则总是被某些人利用，成为玩弄人民的工具。

即使手中握有了潜在补偿原则，许多坚信帕雷托标准的福利经济学家仍然对个人间效用不可比这一限制感到恼怒。原因是这样的，如果效用不可比，他们就不能对效用进行计算，不能把它用于收
入分配领域，而收入分配问题是很多经济学家梦寐以求希望能面对 42
的问题。伯格森（1938）试图用社会福利函数避开上述矛盾。这一做法受到了阿罗的质疑（1950），但许多声称自己认同阿罗不可能性定理的人却广泛采用这一做法。

方法论上的个人主义者拒斥社会福利函数，毫无讨价还价的余

地，他们反对以任何形式把对分配问题的武断判断和个人对效率的判断并列起来，认为这样做毫无意义(Buchanan,1959)。即使存在这种反对意见，社会福利函数在当代功利主义经济学里仍然十分流行，并傲然居于主流经济学的核心地位(Rowley and Peacock,1975)，尽管采用这一方法需要有强烈的综观全局的幻想。

理查德·波斯纳在1970年代早期提出了一个研究思路，恐怕是那十几年里最有雄心的想法。这个思路就是，把功利主义的效用计算及其最为狭义的财富最大化模式运用到政策评估领域里，改造法学，使其采用效率标准。根据这一观点，那些由法官说了算的法律，尤其是关于财产、合同和民事纠纷的普通法，再加上一部分由司法解释规定的成文法，就应该被人们设计成以社会财富最大化为目的。

波斯纳很清楚地认识到，财富最大化和功利主义的关系很密切：

> 财富最大化与功利主义是联系在一起的，财富最大化是一种受制约性功利主义。这里的“制约”是，强制只是能用于促进或模仿运行良好的市场产生的结果，而不是取代市场的结果。如果法院把自己限定在财富最大化的范围里，原因仅仅是立法机关能更有效地进行再分配，那么，财富最大化将在一个综合性更强的政治理论中成为一个要素，而这一政治理论从头至尾都是功利主义的(Posner,1984，第132—133页)。

43 波斯纳还宣称：“尽管当代学者对功利主义发起了强有力的挑战，但大多数经济学家像大多数法官和大多数讲究实际的老百姓一样，仍然是功利主义者”(同上，第133页)。我想，波斯纳上述的两段话说得都不错。

然而，只要财富最大化在理论分析上和卡尔多—希克斯的补偿原则相等价，即使不完全等价，只要法官在判决过程时把二者等价起来，那么财富最大化的目标就要面对前面讨论的全部批评意见。从根本上说，法官和陪审团（取代经济学家和政府官员）成了全知全能的人物，成了能够公正地做到社会福利最大化的人物，而事实上，只不过是一群没有受过足够训练的官僚取代了另一群没有受过足够训练的官僚而已。法官又怎么样呢？面对成本和收益的复杂计算，法官只会比经济学家更加浑然不知所措。二者的相同点倒是有一条，在把自己的偏好强加给那些拜倒在自己面前的可怜小民身上时，法官并不比经济学家逊色（Rowley，1989a，4989b）。

法院能不能把社会福利函数当作一套机制来达到增进财富、重新分配收入的目的呢？至少波斯纳对这么做的前景并不看好（Rowley，1992）。其实他认为，法院完全有理由不让这些因素影响法院对债务的判决：

> 法院对社会财富的分配能够起到多大作用呢？作用微不足道。所以，法院还是集中精力做好力所能及的事情吧。它能够做的就是确立能够增大经济总量这块馅饼的规则，至于馅饼的分配问题，还是留给立法机关，让立法机关运用征税和开支的权力去完成吧（Posner，1984，第 132 页）。

正如韦尔奇（Welch，1987，第 775 页）做出的结论："很显然，功利主义在近代社会研究中占有特殊的地位，不仅仅因为什么是幸福这一问题仍然在困扰着现代人，也不仅仅因为在一个科学的时代里，'科学的'经济学始终对人们有一种吸引力，而且因为，在这个多元的和对立的世界里，有许多相对竞争的理论都提出了什么是合意的人生，而功利主义厕身于诸多理论中，许诺给我们一个中立的立场来看待它，不掺杂伦理上的价值判断。”韦尔奇的话是对的。功利主义是不是真的做到了它许诺给我们的中立立场，这是另一回事，但我的头
44 脑里一直都很清楚，无论从前还是现在，功利主义者从来就没有把中立当作他们力图达到的一个目标。

45

11. 契约主义伦理

新契约主义者从罗尔斯(1971)、诺齐克(1974)和布坎南(1964，1975a)那里获得了灵感，而这几位学者的经济学洞察力则从 18 世纪亚当·斯密的著作里得来，哲学基础则从 17 世纪霍布斯和洛克等人的著作中得来。

1960 年代初，随着布坎南和塔洛克所著《同意的计算》(1962)一书出版，新契约主义者对流行于当世的功利主义伦理展开了强劲的反驳，强调程序所具的伦理重要性要高于结果所具有的伦理重要性。此后的 30 年，他们沉浸在一种自由自在的思想舞蹈中，不断进步，甚至提出了一种几乎要取代功利主义成为主导经济学基础的哲学方法。然而，就在近些年，他们大步迈进的步伐受到阻滞，从而转入防御，因为一系列尚未解决的问题和明显的逻辑上的不一致性造成了这一局面，这些困难在本章都会描述出来。

在《国富论》里，亚当·斯密的经济洞察力很早就向我们昭示了一些重要的思想(1776，第二章)：

> 引出以上许多利益的分工，原不是人类智慧的结果，尽管人

类智慧预见到分工会产生普遍富裕并想利用它来实现普遍富裕。它是不以这广大效用为目标的一种人类倾向缓慢而逐渐造成的必然结果，这种倾向就是互通有无，物物交换，互相交易。这种倾向，为人类所共有，在其他各种动物中是找不到的。其他各种动物，似乎都不知道这种或其他任何一种契约(《国富论》第二章)。

1963年，布坎南在就任南部经济协会会长时发表演讲，大胆地抓 46
住了斯密的思想，提出经济学家应该把人类依据契约进行交换的天然倾向当作经济学和政治经济学恰当的研究对象。同时，罗尔斯对当时占有支配地位的功利主义伦理学和逻辑实证主义提出非难，并提出自己的新见解，在哲学家内部发起了一场契约主义的复兴运动。

苏格兰启蒙运动的思想家，包括斯密本人，受到两方面思想的影响，一方面汲取了哲学的营养，其中包括洛克和霍布斯的思想，受前者影响较多，后者影响稍少。同时吸收了科学思想的滋养，主要来自于伊萨克·牛顿。但是，让后世学者有些想不通的是，随后，功利主义者受科学影响更加深刻，他们宁愿让工程学的精致压倒哲学思辨的严谨。新契约主义就是要纠正这种一边倒的倾向，试图在科学与哲学之间找到平衡，在经济学行当里，把从事社会工程学的工程师们贬到地位卑下的“牙科大夫”的位置上，把经济哲学作为当代政治经济学思想高度发展的基石，抬到“内科医生”* 的地位上。

17世纪有两位大哲学家，一个是托马斯·霍布斯，他为利维坦式国家辩护；另一个是约翰·洛克，他是立宪民主制的拥护者。他们二人都试图为一个重大的政治学问题找到答案，这个问题就是：“如

---

* 内科医生是科学传统的产物，牙医是工匠传统的产物。——译者

何改变一个在内战、弑君、军人政府、对抗和持久的教派斗争中苦苦挣扎的国家”(Gordon,1967,第 574 页)。最终,从某种意义上讲,霍布斯的理论“败北”,洛克一方获胜,判断标准就是 1688 年的“光荣革命”。光荣革命让詹姆斯·斯图亚特毫无颜面地遭到流放,推翻了大英帝国的独裁政府,迎来了君主立宪。然而,霍布斯的思想对契约主义者的影响要甚于洛克产生的影响,主要原因是契约主义的领袖人物布坎南在其中的工作。

在《利维坦》(1651)一书中,霍布斯在为绝对君权辩护时提出这样一个观点,不能对人类的“善根”做任何幻想,而只能强调人类在缺乏抑制其贪欲、激情和野心的外部权威时,人类自私的本性会产生出
47 强大的破坏力。这种“自然状态”先于公民社会而存在,但并不排斥习俗和传统。在这种状态下,个人没有权利,群体没有规则,无法消除我掠夺你、你侵袭我的混乱局面。在这样的环境里,个人就没有心思从事生产,而只是琢磨着抢夺别人劳动成果的行动,或者专心准备抵御别人侵扰的种种措施。在这样的社会里,可想而知,他们的生活一定是:“孤独、贫困、肮脏、野蛮,而且短暂”的。

从霍布斯的观点看,自然状态就是充满战争的状态,这种战争是每一个人对每一个人的战争。要想获得公民秩序,其代价就是每个人都心甘情愿地把自由和财产交给一个保护人,这个保护人就是绝对君权的拥有者。在无政府状态和利维坦之间,没有一个中间过渡的状态,不存在一个最小政府或有限政府的国家。查理·斯图亚特被处死以后,宗教神权的正当性也就随之瓦解了。* 此后出现了专

---

* 在詹姆士及其子查理一世统治期间(1603—1649),他们宣传“王权神授”、“王权无限”、“王权是上帝创造的,议论上帝是渎神,议论君主是叛逆”等思想。当查理一世被克伦威尔处死后,君权神授的宣传被君主立宪的宣传取代。——译者

制政府，霍布斯著书立说支持专制政府。然而，霍布斯的书既不想为斯图亚特王朝做辩护，也不想拍护国公的马屁，而是要实施他所谓的“第一自然规律或基本自然规律，即追求和平，并保持和平”。君主应被赋予无限的权力。但是，任何一位君主都会受其他人的影响，可能被更强大的力量所取代。

约翰·洛克(1690)汲取了霍布斯的思想精髓，并形成了自己的国家观念，但二人的国家观念大相径庭。依洛克看来，在自然状态下发生的故事与霍布斯的设想恰恰相反，人们在和平、静谧的氛围下过着田园牧歌式的生活，一股理性的力量统御着整个社会。然而，在公民社会没有形成之前，和平与和谐会受到霍布斯所说的国家内部战争的威胁。正是认识到他人侵扰的威胁，以及自己防御能力的不确定性，人们才愿意订立契约，脱离自然状态而组成公民社会。

这样，洛克虽然承认，社会里存在着很多腐败和邪恶的家伙，从而保护受到坏蛋威胁的人成为公民社会的一项紧迫任务，但洛克还是反对霍布斯的看法，因为霍布斯说人人都是受了本能的驱使而行动，他不这么看。他认为，少数人的堕落恰恰证明了需要权力的集中，从而能够以一种公正的、不带个人偏见和敌意的方式解决个人之
间的矛盾。然而，与霍布斯不同，洛克设想出有这样一套契约式的制 48
度安排，它能够不把个人权利全部交给君主，但同时还能够避免改变社会的无序状态。在这种治理结构中，关键就是洛克提出的代议制政府理论，以及防止国家侵占私有财产的法令：

> 没有个人许可，最高权力不得从任何人那里夺得任何私有财产。因为保护私有财产是政府的目的，也是人们进入社会的目的，因而必须设想和要求他们带着财产进入社会。如果人们

> 没有财产，那么我们就会想，他们肯定是在进入社会的时候被剥夺了财产，而他们进入社会的目的就是保护自己的财产。要是出现这种情况的话，就是再荒谬不过的事情了（Lock，1690，第138页）。

本文讨论的三位新契约主义者中，罗尔斯（1971）受18世纪政治经济学和17世纪政治哲学的影响都是最少的。然而，他提出的政治哲学基本方法，不但在哲学，而且在经济学和其他社会科学那里，对契约主义的复兴却影响极大，虽然我个人认为他的方法存在严重的缺陷，在这一章里，我们只讨论他的基本方法，讨论他对原始状态的解释，以及他对原始状态提出的选择问题的解释。他有一些具体的观点，我是同意的，这些观点将放在第12节仔细研究。

从某种意义上讲，可以把《正义论》视作一个实证的文本，因为它在讨论必将出现在罗尔斯设定的环境下的社会契约时，是描述它的出现过程，而不是对它表示赞同。但是，戈登（1976）不这样认为，他的结论是，《正义论》的核心方法肯定是规范方法，这本书是对契约主义伦理的一项重大贡献，尽管这种贡献具有特别强烈的形而上学性质。

49 罗尔斯说，他提出的正义概念，是"把我们熟知的由洛克、卢梭和康德奠基的社会契约理论做了一般性的概括，并提升到了更抽象的高度上"（第11页）。然而，原始契约并不是要约定如何进入特定社会，或如何建立特定形式的政府。原始契约的目标是维护社会基本制度结构的正义原则。而且，起草这一契约的个人都是在假设意义上存在的，在现实世界里找不到这样的人。同样，契约得以创生的社会环境也是假想出来的，在真实世界里根本找不到。

罗尔斯的分析起点是，人是理性的自我中心论者，他们希望找到能够体现出他们个人优势的正义原则。在这样的动机下，如果我们把每个人的优势都提炼出来，抽象出一个个特定的限制条件，就可能确立“正义即公平”的原则。为了这一目的，罗尔斯分析了如果每一个人的个人优势都完全相等的话，可能出现的各种判断。罗尔斯认为，每一个活生生的个人都将反思这一假想的订立契约过程的公平性，都将同意由它带来的任何结果，即使结果对某些人不利，也会得到他们的同意。

怎样才能得到罗尔斯勾画的正义原则呢？给定一个“初始状态”，其特点是个人对自己的优势和劣势一无所知，或者说被“无知之幕”遮蔽了认识，我们就能得到正义原则。罗尔斯的“初始状态”是，人们对自己在社会上的位置、阶级归属、社会地位、民族或种族状况、性别，以及在自然资源的分配中取得的财富、天资，甚至善的概念都一无所知。在这个意义上，个人之间的平等，只能建立在他们谁都一无所有的基础上。

罗尔斯为初始状态设定具体条件的目的是，引导人们做出规避风险的决策，并为功利主义原则指导下的选择设置障碍（Rowley，1990）。例如，人们知道，尽管自己不是处于长期短缺状态，但也处于中等程度的短缺状态。人们还知道，超过了生存所需的最低基本生
活资料，收入的边际效用会急剧下降。关于每个人的优势是如何分 50
布的，他们自己无法知道。罗尔斯提出，当我们希望全体一致同意某一正义原则以贯穿我们的社会基本结构时，我们就要假设某些条件，这些条件能够使决策者运用最极端的风险规避策略来做决策，如最大或最小化策略。罗尔斯声称，我们引入“反思的均衡”这个概念，就能为正义原则找到伦理学上的依据，尽管这些原则是根据假定而得

出的。他认为，真实的个人可以被看作同时具备两样东西，一是具备某种程度的直觉的伦理正义观，二是具备我们假设的原始状态的诸条件，从而可以利用契约思想推导出伦理原则。这一直觉体现了我们对假想的原始状态的构思。

然而，从假定的原始状态得出的伦理原则也会使个人修正他的直觉。这样，就会又重新设定初始状态，以及重新审视直觉。通过这二者的互动过程，所有人就达到了一种完全相同的反思的均衡状态。这样，体现“反思的均衡”的正义原则就满足了契约论提出的一致同意的要求。

我觉得罗尔斯的论点没有说服力。首先，正像戈登所认为的，由于每个躲在“无知之幕”背后的人都是完全相同的，所以相互有利的契约就是多余的了。因为对一个人是好的就等于对所有人都是好的。其次，即使是罗尔斯提出的那一大堆条件，也不足以证明采用“尽最大可能规避风险”的策略是正当的，实际上仍然不足以证明它。罗尔斯很可能混淆了个人之间的博弈与个人和无法外在化的自然之间的博弈(Rowley and Peacock, 1975)。第三，即使所有人都通过反思的均衡得到了正义即公平的原则，也没有理由像罗尔斯认为的那样，这一正义原则就万古长存了。事实上，随着经济和社会环境的改变，个人偏好也会改变。

如果罗尔斯的结论已经蕴含在他的假设里了，那么，即使经过反复的检验，结果也一定能够成立。读者在看过罗尔斯的言论之后可以扪心自问，想想罗尔斯的结论能否成立。至于我自己，反正是无法达到罗尔斯说的那个反思的均衡。注意，在罗尔斯看来，这一均衡保
51 证了公正即公平的概念。我们可以想一想，只要有一个人反对，就足以破坏罗尔斯的契约主义伦理。

如果说罗尔斯是通过一个假想的远离冲突的状态来推导出社会契约，那么我们在讲诺齐克的思想时就不能这么说了。诺齐克(1974)在哲学上主要关注的是："我们生活在一个冲突构成了基本生活要素的世界上，那么，在这个世界上，是什么决定了国家权力的道德限度?"(Gordon，1976，第578页)。当罗尔斯退入到形而上学的阴曹地府，又在那里摆弄出一个个并非真实存在的个人时，诺齐克仍然置身于这个真实的世界，他希望搞明白人是什么，而不是人应该是什么。当罗尔斯证明自己假设过程的正当性，长篇累牍地谈他的理论的终极含义时，诺齐克却反复强调，任何事态的道德价值都仅仅决定于导致该事态的过程，而不是该事态本身。

诺齐克阐明了一种契约主义，有人将这种契约主义称为"期待中的契约主义"(Hemlin，1986)。根据诺齐克的方法，通过想象，社会契约直接发生在真实的个人选择环境里，这一环境有别于日常决策环境。订立社会契约的过程出现于洛克提出的自然状态或无政府状态这一假想的起点。在这样的条件下，人人都是个人主义者，他们没有意识到存在着一个社会实体，这个社会能对他的行为做出合法的限制。然而，个人主义并不是完美无瑕的(Gordon，1976，第578页)。每一个人都认识到，其他所有人都和自己有着相同的基本权利。从这个意义上说，诺齐克的无政府状态同洛克的无政府状态一样，都是一种道德状态，和霍布斯描述的人之初的状态很不一样。

然而，如同在洛克那里一样，在自然状态下人们相互承认基本权利，并不足以保证有一个和平的社会。如果个人没有基本权利，那么生命就会受到无尽冲突的潜在威胁，受到霍布斯所说每个人对所有人的战争的威胁。在这样的环境下，每个人都会认识到其他人和自己一样有着造梦的能力。于是，每个人都被看作是一个造梦者，一个

把世界想象成个人所有的梦想家。根据这一方法，稳定的均衡会在
52 哪里形成呢？考虑到其他人梦想的存在，个人无法设计出一个更好的世界，那么这就是均衡点了。这就是诺齐克想象的那个乌托邦。

从根本上说，这个乌托邦是自利的个人（追逐自身的目的，同时受其他人目的的约束），相互之间进行讨价还价的博弈之后形成的结果。这一过程的核心在于讨价还价的博弈中存在着一个“核”的概念*，每一个人都能自由地从讨价还价的博弈中退出，一个人退出也行，联合其他人退出也行，在退出时拿着自己全部的所有离开。因此，如果要达成交易的解，就必须不向退出的个人或联盟提供净收益。“核”包含了所有不能被这种退出所阻碍的资源配置。一般来说，“核”包含了多个均衡解。

诺齐克的乌托邦特色何在呢？他认为，为了使财产权得到最低程度的保护（财产权由个人以及他的劳动和土地确立起来），不受内贼和外蛮的侵犯，就要形成国家。诺齐克的乌托邦就是以对国家职能施以强有力的道德制约为特征的。正如我们将在第12节里看到的，生产型国家和转移型国家绝不是乌托邦的一部分，前两种类型的国家都存在着严重的缺陷，不是我们想要的理想世界。由于这个原因，诺齐克的契约主义就要比罗尔斯的（实际上是布坎南的）契约主义更能够与古典自由主义伦理相契合。当然，诺齐克的方法也有众多需要批评的地方。

首先，即使如诺齐克勾画的，在讨价还价博弈中存在着一个“核”，也不能忽视拒不退让和阻碍结盟的问题。在真实世界里，存在着多种多样的囚徒困境，囚徒困境导致无法结盟。即使存在这一乌

* 关于“核”的概念，可以参见瓦里安的《高级微观经济学》。——译者

托邦，也绝不能保证达到这一乌托邦状态。其次，即使能达到乌托邦状态，它能维持下去吗？正如瓦格纳（1987，1988）说的，即使宪法曾经得到了所有人的一致同意，但是，如果人们现在为了某一特定的利益一致反对宪法，宪法就不能维持下去。即使在最小的国家里，界定你我财产权的宪法也不容易维持。第三，令人惊讶的是，诺齐克闭口不谈财产权是如何被确定为讨价还价博弈的起始基础的。诺齐克的自然权利分析的支点不以洛克的宗教的正当性为基础，几乎就没有可支撑的基础：

> 一个赞同诺齐克观点的人在很大程度上是为他的论证技巧 53
> 所折服，但是，这就好像我们观察考古学家的工作一样，起初，他会熟练地把盖在古城遗物上的保护层剥去，终于露出了文物的真实面目，真是光彩照人。然而，这维持不了多久，暴露在光线和人气旺盛的无保护的自然环境里，只需很短的时间文物就会碎成齑粉（Gorden，1976，第 578 页）。

布坎南（1975a 和 c）式的契约主义与诺齐克的契约主义形成了鲜明的对照，虽然前者也强调程序的重要性，也嘲笑他人试图阐明美好社会最终状态的特征，将这种尝试称为“道德的自大”。布坎南对道德论证的怀疑态度远较罗尔斯或诺齐克为大。实际上，他自己说，我的全部研究都是为了避免“倒退，避免空洞地讨论个人价值，从而避免理性的话语的终结”（布坎南，1977，第 82 页）。他的主观主义方法和实证主义的政治经济学，把诺齐克的理论支点，即洛克提出的“自然法”和“自然权利”观念，都清除掉了。

和诺齐克一样，布坎南（1975c）的理论起点也是自然状态，即假设该自然状态先于社会的建立。然而，布坎南的自然状态更像霍布斯的自然状态，而不像洛克说的自然状态。在布坎南那里，自然状态更残暴，完全没有道德上的约束。在布坎南描述的无政府状态下，个人行为完全建立在不承认其他人有任何权利之上，对掠夺行为没有任何道德上的约束。抢劫同生产和交换一样，都是一种获取的手段。这正是霍布斯描述的无政府状态。在这里，“孔武者夺之，善御者保之”。在这样一个与道德无关的环境里，人们在生产、掠夺他人和防御他人的掠夺之间，最优地分配自身的资源。由此就产生了一种被称为“自然分布”的均衡。在布坎南的理论里，“自然分布”是他的理论支点，他把宪法契约的概念就建立在自然分布之上。

由于自然分布是基于冲突而非一致同意，所以不能把自然分布本身说成是一种权力结构。然而，当每一个人都希望创造出一个公民社会，让政府作裁判员来保护自己专心于生产，不分心于掠夺和防
54 御时，自然分布状态就为达成一致同意的契约式协议提供了一个支撑点。从这个意义上说，财产权并非产生于自然状态下确立的权利，而是由于通过契约将外部不经济内部化而产生的。不可避免的是，自然分布状态下已经形成的不平等还会带入宪法契约。宪法契约指的是一种权力结构，它反映了从最初的无政府状态跳跃到形成契约后权利受到保护的状态。

此外，宪法契约还认可“生产型国家”的角色存在，在“生产型国家”里，每一个人都认识到，从贸易中获得的收益也能从集体对市场作出的反映中获得。外部性、公益问题等都会造成市场失灵。假如在不确定性的帷幕后面，可以通过谈判达成初始的契约，那么宪法契约甚至也可以认可“转移型国家”的角色存在。当每一个人都同意大家共同承担无法预料的偶然事件带来的损失时，“转移型国家”就可

能得到契约的认同。布坎南假设，个人在自然状态下会凭直觉做出积极的公共选择，他据此而推测宪法契约将保证产生出一个脱离无政府状态的国家，该国家被赋予很大权力，但权力是受到制约的，权力的集中并未达到极权主义国家的程度。然而，实际上这一结果仍只是猜测。他的主观主义方法使他既不能了解个人的想法，也不能对他们的行为做出判断。

在布坎南的道德哲学中，一致同意本身就是善。由于价值只存在于个人，因而只有一个个的个人能够在一致同意的条件下同意引入某一社会结果。由于每一步都要严格按照程序走，对最终状态的结果就不存在道德上的检查。布坎南的契约主义伦理甚至连诺齐克所说的自然权利的限制也没有，因而它产生出来的宪法，就有无穷多种可能性。假如人们一致同意，在脱离自然状态的跳跃里，把法西斯主义和社会主义的因素吸收到契约里来，而不是吸收某种古典自由主义政治经济学的因素，根据布坎南的判断，这一契约也是善的。如果每一个人受着虐待和被虐的天然倾向的鼓动，一致同意订立契约建立奴隶制国家，布坎南一样会认为这是合乎道德的结果。布坎南 55
的最终状态的虚无主义与本文仔细考察的几种其他社会伦理学说形成了鲜明的对比。有时他已经走到危险的边缘，就要犯休谟的自然主义谬误，眼看就要从“是”推导出“应该”。当然，他最终未能这么做：

> 布坎南赞同立宪主义、法治、个人权利以及私有财产，但是，当所有传统工具都被他弄得非常钝时，他怎么能够证明上述这些东西所具有的自由主义价值的正当性呢？他怎么可能仅仅从政治经济学的实证主义前提出发，推导出私有权利和宪法制约

> 的规范体系呢？人们真的可以从一只空瓶子里喝到自由主义的佳酿吗？(Barry，1987，第 82 页)。

布坎南对社会契约将产生有限政府的观点非常自信，但这恰恰是最让我们吃惊的。在没有形成契约时，是一种什么状态呢？布坎南更认同霍布斯描写的混乱状态，而不认同洛克的平和状态。他认为是从混乱走向契约过程，而不是从和平走向契约过程。霍布斯描写的人们，头脑仅仅受到了狭隘的对经济收益和经济损失进行计算的动力驱使，身躯仅仅受血气的驱动，霍布斯描写的人生活在自然状态，通过自己来认识其他人，的确是一群与道德观念没有关系的人。为什么这样一群可怜虫会通过契约来求得某种道德，或者说，考虑到他们进行公共选择的种种方法，他们为什么会在宪法形成后的环境里尊重某种宪法契约呢(Wagner，1987，1988)？可以肯定地说，同布坎南的预期相比，霍布斯预期要更有说服力。霍布斯断言，一群无道德观念的人，生活在无政府主义的、野蛮的环境里，他们会订立契约，建立利维坦式的国家，而不会依赖立宪民主国家的某种宪法来保护自己不受同胞的侵害。如果在《自由的限度》(1975c)一文中所作的全部分析以洛克所说的自然状态为基础，那它将会更有说服力。

尽管有此不足，《自由的限度》还是一篇前瞻性的著作，它试图解释立宪民主制是怎样以一致同意为基础，在自然分布显然存在不平
56 等的条件下，是怎样从无政府状态下诞生的。即使契约伦理本身对许多人来说太开放了，至少《自由的限度》一文提供了一套对真实世界的宪法加以理性解释的方案，对该文的逻辑感到满意的人会认为这套解释方案似乎是有道理的。正因为这样，那些对宪政政治经济

学感兴趣的学者把该书当作茫茫大海中的一座灯塔，为他们的研究工作起到了导航作用。

然而，从契约主义伦理的视角看，《自由的限度》一文中对宪法的理性解释是不全面的，布坎南自己很快就认识到了这一点。他的理论支点——自然分布——不是由契约保证的，而是从人们之间的冲突中得到的。从根本上看，把自然分布作为受约束的契约的起点或初始条件，是一种武断的做法，为了克服这一显而易见的缺陷，布坎南摒弃早先提出的观点（Buchanan，1972），暂时和罗尔斯的契约主义伦理联系在了一起（Buchanan，1975b；Brennan and Buchanan，1980，1985；Buchanan and Faith，1980；Buchanan and Lomasky，1984）。

尽管布坎南力图避开罗尔斯理论集中讨论的最终状态，他还是认可了《正义论》中使用的非常形而上学的分析方法，在接近罗尔斯"无知之幕"的过程中，就宪法契约讨价还价的个人变得越来越带有假设意味，不确定性的帷幕也变得越来越昏暗，无法穿透（Brennan and Buchanan，1985；Buchanan，1991）。这样做的好处是，布坎南又能回到以前的老路，在自然分布以外演绎出一种宪法契约，这一次得到的宪法契约没有了上面说的武断的特征。依我个人的看法，其代价就是，他的理论不再紧密地与现实相结合，将面临和罗尔斯理论一样的困境（Rowley，1987，1990）。

从《同意的计算》（1962）到《自由的限度》（1975c），再到《规则的理性》（1985），这一系列转变都显示了布坎南学术生涯的一个严重问题。布坎南长期以来是一个帕雷托原理的追随者，他虽然承认帕雷托最优是一种价值判断，但他认为："帕雷托原理是所需前提条件最少的原理，也是值得学人们广泛接受的原理"（Buchanan，1959，第

106 页)。然而,正如罗利和皮科克(1975)指出的,帕雷托原理绝不
57 是一条不重要的原理,但这条原理的内涵却是颇有争议的。尤其是,它要求对社会所认可的变化达到一致同意的程度,这不是求变的做法,而是维持现状的做法。

尽管布坎南的宪法理论包罗万象,但从根本上说,实际现状却是该理论的唯一出发点,布坎南准备承认这一点的。如果布坎南通过假想的契约对这种现状做了理性化的处理,但是只有真实世界的契约可以改变现状,那么,任何能够被人们接受的、对真实世界的契约做出的调整都不可能由人设计出来(Peacock and Rowley,1972)。从这个意义上说,布坎南提出的是一种混杂着弗吉尼亚式强制因素的保守主义*,很多学者都感到难以接受布坎南的这种保守主义。如果布坎南对现状的理性化是不正确的,却一直没有受到挑战,那么最终状态的结果对社会里的个人将意味着一场巨大的灾难,那时,自由的捍卫者们捍卫的将不是自由,而是极端形式的强制(Gordon,1976,第 585 页)。

58 12. 社会正义

功利主义者十分重视把个人效用加总的做法,在加总个人效用以追求社会目标的最大化时,他们并不节外生枝地去考虑什么社会正义的问题。在罗宾斯以前的时代里,他们根据效用按基数标准衡量在个人之间完全是可测试的信念,从使福利最大化的角度出发,主张均等地分配效用。即使在当时,至少从表面上看,再分配的理由也

---

* 弗吉尼亚州在美国曾以实行奴隶制而臭名昭著。——译者

含有这样的论点,即:再分配可以使总效用最大化。

在罗宾斯提出效用不可测度的思想后,大多数经济学家都承认,我们找不到一种十分清晰的度量手段来比较个人之间的效用。在这样的环境里,功利主义传承中最后的薄弱环节——帕雷托原理,对正义问题噤若寒蝉,至少在最初的效用分配问题上不言语了。要想绕开对帕雷托原理的沉默,运用社会福利函数这一手段,使帕雷托原理从准排序机制过渡到完全排序机制,就需要经济学家求助于社会工程学,求助于把集体主义对分配的判断和个人主义对效率的判断混合在一起。

早在1950年代,哲学家和经济学家就在努力寻求一种福利经济学的尺度,它不像社会福利函数那般武断,还能作为深入洞察社会正义特征的手段。在这些研究中,以罗尔斯提出的研究思路最为卓越,他强调正义即公平的概念,矛头直指功利主义伦理(Rowley,1958,1971)。在《正义论》(1971)里,他利用词典编纂中的最大最小值规则,依据社会中境况最差者的幸福度来对各种事态做出判断。最大最小值规则是阿玛蒂亚·森(1970 a)最先提出来的。

由于罗尔斯拒绝功利主义提倡的加总效用的方法(即依据效用 59
总量排序),他的理论的重要特征就是拒斥把效用作为社会判断的基础(福利主义就是这么做的)。以假设的契约订立模型为基础,罗尔斯认为,自由原则具有字典排序的优先性,该原则要求每一个人都具有平等的、最广泛的基本自由权,别人也和自己一样,享有这一权利。然而,在自由原则之外,罗尔斯又提出了正义的第二原则,该原则与人们对效率与平等的要求结合起来,并包含了他的著名的差别原则。在这一原则里,优先要做的是增强社会里境遇最差群体所拥有的权力。这种权力要用每个人都想拥有的社会物品的占有指标来衡量(Sen,1987a,第1040页)。*

什么是基本社会物品呢？基本社会物品是指“我们假设每一个理性人都想要的东西”,包括“权利、自由、机遇、收入、财富,以及自尊的社会基础”。事实上,差别原则采用词典编纂中的最大最小值规则,基础便是个人之间基本社会物品指标的比较。尽管罗尔斯列出了一个非常详细的号称符合差别原则的社会政策一览表,但他的正义理论并不完全是信奉结果至上的理论。给予自由以优先权,尤其是给予自由的程序以优先权,将会限制只从结果出发进行选择的做法(Sen,1987a,第1040页)。

罗尔斯受到来自布坎南(1972)、内格尔(1973)和诺齐克(1973)的批评,指责他把最终状态的结果拖曳到了无知之幕背后昏暗阴森的境地里去。这些学者不同意罗尔斯刻画的原始状态所具备的条件。罗尔斯认为,在他的原始状态里,对自己一无所知,对自己历史一无所知的理性个人恰好发现了分配正义的原则。而且这一终极状态的正义原则将在原始状态里被人们奉为圭臬,成为社会基石。此外,他们还能讨论什么呢？无知之幕从本质上排除了控制经济与社会互动过程之原则存在的可能。最重要的是,它排除了分配正义原则存在的可能。要知道,在分配正义原则里,历史是决定性的因素。不考虑历史,就没有分配原则可言。

60　罗尔斯理论的另一个弱点是,在运用最大最小值规则时,不能一以贯之。起初,他强调自由原则比正义原则更有优先性,强调优先性是根据字母排列得到的,强调只有实现了这个第一原则以后,其他的

---

* 社会物品包括自由、财产、……。不同对象占有的情况不同,所以要用指标来衡量。——译者

原则才会发挥作用(Rawls,1971,第 224 页)。紧接着上面的话,他马上反悔说:在某些条件下,与补偿境遇较差者的规则相比,有些自由的价值就不是那么高了(Rawls,1971,第 247 页)。作为一名哲学家,面对如此严重的不自洽,罗尔斯能有什么好说的呢?(Rowley and Peacock,1975)。

在《正义论》里,语言上的前后不一致表现在一个更深刻得多的问题上,这个问题贯穿全篇,即对自由概念的解释。从一开始罗尔斯就忽视了消极的自由和积极的自由之间的区别。他说,当这两种自由相互冲突时,有关这些概念的争论只涉及它们的相对价值。这一观点大错特错。它把自由和有效的权力混为一谈,而后者与自由无关(Berlin,1969)。罗尔斯一再说,“对个人和群体而言,自由的价值是与他们实现自己目的的能力成比例的”(第 204 页)。他还说:“自由的价值对每一个人都不一样”(第 204 页)。正是这种混淆使他将差别原则加以提升,使其成为自由民主社会甚或社会主义社会的一张蓝图。

我们假设,如果消极的自由是不可侵犯的,如果人们认为经济自由是自由的一个重要门类,那么差别原则就永远得不到应用,除非得到财产拥有者的一致同意。有人提出,经济政策在社会形成之初,也就是说,在制定宪法之前,就应该委托给社会中境遇最差者,包括无家可归的瘾君子、贫民区的流浪汉和乞丐来照管;这一观念不保护任何一个有产者,甚至会严重侵犯他们的不可剥夺的权利(Locke,1690)。

值得赞扬的是,罗尔斯在其一篇早期论文(1963)中拒斥他后来
形成的观点:社会正义应该关心资源在个人间的实际分配。那时他 61
承认:

(选择特定制度或者分配人人都想得到的东西,把这作为一项任务是不可以的。)必须放弃这种想法,把它视为根本性的错误。在任何情况下,都不能对此加以肯定。相反,正义原则表明的是这样一些具有决定意义的限制条件:如果生活在制度里的人们要对制度毫无怨言,那么这些制度或共同活动就必须满足这些限制条件。如果这些限制条件得到了满足,那么最终的分配,不管它是什么,都可以作为公正的结果(或者说,至少这一结果不是不公正的)加以接受(Rawls,1963,第 102 页)。

令人遗憾的是,他在 1971 年出版的《正义论》扩展了先前的思想却没有遵循先前的思想,正是由于这个原因,有人批评这部书是“现代哲学中从方方面面为社会主义伦理挺身辩护的最有力者”(Bell,1972,第 72 页)。

1976 年,哈耶克对冒牌社会工程师们使用的道德伦理意义上的“社会正义”概念展开了讨伐,他主要从哲学方面反驳。哈耶克严格区分了古典自由主义的“正义”概念和 20 世纪的“社会正义”概念,前者是所有法律不可缺少的基础和制约,并且是自由社会不可或缺的条件。后者呢,则是人们设计出来的,宣传社会主义的一种工具。

根据哈耶克的观点,市场过程是自发的,非人为的过程,而且是分散的,呈无中心状态分布。但是社会正义的鼓吹者们却力图给这一过程强加一种神话或幻景,即:某个具有思考能力的生物有意指导产生了市场过程的结果,这个具有思考能力的生物能够而且也应该受道德原则的指导,在社会良知的激励下工作。当市场的结果和他们自己的道德观念不一致时,社会正义的鼓吹者就要建议进行干预,这就势必使得自发的市场秩序陷于混乱,并威胁到个人的自由。在哈耶克看来，向市场过程要求社会正义是再荒诞不过的事情了，而且，从这样的一个社会里挑选出一些人，给予他们特殊的好处，显然是不公正的。

> 我相信，人们终将认识到，“社会正义”是一种虚幻，它已诱使人们放弃了很多有价值的东西，这些有价值的东西曾经促进 62
> 了人类文明的发展。一小群人有一种长期延续的对公正的渴望，社会正义思想正是试图满足这一渴望而发展起来。但是，时势变了，这一思想对于由自由人构成的庞大的现代社会来说，毫无意义。遗憾的是，这一模糊的渴望已变成了一种极其强大的纽带，激励人们怀着善良的愿望行事，而所带来的结果不仅仅是必然令人感到失望。这真是可悲啊。但是，就像绝大多数追求无法达到目标的努力一样，结果是事与愿违，其努力本身将产生出相反的结果，特别是，这种追求社会正义的行为将导致传统的道德价值赖以存在的环境遭到破坏，这一不可或缺的环境就是自由（Hayek，1976，第 67 页）。

13. 古典自由主义 63

古典自由主义是一种既简单又旗帜鲜明的哲学思想（Dahrendorf, 1987，第 173 页）。其核心思想是法律约束下的自由观念，即必须允许个人追求自己的利益和欲望，必须保护他们的私有财产，但仅仅受到法律的制约，以防止他们侵犯他人的自由。古典自由主义与洛克（1690）的著作产生共鸣，经常使用“社会契约”这一隐喻来表达上述观点。从这个角度看，可以这样来理解社会，即社会产生于人们为了保护自己不受他人自利欲望的侵袭而达成的一种协议。正如达伦多夫指出的(1987,第173页)那样,“人”的“非社会的社会性”* 使得规则必须对所有人产生约束,但又要求规则能够给予竞争(competition)和冲突(conflict)以最大的可能空间。

当然,早期的自由主义者,尤其是洛克,并未投入从某种自然状态中构建社会的过程。他们那时关心的是怎样用劝说甚至强制的方式,让君王把他所拥有的绝对权力部分地让渡出来,给个人自由以一定的空间。从这个意义上说,甚至法律规则,即古典自由主义者鼓吹的自然法,也是一种多少具有革命性的力量,尽管自然法与普通法有着实质性的联系,而普通法已经通过皇家法庭的官僚机构演化成了庞大的体系。对于发展和传播一种道德戒律而言,隐喻是一种很有效的工具,可以通过打比方的方式让人理解,更容易接受。然而,隐喻绝不能被人们发挥得太离谱,过分到明显有悖于历史事实的地步。

第二次世界大战后,古典自由主义传统中最重要的著作或许当属诺齐克的《无政府状态、国家和乌托邦》(1974)了。诺齐克利用主流的哲学分析技巧对自由社会理论中的关键问题做了研究。此外,
64 他用道德契约,而不是经济契约来为自由作辩护。巴里(1987)指出,诺齐克的元伦理学说(meta-ethies)明确反对功利主义。诺齐克反对中央集权的论点源自于伦理思想,比如个人应该被如何对待,不应该被如何对待等重要伦理思想。

诺齐克试图利用非政治的术语解释政治现象的本质和原则,这

* 康德语,意思是说,从外在表现来看,个人的确表现出了社会性,但每一个人在本性上是倾向于独立的。——译者

就需要为政治现象找到某种政治之外的、道德的合法性。如果能够证明国家优于某种非政治的选择，如人们最喜欢的无政府状态，那么国家的正当性就得到了确立。诺齐克说的自然状态是洛克式的自然状态，其居民是道德之人，道德之人先于建构政治权力已经存在。政治行为的合法性是后来衍生出来的。人们不是先订立契约，然后从霍布斯丛林中一跃而出，产生政治行为，而是个人之间的自发互动产生了政治行为。更具体地说，政治行为是自然发生的秩序产生出的无意识的结果。不过，与古典自由主义传统的其他学者不同，诺齐克是一位坚定的反功利主义者。在诺齐克看来，“看不见的手”的作用过程没有内在价值，其价值是随着它与个人权利的是否一致而变化的。

人们对诺齐克的哲学框架提出的一个共同的批评是，他并没有为权利提供任何基础，而仅仅坚持权利是存在的。这种批评只是部分地有道理。诺齐克试图证明，人的个体身上存在着某种东西，这种东西独立存在于个人的品性之外。就因为这个原因，需要以传统的康德主义来对待人，把人当作目的来对待，而不能当作手段来对待。人还有“另外一个特征，就是他有一种根据自己选定的世界观来规范自己生活的能力”(Nozick，1974，第 49 页)。这样，把别人的计划安排强加到个人身上是不允许的，即使这一计划安排能够最大化这个人的快乐。正因为人与人之间存在着独立性，使得他们是权利的持有者，而不是功利的持有者。

然而，即使作为权利的接受者，可以想象，个人在面对国家的侵犯时也会非常脆弱，国家可以提出多种多样冠冕堂皇的理由侵犯个人的权利，如平息权利之间的冲突，加强对所有人权利的保护等等。诺齐克反对这种“功利主义的权利”，而坚持把权利当作“绝对的边界

65 限制”。* 如果古典自由主义国家提供公共物品之类的保护，该国家就必然包含了非正当再分配的因素。

诺齐克把权利的概念加以扩展，加进了程序的权利。根据传统思想，权利是消极的，是每一个人都有权享有的其他人的忍耐。权利不需要积极的行动，需要的是克制（Barry，1987，第 139 页）。这就是权利为什么是普遍的而且是平等的理由。但是，诺齐克认为，个人不仅有权享有其他人的忍耐，而且，有权享有根据可靠的、值得信赖的程序得到公平对待的权利。事实上，诺齐克讨论国家的正当性时，其中一条理由就是，长期存在的自然状态里弥漫着一种不可靠的保护程序。这迫使国家采用真正可靠的保护程序，从而使国家行为成为一种具有合法性的行为。

通过灵活地运用看不见的手来解释社会制度的出现，诺齐克提出了一种新的思想，即国家被赋予强制垄断权力，从而具备合法性。如果国家是在“无意识”中自然出现的，而不是直接使用武力建立起来的，其结果就保留了一致同意的契约所具有的道德特征（Barry，1987，第 141 页）。这样，诺齐克就想，从自然状态（其特征是有许多相互竞争的保护机构）中会出现自然垄断（主要的保护机构）。当这个主要的保护机构禁止各独立机构处理人们之间的争端时，它就成了极小国家。根据古典自由主义的国家理论，最小国家仅仅充当守夜人的角色，要严格禁止国家超越国家权力的边界，国家的正当职能仅限于提供保护服务而已。

然而，有一点不同，传统的守夜人国家的政治哲学显示出对规则

---

* 也就是说，权利不是可权宜的东西，不是可损害可补偿的东西，权利的界线不可伸缩不可变更。——译者

和宪法保护机制过度的关注。关心的范围很广,从联邦权力、分权,一直到司法独立的程序。诺齐克的最小国家不考虑宪政政治经济学中得出的诸多教训,从本质上看,最小国家是不受这些束缚和限制的私人公司。即使在由洛克所说的个人构成的社会里,我们也很难接
受这样一种思想:仅仅由依靠公民正直的道德品质就能防止强权滥 66
用这种不受限制的垄断权力。

诺齐克的最小国家思想主要提供了一个针对社会正义的有力反驳。他的最小国家的职能受到了严格限制,只能为了保护作为权利持有者的个人而执行一般规则。国家不能超越这一合法性的界限。例如,国家若以保障所有人福利水平为借口,把财富从其自然所有者那里拿去,以重新分配财产,则属于非法行为。在诺齐克的哲学里,不存在什么独立于社会里的个人而存在的公共财富,因为公有财产的观念与诺齐克的人的独立性思想不一致,而独立性思想是诺齐克这样的个人主义者讲求个人自主思想的本质所在。事实上,在诺齐克那里,个人与个人的品性无法分离,个人与他的自然权利也无法分离。

那么,诺齐克认为什么样的分配才是正当的呢?他认为,如果财物是通过正当渠道获得的,分配就是正当的。也就是说,如果财富通过自己的劳动而得到,通过对无人拥有的资源进行开发而得到,通过别人自愿留下的遗产或赠与而得到,而不是利用欺骗或强制手段得到的,那么,所得就是正当的。调整原则坚持的是,正义要求我们对过去不公正获得的财富改为公正地获得,但仅此而已,不可越界。诺齐克的财产赋予理论,其理论基础是从洛克的获取理论而来。洛克认为,个人把自己的劳动作用于无人拥有的自然资源,使二者结合起来,从而获得了财产权。

这种私占财产的权利受到了一个不那么严格的洛克式附带条件

的制约。洛克认为,“私占行为”是受条件限制的,也就是要给其他人留下了“足够多的、足够好的”财产。为了避免这一附带条件在比美国人口多的社会中强加显而易见的约束,诺齐克重新解释了洛克的观点,说洛克的意思是,私占行为不得恶化他人的处境。这样,他为其他一些观点留下了空子。比如说,即使所有的土地都被一些人获取了,这种获取也是正当的,因为私有财产权带来的较高生产率能够补偿其他人因不可替代的便利消失而遭受的损失。

问题还没完,现在的问题是,对过去发生的不公正进行纠正的
67 “调整原则”需要向前追溯到哪些受害者才算合适呢?一种办法是,只把调整原则应用到那些还能把财产索要回来的有名有姓的活人身上,这个办法能够回溯的范围很小。另外一种办法是把该原则运用到所有受害者群体上,包括已经死了很久的、甚至不知姓名的受害人身上,比如说,那些遭受不公正待遇的黑人和印第安人身上。把虚构出来的主体当作权利和责任的主体(即使这样的主体把劳动和土地结合起来,他们也不是权利和责任的主体),这种做法与诺齐克的哲学南辕北辙。

不管人们同意不同意诺齐克在《无政府状态、国家与乌托邦》一书中提出的具体论点,诺齐克都无疑强调了自由是社会选择中需要着重考虑的因素。他还证明,自由不可能用效用信息重新获得,无论效用信息是多么丰富(Sen,1987c,第 387 页)。* 例如,若断言,在某些纯粹个人的事情上,个人应该能够自由地做自己喜欢做的事情,那么,这种断言就完全基于非功利的特征,基于个人选择过程中人的天

---

* 言外之意是,如果人们放弃个人自由,形成中央集权的计划经济,那么即使效用信息再完备,也不可能重获自由。——译者

性。1970年,阿玛蒂亚·森认识到了这种可能性,使他产生了一种卓越洞见,这种洞见给帕雷托福利派经济学家以沉重打击,尽管这些福利经济学家也渴望维护古典自由主义伦理。

在《论帕雷托自由的不可能成立》一文中,阿玛蒂亚·森提出了他的"帕雷托自由不可能性定理",并且揭示了,当把帕雷托所说的自由强加在范围不受限制的社会框架之上时,即使只要求社会偏好具有非循环性而不是严格的传递性,弱帕雷托原理和自由的某些最低条件之间也存在着根本性的潜在冲突。简单地说,弱帕雷托定理指的是,如果社会中所有个人都喜欢社会状态 X 而不喜欢社会状态 Y,那么社会选择的结果一定是 X 而不是 Y。自由所需的最低条件要求,在某些纯粹个人的事情上,每个人都应该对自己的偏好有决定权。阿玛蒂亚·森严格证明了,如果社会结构中存在某种干涉他人偏好的因素,那么弱帕雷托原理和自由的最低条件一定不能同时成立。

阿玛蒂亚·森的"帕雷托自由不可能性定理"对社会选择理论的影响很大,甚至可以和阿罗的不可能性定理相媲美。随之而起的争
论为他在世界范围内赢得了当今社会选择理论学界领袖的地位。尽 68
管许多学者不辞劳苦地、想尽办法力图推翻这一定理,但都失败了,其结果对功利主义和契约主义的研究思路产生了极大的冲击。因为,如果连帕雷托原理提供的个人否决权都不能保证个人权利在社会选择中受到重视,那么在任何非市场决策的环境里,就必须把潜在的对个人实行强制的力量看作是无所不在的。

14. 个人与国家 69

几乎没有例外,现代研究社会选择的学者总是要求个人服从于

国家，要求个人参与到那个使文明社会得以建立的浮士德式的交易之中。只有逃离国家的地理疆域，个人才能拒绝效忠于他所憎恶的国家。否则，无论个人在起初有没有投票支持社会决策规则，也不管他们在投票之后是不是改变了主意，都必须赞同由这些规则产生的社会选择。这种个人服从于国家的观念甚至在《同意的计算》(Buchanan and Tullock，1962)里也很明显。要知道，在现代研究宪政民主的逻辑基础的所有著作中，这可是最个人主义化的一部著作。该书况且如此，其他可想而知。

正如克利姆特指出的，《同意的计算》提供的是一个基本模型，告诉我们如何根据个人的评价标准来给多种可供选择的宪法排序打分。该模型要处理的是，在充满不确定性的真实世界(不是以无知为特征的真实世界)里，个人如何进行选择。在选择控制集体决策的游戏规则过程中，要求运用一致同意规则，即所有人都同意控制集体决策的游戏规则，该规则才能生效。这样，就在最高决策层次上为每一个个人提供了否决权，这也就决定了国家垄断权力的本质。然而，所有决策中最重要的决策，即有关集体选择的领域和范围的决策，是在一致同意的条件下生成的，因而是一种政治决策。这样，起点不再是个人决策，而成了政治决策。《同意的计算》要求个人参与到宪法制定的过程里去，利用否决权来保护个人不致生活在某些严酷的规则之下，这些规则带来的是极高的、个人无法承担的社会成本。

70 在洛克(1690)和卢梭(1763)论述社会契约的早期著作中，在从自然状态转变为文明社会的过程中，显然并不存在个人对国家的这种服从思想。这两人都认为，个人有权留在自然状态中而不受新建立起来的文明社会的惩罚。洛克(1690)特别小心地强调指出，个人应该能够自由地脱离任何社会契约，并且应该能够自由地脱离任何这种社会契约强加的义务：

> “正如上述，人天生都是自由、平等和独立的，如不得本人的同意，不能剥夺任何人的财产，使其受制于另一个人的政治权力。任何人要放弃其自然的自由并受制于文明社会的种种限制，唯一的方法就是，同其他人达成协议，联合组成一个共同体，以谋他们彼此间的舒适、安全和安宁的生活，以便安稳地享受他们的财产，并且有更大的保障来防止共同体以外任何人的侵犯。无论人数多少都可以这样做，因为它并不损及其余人的自由。那些不愿意进入文明社会的人，仍然可以像以前一样，保有自然状态中的自由。”

正如克利姆特(1993)指出的，即使是18世纪极端的集体主义者卢梭，也只是把他的逻辑起点设定在集体主义气息较弱的立场上来证明他的契约论。但布坎南和塔洛克在1962年的逻辑起点却有更浓厚的集体主义气息。尽管卢梭(1963)认为：“只有一部法律，这部法律的本质要求人们采取一致同意的原则通过，这部法律就是社会契约。”他接着说：“社会契约一旦建立，反对之声将自然出现，反对的声音不会使社会契约失效，只能使那些反对它的人被排除在契约之外。于是，这些持有反对意见的人成了公民主体之外的人”(第272页)。

从根本上看，那些持反对意见的人，那些不同意基本社会契约的人，将被排除在集体之外。他们不享有否决权，不能否决那些同意社会契约的人们的行动。他们也不分担由集体选择规则带来的任何成本和收益。如同艾恩·兰德的《耸肩的擎天神(*Atlas Shrugged*)》中

71 的男女英雄们，他们把自己的才干发挥到其他方面，尽管在卢梭看来，他们没有必要逃进科罗拉多群山中某个无名的地方，以保护他们不受制于集体主义的淫威。

对于那些接受亚里士多德形而上学中的本质主义观点和认识论中的认知现实主义观点的人来说，个人能够保有与他所憎恶的集体相分离的“机会”特别重要。（简单地讲，亚里士多德认为，所谓存在就是成为某种东西，我们有能力认识真实的东西，真实存在的东西不是某种仅仅与某个概念或某个语汇相关联的东西。）亚里士多德的伦理学声称把握了人的本质，而能对人类的幸福作出描述，其重点在于强调自我指导的重要性（Rasmussen and Den Uyl，1991）。

理性的生活被称作是幸福，这是一种通过自我实现获得的幸福，其特点是正当的欲望得到了满足。所谓“正当的欲望”就是能够引导人们走向成功的人类生活方式，走向人类繁荣的渴望和向往：

> 作为一种理性的动物，人必然会成功。他必须以这样一种方式生活：他希望达到的目标是理性的，不仅仅对他“个人”是理性的，而且对于他这个“人”也是理性的。前一个概念“个人”因每个人不一样而有所变化。后一个概念“人”则由人之为人的本质决定，每个人都是一样的……。作为人，他的目标必然是做他的独特能力所月途之事。这就是理性地生活”（Machan，1974，第 74—75 页）。

理性地生活或理智地生活是最主要的目的，它把人类繁荣的所有其他目的都整合在一起，并把它们单一化了。个人需要根据自己的知识和理解来行动，因此需要控制、指导自己的行为。这样，自主或者自我指导就是构成人类幸福的任何行为中固有的特征了(Rasmussen and Den Uyl,1991,第 71 页),即使它并不一定意味着人已经在理性地生活了。从这个意义上说,亚里士多德的伦理学为构建“自由是基本的社会、政治价值”的政治哲学提供了一个精彩的基础。

从这个角度来看,我们就有可能捍卫这一道德思想:个人拥有的自然权利先于政治宪法而存在,社会契约不能剥夺个人的自然权利。 72
这些自然权利反映了这样的基本原则:不可以利用个人去达到并非他自己选择的目的。

> 正如诺齐克指出的:“利用一个人……便是没有充分尊重考虑这样一个事实,即他是一个独立个人,他的生命是唯一的生命,不同的个人有不同的生活,所以不得为了他人而牺牲任何一个人。”个人是神圣不可侵犯的;换言之,正如艾赛亚·伯休所说,违背这一原则就是犯下了原罪,违反了这一真理,即每一个人都是人,都有着自己要去过的生活(Rasmussen and Den Uyl,1991,第 77 页)。

使人类得以繁荣的权利是消极的权利,把义务强加在他人头上,旨在保护个人的自主权。这些权利之所以是自然权利,原因在于,它们先于任何习俗或契约而存在,无论某人是不是一个特定社会的成员,他都拥有自然权利。自然权利是一种一般权利,可以完全相同地运用在社会中的每一个人身上,不管这个人的具体欲望、目标或身处的环境是什么,都没有关系。即便是宪法契约也不能剥夺个人的自然权利,自然权利的绝对性在于,在制宪过程中决定哪些道德问题是合法性问题的时候,它们压倒了所有其他道德考虑。

在洛克的消极自然权利的传统里,私有财产的自然权利是该传统里一个最为重要的要素。关于这一点,一直存有争议,至少从公民政府的观点来看是有疑义的。从人类繁荣的观点看,正如艾恩·兰德所说的:"财产权是一种行为的权利……,而不是一种对物的占有权利"(Ayn Rand,1861,第 94 页)。如果一个人想要其生命能够在生产过程中兴旺发达,那么,这个人就需要拥有对生产行为的结果——生产出来的产品——的财产权。从这一意义上说,财产权理论关注的应该是正当地利用机会,而不应该是东西或物品(Rasmussen and Den Uyl, 1991, 第 117 页)。

从这个观点看,洛克的错误在于,他认为上帝或自然给予了人类
73 许多物品,我们就必须设计出一套规则,来划分好初始的财产权。实际上,自然赐予我们人类最多的是一种潜在的机会,一种改造现有物质世界的潜在的机会。财产的自然权利仅仅是对根据自己的选择自由行动的另一种称呼。而且,财产是由改造物质世界的行为创造出来的,因而甚至连洛克所说的那一附带条件也是有讨论余地的。而且,如果每一行为导致的是独一无二的改造结果,那么就不可能留给其他人"足够多而且足够好"的东西。不管是谁都对他人改造物质世界的行为不拥有所有权,因为对于尚不存在的东西,根本不可能事先就有索要权。

洛克所说的权利,包括最重要的财产权利,表达的是一种社会要求和政治主张,即:最崇高的道德目标,人们所要达到的最重要的目的,莫过于个人的自我指导。洛克所说的权利只是一些元规范的原则,这些原则对于人类繁荣兴旺所具有的高度个人化的、自我指导的性质,能够提供一套必不可少的道德领地。由于社会契约理论家要求个人参与到所有的政治制度里去,由于他们不理会自然权利之重

于宪法，他们便使个人与国家相对立，而不管个人是不是受了物质利益的诱惑而宁愿放弃自己的权利。

15. 民主的限度 74

在这一节里，我们要概述并评价三种影响巨大但相互冲突的国家观念。我主张第三种观念，即洛克的国家观念，把它作为保护人们生命、自由和财产的基础，使其不致遭受种植园式国家或霍布斯式国家的侵犯。

种植园式国家

安东尼·德·雅赛为种植园式国家画了一幅肖像，种植园式国家是一个有机的实体，追求的完全是自身的目标，在大部分方面都以一种有害的方式形成国家与个人的互动，这是一幅相当悲惨的画面。或许，这是一个能够想象出来的最坏的社会，因而应该把全部的注意力都放在寻找更好的选择上。民主主义者很可能害怕看到这种不祥之兆，但是，如果要重建最小的国家的话，古典自由主义者则必须强调这种不祥之兆。因为就国家的逻辑演进而言，雅赛的国家观念包含了两种极端情况，在一个极端，国家的目的是与其臣民的目的相互一致的；在另一个极端，国家开始占有其臣民的大多数财产和自由。

雅赛的国家在现实中起源于“征服”，而不是“社会契约”。这些国家在追溯起源时总是把家谱搬出来，说他们的祖先先是打败了某某，然后又打败了某某某。一般说来，生活在这样的国家里的个人从来没有经历过自然状态，而且也不存在回到自然状态的可能性。他们对社会政治制度的偏好，在很大程度上是由环境决定的，因而政治制度有时像毒品一样使他们上瘾，他们特别喜欢；有时又像其他什么东西，让他反胃，特别讨厌；有时则兼而有之。

75 如果真是这样的话，那么由霍布斯、洛克、卢梭等人提出的理论，和由马克思、恩格斯提出的理论就很值得怀疑了。前一种理论认为，政治制度是由普通人确立的，后一种理论认为，政治制度是由统治阶级确立的。雅赛同意韦伯的观点，认为历史的结果往往并不像人们想象的那样是预先设定的结果，而是最为近似于把国家和臣民相互联系起来的那许多种关系。雅赛甚至认为，国家有一种理性的自我意愿，这种意愿完全独立于从属于国家意志的个人目标。

雅赛描述的国家的演变，其起点是最小权力国家，或资本主义国家。这一国家尊重双方的签约自由，只要所签订的契约不侵犯第三方的权利。该国家还认为，资本主义所有权的起源是"发现者即保有者"，并认为这不是规范原则，而是最完美的实证原则。签约的自由是资本主义国家的一项必要条件，可以被解释为发现者的自由，发现者不仅可以自由地保有自己所发现的东西，而且还可以自由地把他对这个东西拥有的一切权利以自己选择的任何条件转让给另一个人。此外，另一个人也有转让的自由。资本主义国家必须保证这种签约自由压倒任何关于地位、财产和正义的想法。在雅赛的描绘里，资本主义国家选择了使自身最小化。

从根本上看，资本主义国家的创造性作用被限定于界定第三方必须受到保护的权利，限定于减小介于受保护和不受保护二者之间的模糊区域。这是一种最低限度的作用，只有那些在统治之外能够得到满足的国家才会同意这种作用。

为了维持这一状态，这种国家就有动力做一些统治性的事情。在这里，统治主要是一种手段，是要把那些热衷于接管国家的职能，侵蚀国家最小化作用的狂热分子赶走。为了这一目的，国家只会制定出很少的几条简单规则，国家将不会执行很多继承下来的法律。它会清楚地表明，它不喜欢利用国家的裁决来反对个人之间协商的结果，国家只有在迫不得已，不得不这么做时才会这么做，并且，裁决将是国家最后的诉求。国家不愿弘扬社会上的“善”，更不用说命令一些人把自己的财富分给财富较少的人。国家之所以不愿这么做，
不是因为国家缺乏同情心，而是因为国家认为，即使有同情心，也无 76
权强制它的人民这么做。

雅赛描画的资本主义国家图景只与现实世界曾经出现的国家有着极少的相似之处。雅赛列举的沃尔浦尔、梅特涅、梅尔本或路易·菲利普等政权，都有这样一种特征：漠不关心、善意的忽视以及喜欢安逸舒适混杂在一起。这几个政权可能就算是雅赛国家的候选者了。根据他的观点，他说的那个国家和亚历山大·汉密尔顿清楚认识到的共和国最不一样，汉密尔顿是一个坚定的保皇党，也是一个曾“对资本主义有功”的美国政治家。因为资本主义国家不会去试图最大化其任何一群公民的福利，它要做的事情是为资本主义提供必需的最小限度的权力。从根本上看，这么做的目的是从国家官僚体系里清除那些政治上的以权力为乐者。

资本主义国家成功获得了“合法”使用武力的垄断权，在这一方面，资本主义国家一点也不比其他类型的国家做得逊色。从这个意义上看，国家的决策就是最后决策，要在国家之外找到上诉的门路是不可能了。除非国家理性地选择了仁慈宽厚，否则分权的做法无法分割以武力为基础的最高统治权。一般说来，利用武力保证老百姓的服从，其成本要高于依赖合法性进行统治。只要不是一个虐待成性的国家，国家一般都会选择后者，极力渲染自身的合法性，而不是

枕戈待旦地进行统治。然而，任何国家都不可能取得完美的、无可置疑的合法性，而共和国由于频繁的选举，维持合法性要比君主国家难得多。在共和国形成的强制机制和由君主国家形成的神圣权力的两极之间，老百姓的支持是一种很有吸引力的协调者。下面就分析支持的意义。

在这里，我们把“支持”定义为国家与其人民之间的和谐关系，双方中的一方几乎不需要作正式的提前通知就可以撤销这种和谐关系。因此，老百姓会采取自己喜欢的态度对待国家，从积极参战支持国家到主动地效忠于国家，各种态度都有。另一方面，国家把老百姓的具体目标推向更远处，以至达到极限，要知道，这一极限一直在没完没了的协商之中，从来就没有停止过，并且在政治过程中不断调整。正是这种老百姓支持的契约吸引了政治上以权力为乐的一帮人，并且为国家走向最小权力国家的对立面提供了许多机会。

不管是希求得到奖赏还是害怕受到惩罚，人们都会服从一个具有合法性的国家，但是，国家却不可能根据人民的选择培育出人民对国家更多的忠诚。此话怎讲？因为，国家可以联合很小部分的人民
77 （国家警察）来镇压其余占绝大多数的人民。这样，财富在支持国家的少数人手里急剧增加，而受镇压的大多数人手里的财富却普遍很少。与此相反的模式就是在更大的程度上依赖于人民的支持，下一步就是走向更宽广的政治民主，并走向“为人民做好事”的国家民主模式。要取得人民更大程度的支持，其结果就是国家为自己找了个大麻烦，为国家设立了另一种作用。因为，国家为了谋求人民的赞同，就要乞求社会上的广泛支持，讨好多数人的办法就是把少数人的财富奉送给多数人，以讨得他们的欢心。虽说受损失的是少数人，但人数可不在少数。

为了达到这个目的，国家会鼓励功利主义的理念占据支配地位。因为功利主义对于积极主动谋求大多数人支持的国家（相对于消极等待人民支持的国家而言）来说是一种最对胃口的理念。如果国家以人民的支持为基础，其政治目标是购得选票，那么功利主义向分配正义的延伸正是赢得人民支持的重点所在。没有了功利主义的分配正义，国家就无法取得大多数人的支持。在这样的大环境下，就不存在什么神圣不可侵犯的财产和契约，人们随时都可能遭受剥夺，因为国家并不打算遵循前辈学者提出的财产和契约原则。即使国家十分谨慎地考虑从谁那里抽出一部分财富，把它补偿给谁，这种谨慎也于事无补。虽然国家十分乐意利用改革和重新分配来形成人民对国家的支持基础，这种做法必不能长久。

一个把再分配发展得相当成熟的国家有一种内在要求，要求无财产者为有财产者立法。这一做法适时地改变了社会的基本特征和基本结构，转变的方式往往出人意料，其理论和思想观念都是扯“自由民主观念”的大旗。国家不但同意，而且实际上帮助和怂恿民主的出现，把民主当作一种工具，借此从依靠实行统治，转而依靠支持实行统治。国家在这一过程中答应采取某些程序（如实行一人一票制），以此决定谁当政。为了保持当政地位，国家政策就有意识地创造出较多的获利者，较少的受损者。为了取得这一效果，最有效率的做法就是，没收一定数量的富人财富，使之成为受损者，而不是没收相同数量穷人的财富。

这时候，由于国家面对竞争十分脆弱，更加依赖于来自人民的支持，因而国家就越来越依赖于民主价值观下的自由理念，认为政治上的权宜主义是可靠的向导，可以引导人民走向美好的生活并达到受
到人们普遍珍视的终极目的。在极端的情况下，这种自由理念会把 78

平等提升到终极价值的高度,使人们为了平等而珍视平等,因为追求你我无差异的想法根植在人类的心中。这样,政府希望一直在位,但它要面对其他派别争取人民的支持,要面对产生这种支持的社会所具有的特性。在这种正反两面力量共同作用的紧急关头,足以使在位的政府剥夺一部分人的财产和自由,把它赐予另一部分人,至少没有外在的制约力量来阻止政府这么做。

雅赛对已制定好的宪法,在保护财产和自由,防止国家武断地进行再分配的有效性上,持极度轻蔑的态度。他说:"如果贞操带的钥匙就放在伸手可及的地方,那么贞操带是无法防止女人私通的"(de Jasay,1985,第 187 页)。如果已制定好的宪法与社会上通行的利益均势不一致,就会被修订,不管是正式的修订还是非正式的修订,使它和利益均势一致。权利之争的结果是强化了这样的机制:任何能从未来受损者那里夺过来的东西都要给予未来的受益者。不管国家有没有已制定好的宪法,国家都没有可随意使用的收入。国家对其人民的资源拥有的权力全都消耗在国家的自我繁殖上了,也就是说,全都用在保住政府的执政地位,赢得多数人的支持上了。

这个阶段的国家是什么样子的呢?可以打个比喻,它就像 19 世纪中期的"提倡改革的骗子",又像 20 世纪末"搬运财富以求重新分配的苦力",或又像"一个囚犯,踏着越来越费力的罚车,乞求着老百姓的支持"(de Jassey,1985,第 12 页)。在这样的环境下,应该把内在的集权主义倾向视为国家理性的征兆。如果国家增加它的不加限制的权力,就必然会削弱公民社会里的自治和不给予支持的能力。雅赛论述种植园式国家的著作,其最终的和预言性的观点就是,面对国家发展的逻辑,我们该怎么办?雅赛描画的国家的发展逻辑就是,国家将拥有所有资本和劳力,其结果是消灭消费者主权,禁止海外移民,用国家资本主义(其特征是政治权力和经济权力融合在一起)替代资本主义国家(其特征是经济权力分散到每一个个人身上)。雅赛的著作是为了提醒有理性的人民,告诉他们必须采取什么行动以促进或阻止这一致命的“演进”。

利维坦式国家 79

本文第 11 节已经指出,霍布斯所说的国家不是起源于征服,而是起源于契约。他的著作《利维坦》(Hobbes,1651)就是建立在“自然界根本性的第一定律”之上的,这一定律帮助人们“寻找和平并追随和平”。霍布斯确信,如果人们懂得他发现的这一真理,英国的国内战争就不会打起来。可惜的是人们不懂。他希望能普遍运用《利维坦》一书中提出的思想。然而,霍布斯表达的内容却基本上是世俗的社会环境,他的讨论主要集中于他所反对的、同时代的一些流行思想。在霍布斯看来,这些流行的思想对国家大有害处。

16 世纪和 17 世纪亲眼目睹了现代国家的诞生,其特征就是宗教改革破坏了中世纪国家的基础,即君主和人民共同承认一种宗教。遵守法律曾经是个人服从上帝的一部分。君主把自己藏掖在上帝的权威里,君权披上了神权的外衣。但是,如果君主发布明显违背上帝之法的命令,那么这时他就不是在以统治者的身份行事,人们很可能不服从他。君主把自己置于自己制定的法律之上,置于上帝或自然法之下。

自然法以两种方式形成,第一种是由法院发布形成,第二种是由教会宣布形成。第一种形成方式在政治上的重要性表现在,习惯法凌驾于成文法。法院可以在君王的命令违反由习惯法形成的自然法时,不承认君王的命令。第二种形成方式在政治上的重要性在于,教会有权分配人们服从君王的义务到底有多大。这两条不变的常规，被宗教改革削弱了。宗教改革由一种完全不一样的教会控制着，对国家产生威胁。宗教改革导致的是政府设立新的法律，形成新的权力，这样，政府就和占支配地位的“习惯法高于成文法”的传统背道而驰了。

关于个人决策权的思想，也是由宗教改革引入的，这一思想使情
80 况进一步复杂了。如果每个人有权自己决定什么符合自然法，什么不符合自然法，那么他也就有权决定什么时候遵守国家法令，什么时候不遵守国家法令。在这种情形下，即便是护国公克伦威尔，也觉得非批评这帮英国资产阶级革命里的平均主义者不可了，他认为如此运用自然法也未免太过分了。正是在这一动荡不安的背景之下，霍布斯提出了他的社会契约理论。

霍布斯清楚地认识到，后宗教改革的力量威胁到了君主国家，并且注意到，像柯克这样的大法官在内战中也是支持议会的。因此，霍布斯坚持认为，只有在自然法也是君王发布的命令时，自然法才有约束力。他还第一个阐明了为什么成文法地位最高，高于习惯法。他尽情嘲笑那些声称良心不让自己去守法的人：

> 如果每个人都能把自己的梦和幻想定为上帝的十戒，那么几乎不会出现两个人遵守相同“十戒”的情形，结果只能是每个人都轻视国家的法令(Hobbes,1651)。

这样，就必须有一个权威出来，对人们之间的观点分歧，如什么是对，什么是错，什么符合自然法，什么不符合自然法，做出判断。如果这一权威不是君王，那么，这个权威就会和君王冲突起来。因此，

霍布斯主张把所有的权力归于君王，即使是那些最极端的教皇至上主义者归于教皇的权力，也要归于君王。因为，除非其他所有人都准备遵守自然法，否则，一个人遵守自然法是无意义的。

> 一个人，原本应该在这个时候、这个地方做一个温和、谦卑、践诺守约的人，但是当其他人不这样做时，他自己的美德就成为其他人的恶德的牺牲品，结果只能是自己受到伤害。这样就和一切自然法的基础相违背，这个基础就是自然保有已经存在的东西，而不是失去或受到损害(Hobbes，1651)。

因此，在没有其他人保证也遵守自然法的条件下，一个人根据自 81
然法取舍自己的行为是绝对疯狂的举动。那么，在哪里人们能得到其他人也保证遵守自然法的承诺呢？根据霍布斯看来，人不会相信其他人，而是依据条件变化而行事，不信己也不信人是人类的天性。既然别人不值得相信，别人也不会信自己，就只能落入一个恶性循环里跳不出来。除非出现一个第三方力量，不偏不倚地约束每一个人，才能绕出循环。这个第三方力量就是公民社会的权威，即政府颁布的制度，它陟罚臧否、惩戒有度，从而使德行成为可能。

因此，只有法律执行的自然法才有约束力；因此，解释自然法正是君王的职责所在。如果自然法和国家法令产生冲突，国家法令必须得到遵守。因为，服从自然法的唯一目的就是自然法有助于社会安全，而维护国家是使人民得到社会安全的第一条件，也是基本条件。

如果君王违反自然法(霍布斯承认，君王是有可能违反自然法的)，根据上面的分析，人们还是应该服从他，为什么呢？因为即使君王这么做会降低社会安全，他的人民不服从他只能使事情更糟。所以，自然法的本质是，人们永远也不要诉诸于自然法来反抗君王。为了强化这种关系，霍布斯依赖于重新解释社会契约的政治学说。

正如林德赛(Lindsay，1965)指出的，社会契约理论形成于封建实践，《圣经·旧约》中上帝与人所立的契约起的作用，以及契约在罗马法中的重要性都强化了契约理论。人们认为，君王的权威是建立在君王与其臣民订立的契约上的，契约要求臣民服从君王，君王履行职责。如果任何一方毁约，另一方自然也就解除对契约应尽的义务。霍布斯认为，这种学说很危险。米尔顿曾利用这一理论为处死查理一世辩护，而且，这一思想无法确认什么时候毁了约。

82 契约的基础何在？就在于签订契约的各方践行各自的义务，由此，各方逐渐铸成了信任。但是，这时候霍布斯发问了，我们有什么样的力量能保证这种相互信任呢？没有，我们找不到这种力量。除非存在某种公正的第三方，他将惩罚违约的任何一方。因此，国王与其臣民之间不存在什么契约，因为不存在一个能够惩罚违约的国王或人民的第三方。与此相类似，我们也找不到能确定国王或其臣民何时违约的第三方，因为这样的第三方实际上是君王。因此，君王不能是社会契约的一方。

然而，每一个人都充分地认识到，在缺少某种社会契约的条件下，他们对安全的永无休止的渴望和相互之间信任的缺失，必将导致全面的混乱，导致战争状态。为了避免这一结果，他们相互之间订约服从某个人，即他们的君王，把所有的权利都让渡给他们的君王：

> 没有惩罚之剑的盟约，不过是言辞而已，根本没有力量保护一个人。因此，即便有自然法，如果没有树立起某种权力，或者

> 这种力量不足以保证安全，那么每个人都将或可能会合法地依赖自己的力量，小心行动，以对付所有其他人（Hobbes，1651）。

因此，只存在这样一种社会契约，这种契约确立一种权力，这种权力不受社会契约的约束：

> 人们为了保护自己不受外族侵犯，不受其他人的伤害，为了保护自己现有的一切，为了能通过自身的努力和土地上结出的果实来生存，安安稳稳地过日子，就要树立一种共同的权力。树立这种权力的办法只有一个，就是把所有人的权力和力量都授予一个人或由人们组成的一个立法机构，这个人或立法机构能够把所有人的意志归结为一种意志……由此便产生了伟大的利维坦，或更恭敬地说，产生了那个人间的上帝，在不朽的上帝的关照下，仰赖这个人间的上帝，我们享有和平并受到保护（Hobbes，1651）。

霍布斯描绘的自然状态是如此可怕的一个地方，人与人之间的 83
不信任深深地根植在人们心中，使宪政民主无法实现。缺少一个拥有无限强制权力，同时能监督宪法实施的、有点可怕的君王，已制定的宪法必然在很短的时间里就由于每个人都违反宪法而沦为毫无意义的废纸。然而，霍布斯没有提出任何理论，借此可以抑制君王滥用权力，社会也就毫无防范能力，无法阻止极权主义的种植园式国家的出现。如果社会只能在雅赛的种植园式国家和霍布斯的利维坦式国家之间进行选择，那么人类获取自由的前景就实在堪忧了。幸运的是，还有一种更好的、切实可行的、而且能博得一致同意的方案，这就是由思想家约翰·洛克提出的方案。

保障自由的宪法

自从亚里士多德以来，政治哲学家们就一再强调，公民的品德，以及构成社会基础的道德戒律，对于政治制度具有什么样特征特别重要。无论政府制定出的规则和制度是多么出色，都无法保护堕落的、没有善恶辨别能力的公民逃脱其自身卑劣的理性带来的后果。一旦这种堕落的品性广泛植根于选民的心中，必然发生上述情形(Sen,1970b)。健全的规则和制度只会减缓堕落的步伐，或者防止堕落的出现。

相信宪法可以自我实施，认为依靠宪法条文就可以拯救自我毁灭的民族，这是一种极其危险又容易使人误入歧途的想法(Wagner,1987,1988,1993)。当然，正如托克维尔(1848)解释的，良好的品德、健全的道德戒律和优秀的宪法结合在一起，是可以自我强化的，正是这三者的结合使所谓的“美国梦”具有强大吸引力。

本文弄清了，当道德的堕落普遍存在，规则和制度只是相对健全的时候，民主制度面临的真正危险是什么。第3节和第4节勾画出了阿罗的个人福利加总成社会福利的难题，并告诉大家这一困难在
84 任何能够满足某些“理性”特征的加总过程中都无可回避。公共选择理论提醒我们，不管在哪里存在着偏好循环，都会出现独裁的决策者。制度性规则可以解决这一循环问题，但代价相当高昂，所付出的代价是路径依赖和隐蔽的独裁统治。这是一切民主制度的根本弱点，提醒我们不要广泛依赖于集体决策。

第5节和第6节证明，若忽视了大卫·休谟所说的平庸的天性、追求感官快乐的人无处不在，而在集体决策过程中把人的完美无缺

当作社会工程学的基础，则必然导致独裁的后果。当用假设的偏好函数取代了真实的个人时，许许多多社会选择解决方案就会竞相赢得人们的青睐；但是，几乎没有例外，它们都有把某个人的偏好强加给其他人的毛病。

第 7 节和第 8 节讨论了知识在社会中的分散性，讨论了把这种分散的知识集中到一个核心决策过程是不可能的，强调了那些腐化堕落的、被引入歧途的社会工程师致命的自负，他们把共产主义或法西斯主义强加到数十亿不幸的人民身上。余下各节证明，古典自由主义在反对主导地位的功利主义伦理学和社会正义观（Sen，1970b）时是多么的脆弱，并指出，契约主义伦理作为社会选择的指导方针，最终将一无所获（Gordon，1976）。从这个角度看，雅赛的种植园式国家或霍布斯的利维坦式国家，似乎是公民政府唯一可行的选择，前者表面上是民主的，后者实质上是独裁的。不管是哪一种情形，个人似乎都将永远与国家直接对抗。

然而，本书也提醒我们，而且本节即将证明，至少对于那些还没有堕落的、依然重视自由的、准备付出有关个人责任的相关成本的人来说，还有一种更好的选择。为了概述这一选择，有必要重温洛克所说的自然状态。

在洛克看来，所有人都自然而然地处于的那种状态，要比霍布斯 85
概述的那种状态令人感到快乐、更令人感到亲切得多：

> 那是一种完全的自由状态，他们在自然法的范围内，按照他们认为合适的办法，决定他们的行动，处置他们的财产和人身，而无须得到任何人的许可或听命于任何人的意志。……这也是一种平等的状态，在这种状态中，一切权力和管辖权都是相互

> 的，没有一个人享有多于别人的权力。……虽然这是自由的状态，却不是放任的状态。……自然状态有一种为人人所应遵守的自然法起着支配作用；而理性，也就是自然法，教导着有意遵从理性的全人类：人们既然都是平等和独立的，任何人就不得侵害他人的生命、健康、自由或财产（Locke，1690，第 269—271）。

在自然状态下，每一个作奸犯科的人“都将受到惩罚，受罚的严厉程度应足以使违法者付出的代价高于侵犯他人得到的好处。由于目的是惩前毖后，所以处罚的程度不可过分，要给他悔改的机会，同时，又足以使其他欲效尤者感到恐惧”（Locke，1690，第 277 页）。

洛克把自然状态和战争状态作了一个清晰的区分：自然状态是和平、友善、相互帮助和保护的状态；战争状态是充满敌意的、相互怨恨的，充满暴力，互相毁灭的状态。没有一个有权威的、共同认可的法官使所有人处于自然状态。不论是在有共同认可的法官的地方，还是在没有共同认可的法官的地方，只要对一个人的人身非法实施暴力，都会造成战争状态。正是为了避免战争状态，人们才主动进入社会，而从自然状态中退出。然而，自然状态本身并不是战争状态，尽管它不断地受到有可能演变为战争状态的威胁。在进入政治社会之前和之后，洛克所设想的人都不像霍布斯假想的人那样表现出一种堕落的偏执狂行为。

这并不是否认人们在进入自然状态时，个人品性有可能很不一
86 样。有些人的性格可能比其他人更适合于宪政民主，他们可能会选择离开那些只有在强权的利维坦式国家里才能生活得很好的人。托克维尔（1848）在他的论文中列举了例证来说明这种差别，他说，新英格兰和弗吉尼亚地区的早期定居者就在性格上表现出了这种

不同。

早期移民到新大陆的居民是些英国人。那时候,和欧洲其他国家的人民相比,英国人对什么是权利,什么是真正的自由原则更熟悉一些。这些早期移民的主流是中产阶级,既不穷也不富,即使他们中的贵族也发现新英格兰这个地方不适合懒散安逸地居住。这样,土地自然就被分割成一个个的小块,人们各种各的地。

弗吉尼亚是英国的第一个殖民地。1607 年,移民们首先来到这里,他们在淘金炼银的贪婪欲望驱使下蜂拥而入。“贫困的、焦虑的、性情狂暴的人们威胁着这片刚刚开垦的殖民地,使得这块土地上的文明进步不能平稳向前”(de Tocqueville,1848,第 34 页)。随后,手工艺人和田里的苦力也跟着来了。这些人比较安静,德行也较好,但几乎毫无例外,属于英国底层阶级。这对公民社会的形成造成了严重后果:

> 在新来的定居者主流群体里,除了能赚到好处之外,头脑里再也找不出凌驾于利益之上的高尚的思想或情操。殖民地刚刚建立起来,就引入了奴隶制。这一基本事实注定将对美国整个南部的国民性格、律法,乃至未来都产生极大的影响(de Tocqueville,1848,第 35 页)。

在北方,也和南方一样,殖民者大都是些英国人,但每一个细微的差别都导致人们走向不同的道路。所有来到新英格兰海岸上定居的移民,“都属于家产殷实,以前在家里生活得比较优越的那个阶级”(de Tocqueville,1848,第 35 页)。这样,他们形成的社会就出现了一种很不寻常的现象,在这个社会里,没有大地主,也没有底层的老百姓，几乎没有富人也没有穷人：

> 这些来到新英格兰土地上的移民区别于其他人的地方就在于他们心中的目标与其他人不同。并非贫困迫使他们离开自己的祖国。他们放弃了人们费尽心机追求的社会地位，放弃了衣
> 87 食无忧的生活；他们来到新大陆不是为了更高的社会地位和更多的个人财富；他们放弃舒适的生活，背井离乡，纯粹是为了追求心中的愿望。面对流放生活不可避免的苦难，他们期盼着一种思想取得胜利(de Tocqueville，1848，第 36 页)。

这些移民属于英国的一个教派。该教派践行着一种十分苛严的宗教戒律，这使得人们把他们称为“清教徒”。清教并不仅仅是一种宗教教义，在很多方面，它还坚持绝对的民主和共和理论。清教徒们“在寻找一片极其荒芜的土地，荒芜到未受文明的沾染，荒芜到被这个世界遗忘。这样，他们至少能在这块土地上以自己的方式去生活，自由地向上帝祈祷”(de Tocqueville，1848，第 35 页)。他们的运气不错，新英格兰这块土地就完美地把天然无凿和人类的热望结合在了一起。在这里，将能够制定出一部保障自由的宪法，这部宪法本身就具有强制力。相比较而言，在弗吉尼亚则显然不具备这样的条件。

然而，还有一个疑问，自然状态是不是这样一种真实的现实，从这个现实里诞生出了真实世界里的公民社会？作为一个寓言，我们要记住，人们之间是有差异的，是不同质的，那些寻求改革现有社会的人不一定会选择洛克提出的政府模式。民主可能会解放无财产的阶级，这些人没有财产，自然不重视保护财产，欢迎民主，只是把它当作掠夺的工具。洛克对上述可能出现的现象根本没考虑过。然而，

在现代,限制公民权的企图将引起政治上的疏远和背叛,足以达到威胁公民社会基础的程度。

考虑到上述的限制,那些赋予自由以极高价值,那些为自己寻求生命、自由和财产权利的人们完全有理由支持把大国拆成若干小国的做法。除了防御目的之外,小国能满足他们的所有其他目的。他们完全有理由把一个公民社会拆分成一组规模较小的俱乐部,以允许个人对公民政府有多种多样的选择。如果有些俱乐部,如哥伦比亚特区,显示出对福利国家的社会主义有着强烈的偏好,逐渐地向内部移民或向外部移民将强化这种偏好的趋势。如果其他的俱乐部,如印第安纳,表现出对洛克所说的社会的强烈偏好,那么真正信仰自 88
由的人们将逐渐聚集于此,就像当年清教徒移民聚集在新英格兰那里一样。无疑,经济上的不平等将会扩大,但这是大多数甚至绝大多数选民自由选择的结果。无论这一结果的形成是有意还是无意的,经济不平等将扩大的现实都不可改变。一旦这样的俱乐部成立了,直到经过一段较长的时间,移民们完全融入公民社会的风俗习惯之中,他们才会有选举权,在此之前,很自然地,他们是不会有选举权的(就如同瑞典模式的道路一样)。

对于那些真正遵守古典自由主义伦理的人来说,在洛克社会的框架里,这种把公民政府加以分割的做法可能是他们希望保护生命、自由和财产的唯一途径。在人数众多、各不相同的庞大人群里,并不是每个人都完全一致地重视自由,尤其是那些未能通过自身努力获得财产权的人,并不重视自由。雅赛(1985)已经向我们展示了这样一种情形:没有制约的民主制度存在着一种内在倾向性,从资本主义国家滑向种植园式国家,这就是政治家的偏好和约束在民主政治的博弈中导致的结果。在公共选择的有机形式组织得较弱时,公共选择将更深刻地成为资本主义国家滑向种植园式国家这一逻辑发挥作用的前提。这一结果主要是特定利益集团的寻租行为产生的。瓦格纳(1987,1988,1993)和伯恩霍尔兹(1992)两人都对宪政政治经济学家们的自信有所微词,这些宪政政治经济学家坚信,强健的宪法可以抵御特殊利益集团的进攻。然而,实际上,即使是像美国这样的宪政共和国,也难以避免宪法易遭受利益集团左右的现实。

如果古典自由主义者不能强制个人取得自由,同时又不能说服本国的大多数公民,把自由看得比任何其他的社会伦理都更有价值,那么,他们就不得不找出一条途径,逃离一个不尊重他们生命、自由和财产权的公民社会。与早期清教徒移民不同,在我们这个已变得越来越小的世界上,古典自由主义者已无法找到一块荒芜之地安身立命了。他们只有从志不同道不合的人群中分离出来,或者从国家分割成小国的过程中,才有望建立一个他们理想中的社会。在这个社会里,志趣相投的人们聚在一起,他们都认识到最小政府的重要
89 性,认识到在当今世界上最小政府将是自由的唯一保障。当今的世界是什么样呢?在这个世界上,越来越多的人指望政府而不是他们自己来解决自己所察觉的问题。

(朱泱泱　校订)

参考书目

Arrow, K. J. (1950), 'A Difficulty in the Concept of Social Welfare', *Journal of Political Economy*, 58, 328-346.

Arrow, K. J. (1951), *Social Choice and Individual Values*, New York: Wiley.

Arrow, K. J. (1967), 'Values and Collective Decision Making', in P. Laslett and W. C. Runciman (eds), *Philosophy, Politics and Society*, Oxford: Basil Blackwell, pp. 215-232.

Arrow, K. J. (1983), *Social Choice and Justice*, Cambridge: Belknap Press.

Barry, N. B. (1987), *On Classical Liberalism and Libertarianism*, New York: St Martin's Press.

Bell, D. (1962), *The End Of Ideology*, New York: The Free Press.

Bell, D. (1972), 'On Meritocracy and Equality', *Public Interest*.

Bentham, J. (1789), *An Introduction to the Principles of Morals and Legislation*, ed. J. H. Burns and H. L. A. Hart, London: Athlone Press, 1970.

Bergson, A. (1938), 'A Reformation of Certain Aspects of Welfare Economics', *Quarterly Journal of Economics*, 52, 310-334.

Bergson, A. (1954), 'On the Concept of Social Welfare', *Quarterly Journal of Economics*, 68, 233-252.

Berlin, I. (1969), *Four Essays on Liberty*, Oxford: Oxford University Press.

Bernholz, P. (1992), *On the Political Economy of the Transformation of Political and Economic Regimes*, Fairfax: Center for Study of Public Choice.

Black, D. (1948), 'On the Rationale of Group Decision Making', *Journal of Political Economy*, 56, 23-34.

Black, D. (1958), *The Theory of Committees and Elections*, London: Cambridge University Press.

Borda, J. C. (1781), *Mémoire sur les Élections au Scrutin*, Paris: Mémoires de l'Académie Royale des Sciences.

Brennan, H. G. and Buchanan, J. M. (1980), *The Power to Tax: Analytical Foundations of a Fiscal Constitution*, London and New York: Cambridge University Press.

Brennan, H. G. and Buchanan, J. M. (1985), *The Reason of Rules: Constitutional Political Economy*, London and New York: Cambridge University Press.

Buchanan, J. M. (1954a), 'Social Choice, Democracy and Free Markets', *Journal of Political Economy*, 63, 114-123.

Buchanan, J. M. (1954b), 'Individual Choice in Voting and the Market', *Journal of Political Economy*, 63, 334-343.

Buchanan, J. M. (1959), 'Positive Economics, Welfare Economics and Political Economy', *Journal of Law and Economics*, 2, 124-138.

Buchanan, J. M. (1964), 'What Should Economists Do?', *Southern Economic Journal*, XXX, 213-222.

Buchanan, J. M. (1972), 'Rawls on Justice as Fairness', *Public Choice*, 13, 123-128.

Buchanan, J. M. (1973), 'Introduction: L. S. E. Cost Theory in Retrospect', in J. M. Buchanan and G. F. Thirlby (eds), *L. S. E. Essays on Cost*, London: Weidenfeld and Nicolson, pp. 3-16.

Buchanan, J. M. (1975a), 'A Contractarian Paradigm for Applying Economic Theory', *American Economic Review*, 65, 225-230.

Buchanan, J. M. (1975b), 'Utopia, The Minimal State, and Entitlement', *Public Choice*, XXIII, 121-126.

Buchanan, J. M. (1975c), *The Limits of Liberty: Between Anarchy and Leviathan*, Chicago: University of Chicago Press.

Buchanan, J. M. (1977), *Freedom in Constitutional Contract: Perspectives of a Political Economist*, College Station: Texas A. & M. University Press.

Buchanan, J. M. (1983), 'The Public Choice Perspective', *Economia delle scelte publiche*, 1983, 7-15.

Buchanan, J. M. (1991), *The Economics and the Ethics of Constitutional Order*, Ann Arbor: University of Michigan Press.

Buchanan, J. M. and Faith, R. (1980), 'Subjective Elements in Rawlsian Agreement on Distributional Rules', *Economic Enquiry*, 23-28.

Buchanan, J. M. and Lomasky, L. (1984), 'The Matrix of Contractarian Justice', *Social Philosophy and Policy*, 12-32.

Buchanan, J. M. and Tullock, G. (1962), *The Calculus of Consent: Logical Foundations of Constitutional Democracy*, Ann Arbor: University of Michigan Press.

Condorcet, M. de (1785), *Essai sur L'Application de L'Analyse à la Probabilité des Decisions Rendues à la Pluralité des Voix*, Paris.

Dahrendorf, R. (1987), 'Liberalism', in J. Eatwell, M. Milgate and P. Newman (eds), *The New Palgrave : A Dictionary of Economics*, Volume 3, London: MacMillan, pp. 173-175.

De Jasay, A. (1985), *The State*, Oxford: Basil Blackwell.

De Tocqueville, A. (1848), *Democracy in America*, New York: Harper and Row, 1969.

Friedman, M. (1962), *Capitalism and Freedom*, Chicago: University of Chicago Press.

Gibbard, A. (1973), 'Manipulation of Voting Schemes: A General Result', *Econometrica*, 41, 587-601.

Godwin, W. (1793), *Enquiry Concerning Political Justice*, Toronto: University of Toronto Press, 1969.

Gordon, S. (1976), 'The New Contractarians', *Journal of Political Economy*, 84, 573-590.

Gray, J. (1989a), *Liberalisms : Essays in Political Philosophy*, London and New York: Routledge.

Gray, J. (1989b), *Limited Government : A Positive Agenda*, London: Institute of Economic Affairs, Hobart Paper 113.

Hamlin, A. P. (1986), *Ethics, Economics and the State*, New York: St. Martin's Press.

Harberger, A. C. (1971), 'Three Basic Postulates for Applied Welfare Economics: An Interpretive Essay', *Journal of Economic Literature*, 9, 781-797.

Harsanyi, J. C. (1955), 'Cardinal Welfare, Individualistic Ethics and Interpersonal Comparisons of Utility', *Journal of Political Economy*, 63, 309-321.

Hayek, F. A. (1937), 'Economics and Knowledge', *Economica*, IV, 33-54.

Hayek, F. A. (1945), 'The Use of Knowledge in Society', *American Economic Review*, 35, 519-530.

Hayek, F. A. (1973), *Law, Legislation and Liberty* : Volume 1 *Rules and Order*, London: Routledge and Kegan Paul.

Hayek, F. A. (1976), *Law, Legislation and Liberty* : Volume 2 *The Mirage of Social Justice*, Chicago: University of Chicago Press.

Hayek, F. A. (1988), *The Fatal Conceit : The Errors of Socialism*, Chicago:

University of Chicago Press.

Hicks, J. R. (1939), *Value and Capital*, Oxford: Clarendon Press.

Hobbes, T. (1651), *Leviathan*, reprinted in *The English Philosophers*, New York: Modern Library, 1939.

Johnson, P. (1983), *Modern Times: The World from the Twenties to the Eighties*, New York: Harper and Row Publishers.

Johnson, P. (1988), *Intellectuals*, New York: Harper and Row Publishers.

Kaldor, N. (1939), 'Welfare Propositions in Economics', *Economic Journal*, 49, 549-552.

Kliemt, H. (1993), 'The Calculus of Consent After Thirty Years', *Public Choice*, forthcoming.

Lindsay, A. D. (1965), 'Introduction' to T. Hobbes, *Leviathan*, London: J. M. Dent and Sons, pp. vii-xxiv.

Little, I. M. D. (1950), *A Critique of Welfare Economics*, Oxford: Clarendon Press.

Little, I. M. D. (1952), 'Social Choice and Individual Values', *Journal of Political Economy*, 60, 422-432.

Locke, J. (1690), *Two Treatises of Government*, New York: Cambridge University Press, 1991.

Machan, T. R. (1975), *Human Rights and Human Liberties*, Chicago: Nelson Hall.

Mckelvey, R. D. (1979), 'General Conditions for Global Intransitivities in Formal Voting Models', *Econometrica*, 47, 1085-1112.

Mises, L. von (1962), *Liberalism: a Socio-Economic Exposition*, Kansas: Sheed Andrews and McMeel.

Nagel, T. (1973), 'Rawls on Justice', *Philosophical Review*, LXXXXII, 222-234.

Nozick, R. (1973), 'Distributive Justice', *Philosophy and Public Affairs*, 3, 45-126.

Nozick, R. (1974), *Anarchy, State and Utopia*, New York: Basic Books.

Nozick, R. (1989), *The Examined Life: Philosophical Meditations*, New York: Simon & Schuster.

Peacock, A. T. and Rowley, C. K. (1972), 'Pareto Optimality and Political Economy of Liberalism', *Journal of Political Economy*, 80, 476-490.

Plott, C. R. (1973), 'Path Independence, Rationality and Social Choice', *Econometrica*, 41, 1075-1091.

Posner, R. A. (1984), 'Wealth Maximization and Judicial Decision-Making', *International Review of Law and Economics*, 4, 131-136.

Quine, W. V. O. and Villian, J. S. (1970), *The Web of Belief*, New York: Random House.

Rand, A. (1961), *The Virtue of Selfishness*, New York: New American Library.

Rasmussen, D. B. and Den Uyl, D. J. (1991), *Liberty and Nature: An Aristotelian Defense of Liberal Order*, La Salle, Illinois: Open Court.

Rawls, J. A. (1958), 'Justice as Fairness', *Philosophical Review*, LXVII, 164-194.

Rawls, J. A. (1963), 'Constitutional Liberty and the Concept of Justice', *Nomos 1V, Justice*, New York.

Rawls, J. A. (1971), *A Theory of Justice*, Cambridge: Harvard University Press.

Robbins, L. (1932), *An Essay on the Nature and Significance of Economic Science*, London: MacMillan.

Robbins, L. (1938), 'Interpersonal Comparisons of Utility', *Economic Journal*, 48, 635-641.

Rousseau, J.-J. (1763), *The Social Contract and Discourses*, London: Everyman's Library.

Rowley, C. K. (1987), 'The Economic Philosophy of James McGill Buchanan', *Journal of Public Finance and Public Choice*, 171-187.

Rowley, C. K. (1989a), 'The Common Law in Public Choice Perspective: A Theoretical and Institutional Critique', *Hamline Law Review*, 12, 355-383.

Rowley, C. K. (1989b), 'Public Choice and the Economic Analysis of Law', in N. Mercuro (ed.), *Law and Economics*, Boston: Kluwer Academic Publishers, pp. 123-174.

Rowley, C. K. (1990), 'The Reason of Rules: Constitutional Contract Versus

Political Market Conflict', *Annual Review of Conflict Knowledge and Resolution*, 2, 195-228.

Rowley, C. K. (1991), 'Duncan Black: Pioneer and Discoverer of Public Choice', *Journal of Public Finance and Public Choice*, 83-87.

Rowley, C. K. (1992), *The Right to Justice: The Political Economy of Legal Services in the United States*, Aldershot and Brookfield: Edward Elgar Publishing.

Rowley, C. K. and Peacock, A. T. (1975), *Welfare Economics: A Liberal Restatement*, London: Martin Robertson.

Rowley, C. K. and Wagner, R. E. (1990), 'Choosing Freedom: Public Choice and the Libertarian Idea', *Liberty*, 3, 43-45.

Samuelson, P. A. (1947), *Foundations of Economic Analysis*, Cambridge: Harvard University Press.

Satterthwaite, M. (1975), 'Strategy-Proofness and Arrow's Conditions: Existence and Correspondence Theorems for Voting Procedures and Social Welfare Functions', *Journal of Economic Theory*, 10, 187-217.

Schofield, N. (1978), 'Instability of Simple Dynamic Games', *Review of Economic Studies*, 40, 575-594.

Schumpeter, J. A. (1954), *History of Economic Analysis*, New York: Oxford University Press.

Schwartz, T. (1970), 'On the Possibility of Rational Policy Evaluation', *Theory and Decision*, 1, 89-106.

Schwartz, T. (1972), 'Rationality and the Myth of the Maximum', *Nous*, 6, 97-117.

Scitovsky, T. (1941), 'A Note on Welfare Propositions in Economics', *Review of Economic Studies*, 9, 77-88.

Sen, A. K. (1966), 'A Possibility Theorem on Majority Decisions', *Econometrica*, 34, 75-79.

Sen, A. K. (1969), 'Quasi-Transitivity, Rational Choice and Collective Decisions', *Review of Economic Studies*, 36, 381-393.

Sen, A. K. (1970a), *Collective Choice and Social Welfare*, San Francisco: Holden Day.

Sen, A. K. (1970b), 'The Impossibility of a Paretian Liberal', *Journal of Political Economy*, 78, 152-157.

Sen, A. K. (1987a), 'Justice', in J. Eatwell, M. Milgate and P. Newman (eds), *The New Palgrave: A Dictionary of Economics*, Volume 2, pp. 1039-1043.

Sen, A. K. (1987b), *On Ethics and Economics*, Oxford: Basil Blackwell.

Sen, A. K. (1987c), 'Social Choice', in J. Eatwell, M. Milgate and P. Newman (eds), *The New Palgrave: A Dictionary of Economics*, Volume 4, pp. 382-393.

Smith, A. (1759), *The Theory of Moral Sentiments*, D. D. Raphael and A. Macfie (eds), Oxford: Clarendon Press.

Smith, A. (1776), *The Wealth of Nations*, Edinburgh: Thomas Nelson.

Sowell, T. (1987), *A Conflict of Visions: Ideological Origins of Political Struggles*, New York: William and Morrow.

Stigler, G. J. (1958), 'The Economies of Scale', *Journal of Law and Economics*, 1, 54-71.

Sugden, R. (1978), 'Social Choice and Individual Liberty', in M. J. Artis and A. R. Nobay (eds), *Contemporary Economic Analysis*, London: Croom Helm, pp. 243-267.

Tullock, G. (1991), 'Duncan Black: The Founding Father', *Public Choice*, 71, 125-128.

Vickrey, W. (1945), 'Measuring Marginal Utility by Reactions to Risk', *Econometrica*, 13, 125-128.

Wagner, R. E. (1987), 'Parchment, Guns and the Maintenance of Constitutional Contract', in C. K. Rowley (ed.), *Democracy and Public Choice: Essays in Honor of Gordon Tullock*, Oxford: Basil Blackwell, pp. 105-121.

Wagner, R. E. (1988), 'Agency, Economic Calculation and Constitutional Construction', in C. K. Rowley, R. D. Tollison and G. Tullock (eds), *The Political Economy of Rent-Seeking*, Boston: Kluwer Academic Publishers, pp. 423-446.

Wagner, R. E. (1993), *Parchment, Guns and Constitutional Order*, Shaftesbury Paper Number 3, Aldershot and Brookfield: Edward Elgar Publishing.

Welch, C. (1987), 'Utilitarianism', in J. Eatwell, M. Milgate and P. Newman (eds), *The New Palgrave : A Dictionary of Economics*, Volume 4, pp. 770-775.

Wilson, T. (1976), 'Sympathy and Self-Interest', in T. Wilson and A. S. Skinner (eds), *The Market and the State : Essays in Honour of Adam Smith*, Oxford: Clarendon Press, pp. 73-98.

索　引

图书在版编目(CIP)数据

财产权与民主的限度/〔美〕罗利编;刘晓峰译．—北京:商务印书馆,2007
(制度经济学译丛)
ISBN 978-7-100-05460-7

Ⅰ．财… Ⅱ．①罗…②刘… Ⅲ．财产—产权—研究—美国 Ⅳ．D977.123

中国版本图书馆 CIP 数据核字(2007)第 048302 号

CAÍCHĂNQUÁN YǓ MÍNZHǓ DE XIÀNDÙ
财产权与民主的限度
〔美〕查尔斯·K. 罗利 编
刘晓峰 译
严忠志 朱泱泱 校订

商 务 印 书 馆 出 版
(北京王府井大街 36 号 邮政编码 100710)
商 务 印 书 馆 发 行
北京市白帆印务有限公司印刷
ISBN 978-7-100-05460-7

2007 年 11 月第 1 版 开本 880×1230 1/32
2007 年 12 月北京第 1 次印刷 印张 11¼
定价:22.00 元